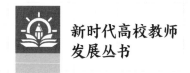

新时代高校教师发展丛书

从"青椒"到名师
给高校教师的100条建议

田洪鋆◎著

清华大学出版社
北京

本书封面贴有清华大学出版社防伪标签，无标签者不得销售。

版权所有，侵权必究。举报：010-62782989，beiqinquan@tup.tsinghua.edu.cn。

图书在版编目（CIP）数据

从"青椒"到名师：给高校教师的100条建议 / 田洪鋆著. --
北京：清华大学出版社，2025.4（2025.6重印）.
（新时代高校教师发展丛书）. -- ISBN 978-7-302-68997-3

Ⅰ. G645.12

中国国家版本馆 CIP 数据核字第 20251JJ746 号

责任编辑：吴　雷
封面设计：汉风唐韵
版式设计：方加青
责任校对：王荣静
责任印制：宋　林

出版发行：清华大学出版社
　　　　　网　　　址：https://www.tup.com.cn，https://www.wqxuetang.com
　　　　　地　　　址：北京清华大学学研大厦 A 座　　　邮　　编：100084
　　　　　社　总　机：010-83470000　　　　　　　　　邮　　购：010-62786544
　　　　　投稿与读者服务：010-62776969，c-service@tup.tsinghua.edu.cn
　　　　　质　量　反　馈：010-62772015，zhiliang@tup.tsinghua.edu.cn
印 装 者：北京鑫海金澳胶印有限公司
经　　销：全国新华书店
开　　本：170mm×240mm　　　印　　张：19.25　　　字　　数：305 千字
版　　次：2025 年 5 月第 1 版　　印　　次：2025 年 6 月第 3 次印刷
定　　价：78.00 元

产品编号：106279-01

ACKNOWLEDGMENTS
致谢

谨以此书献给我的先生,感谢你在我的成长中如父般严厉、如兄般包容。我能给予你的最大回报是以爱之名,将你的名字永远"焊"在我的结婚证上。

序　为什么要写这本书

炼就一双剔透眼，修得一颗玲珑心！

一转眼，我已经在高校工作 20 年了，从一个"青椒"小白蜕变成一个能独当一面、在教师发展领域中得到一定认可的老教师。每年，我都能接到几百场讲座邀请，大部分与我从事的教学研究领域有关，如课程思政、新文科建设、国家社科基金申报、批判性写作、教学项目申报、教学创新大赛备赛指导等。在这些讲座之中，有一个不怎么起眼，也是我认为在我的知识体系中最不具有"技术含量"，但后来我越发认识到我错了的讲座："从'青椒'到名师——教师职业生涯规划与突围"。这个讲座的由来是当时吉林大学教师教学发展中心（以下简称"教发中心"）开展了一项活动——"教发中心下学院"，这项活动设置的初衷有如下几个方面：①新成立（从教务处剥离）的教发中心需要有一定的显示度，需要将自己的工作范围和职能传递到各学院（我所在学校有 50 多个学院），让学院认识到新机构的存在并获得它们的支持；②教发中心的工作离不开各个学院教师的支持，如每年的大赛需要由学院选派优秀的教师参与，各类培训也需要各类教师支持，让更多的教师知道教发中心，能为教师提供发展、咨询、培训等服务是我们开展工作的前提条件；③向一线教师揭示教师职业发展的规律，帮助一线教师更好地规划自己的职业生涯，并随时准备在教师遇到发展瓶颈的时候提供各种资源和帮助。当然，我们也有私心，通过这样的活动，我们能把各学院的"教学"好苗子识别出来，为我们后续实现大赛选手队伍的梯队化、教师发展队伍的专业化、教学名师队伍的扩大化打下基础。也就是说，这个主题讲座主要是因为工作需要开展的，并不属于我的研究方向。

活动和内容一经推出，就受到了各学院的欢迎，因为在讲座开展的过程中，我结合教师发展的原理揭示了教师在职业生涯中常见的瓶颈及突围的策略和方法，这在教师群体中，尤其是在青年教师群体中特别受欢迎。其实，当时的我并不认为职业规划对青年教师（其实对全体教师亦然）是一个很大的问题，而是坚信青年人自己就能凭借经验和阅历参透这个问题，却忘了我能"参透一些"是因为我是一个有着20年从教经验而且常年接触教务处、教发中心的工作，并同国内3000余所高校随时保持联络的"老手"，我太想当然了。全国高校教师的数量接近190万，要想在这个庞大的人群中脱颖而出确实是一件很"卷"的事情，不仅需要基本功，还需要方法论指导。于是，考虑到年轻人还有很多困惑，并且这个问题确实对青年教师很重要，我就在"下学院"的过程中不断完善这个讲座的内容。

可能是讲座"效果"实在太好了，不久之后，经过大家口耳相传，本来在吉林大学内部开展的这项活动竟然被其他高校听到了"风声"，于是我不断被邀请到许多学校为青年教师做有关教师职业生涯规划的讲座，后续不少社会力量也闻风而动，如"某星""某树"，培训机构更是数不胜数。从内心的真实想法来说，我是最不爱做这类讲座的，我自认为是一个成熟且具有全国影响力的教师培训师（自嘲的说法就是"专家"），我的《批判性思维视域下课程思政的教与学》是全国第一本关于课程思政的理论专著，澄清了很多误区，并得到了相关部门的关注。我的《一线教师如何建设新文科：从政策理念到实践操作》也是全国第一本关于新文科建设的理论专著，这两本著作的诞生都引发了业界特别大的关注，它们能够代表我的教学研究功力以及学术影响力。此外，我的《国家社科基金申报指导手册》《批判性思维与写作》《100天写出一篇论文——论文写作的本质及过程控制》等著作都获得了很好的市场反馈，并且不断被重印。对于我来说，"从'青椒'到名师——教师职业生涯规划与突围"这个讲座的技术含量太低了，代表不了我的水平，只是因岗位职责不得不为的一项工作。所以刚开始，我对各学校、各机构都是拒绝的态度，不愿意开展这种讲座。

随着邀请越来越多，再加上我也在经营一个后台有将近30万关注的学术指导类公众号——"女教授跟生活的死磕"，这个公众号已经被高校的师生认为是必须关注的头部学术指导类公众号，经常有粉丝在后台提出关于职业生涯、职业规划、职业困境方面的问题。同时，每当我撰写与高校教师工作以及生活有关的帖子，阅读量就很容易破10万。比如《困在厕所里的"教授"及隐性教育功能的丧失》主要描述的是教授在指导研究生过程中遇到的困惑以及对主流教育的影响。这篇帖子的阅读量超过千万，被将近100家新媒体转载，为此我还接到了来自各个部门的问候，并受到了《光明日报》的专访。比如《女教授的一地鸡毛》是一篇描述女教授工作、生活、养娃困惑的帖子，很轻松就破了10万阅读量，我收到了全国各地高校教师的问候，有的还给我邮寄各种各样的生活用品，如婴儿睡袋（帖子里提及夜晚照顾孩子的片段）。再比如《不要欺负给你修改论文的老师》《高校教师"躺平"阶段及原因分析报告》《学术江湖：大佬们人情世故、小弟们打打杀杀！》《学术江湖：前浪们学术交际、中浪们跑马圈地、后浪们职称评聘》，这些文章都有十几万的阅读量，并获得大量转载。这一切让我认识到，教师的职业状态和生活状态不但是一个备受关注的话题，而且大量的教师，尤其是青年教师是有职业发展困惑的，他们对教师职业发展的底层规律并没有太清晰的认识。我们必须承认的是，"教师"作为职业对于教师本人来说是非常重要的，如果自己的职业生涯没有规划好、职业问题没有解决好、职业规律没有掌握好，那么教师本人面临的可能是职业发展受阻，进而导致自我认同缺失、自我实现破灭，这对高校教师的打击是致命的，不仅对国家是一种损失（培养一个高校教师所付出的教育成本、成长成本、家庭成本和社会成本都是高昂的），对教师个人也会造成很大的身心伤害（事业不成功对男人和女人而言都是会带来挫败感的）。于是（也是为了偷懒），我萌生了对高校教师常见的职业生涯规划方面的问题进行整合并在我的能力范畴之内一并解答的冲动，这样我就不会因为没有时间回复后台读者提问而感到愧疚，也不会因为没有时间（主要是会影响我的其他研究）接受各大高校关于教师职业生涯规划的讲座邀请而感到抱歉。更为主要的是，作为一个长期工作在发展一线的老教师，能将自己在20年职业发展中摸索的经验结合教师发展的原理较为客观地整理出来，不仅是对自己职业生涯的一种阶段性总结和反思，也是老教师在"传帮带"方面给予新教师在个人职业成长和发展上的一种分享，以此来帮助新教师避免过长时间的自我摸索，认清教师职业发展的规律，集中精力，消除内耗，走上职业认同、职业发展和自我实现的康庄大道。

正如前文所述，本书不是一本严肃的学术专著，但是很多背后的理论是非常"正经的"。我使用的都是严谨的教育学理论、教师发展理论，毕竟我接受过这方面的专门训练，又在实务部门和一线工作了多年。我写作的文风更类似于我在公众号推送的帖子（大众话语），这样读者阅读起来更轻松，理解起来也更容易。高校教师的职业发展会遇到形形色色的问题，就像这本书的书名一样。我首先对这些问题进行筛选，挑选出有代表性的100个话题（概数，不能保证写着写着就超了，也不保证由于出版原因砍掉一些），将它们整理成与教师个人职业生涯相关的三个模块：科研（常规突破口）、教学（被忽视的突破口）和江湖（包括职场、婚姻、自我）。教学和科研这两个模块的列入不必多加解释，它们是高校教师的两项重要职能。此外，教学和科研工作之外还有一些影响教师职业发展的因素，主要是职场、婚姻和自我认知，所以我把这三个内容也整合成一个模块，命名为"江湖"（一个人的江湖、两个人的江湖和一群人的江湖）。高校也是个职场，要想做好教学、科研工作，也得懂一些职场的规则，这个内容对高校教师而言不可回避。婚姻对个人的职业状态影响也很大，包括好的影响和不好的影响，如何选择伴侣和经营婚姻关系对教师职业生涯也会产生巨大的影响。最后，人和人都是不一样的，从身材外表到脾气秉性，了解自己的人，才是真正的明白人。教师在职业生涯规划中，遇到的问题纷繁复杂，可选方案也各有不同，只有在认清自己脾气秉性、价值偏好、长板短板的基础上，才能在每一个职业生涯的关口作出最适合自己的决策。

希望通过这样一本轻阅读体的"小书"帮助青年教师认清职业发展规律、综合评估自身情况、妥善平衡事业和家庭，在教学和科研方面准确定位，走出具有自身特色的职业发展之路，并最终达成自我实现的目标。

田洪鋆
2024 年 3 月于吉林大学教师教学发展中心

目录

第一部分 科研

NO.001	认清自己在高校中的地位	2
	——"孩子、媳妇、宠物,然后我"	
NO.002	全国有3000余所高校	7
	——认清你所在学校(平台)是什么样的!	
NO.003	你所处地域和学科有优势吗	10
NO.004	高校教师的生存期	12
	——以解决"教授职称"问题为使命	
NO.005	一两次评职称失败是常态	17
	——快速调整心态和作战思路!	
NO.006	你们学校评职称的制度是否有可预见性	19
NO.007	高校教师的发展期	21
	——选好自我实现路径,然后发力!	
NO.008	那些"折"在半道的老师	25
	——高校教师"躺平"阶段与原因分析	
NO.009	一个有前途的研究方向是什么样的	27
	——大、多、快、没!	
NO.010	研究方向决定你的命运	31
	——转换研究方向的成本收益分析	
NO.011	论文、项目、专著、译著	35
	——这些科研的载体我该怎么选	

NO.012	学术态度要端正	37
	——有用之学 vs 无用之学，学术功利性 vs 问题意识	
NO.013	你做的不是研究，是一时兴起	39
	——研究是解决问题，不是我们想干什么就干什么！	
NO.014	大多数老师都不具备全面且完善的生存技能	41
	——需要写却不怎么会写	
NO.015	论文写作的核心知识点提示	44
	——只能自己拓展学习和练习了！	
NO.016	项目申报的核心知识点提示	48
	——只能自己拓展学习和练习了！	
NO.017	高校生存的四个要素	52
	——认知、天赋、努力和外围支撑	
NO.018	你是"研几代"	55
	——研一代与研二代、研三代的差别	
NO.019	人生绝大部分的纠结在于对"自我实现"的方式认识不清	57
	——高校教师 vs 商人	
NO.020	为什么有人能持续发表文章，而我不能	60
	——找到原因，不要沮丧，也不要自我否定！	
NO.021	项目屡申不中难道是有黑幕吗	62
NO.022	项目申报三要素	65
	——别人只能帮你解决俩！	
NO.023	你知道吗？任何项目的申报书都是用"题"串起来的！	68
NO.024	要想自我实现，老师得有自己的"产品"	71
	——这点跟商人是一样的！	
NO.025	修得文武艺，卖与帝王家	74
	——还可以跟市场结合！	
NO.026	做真正的科研	76
	——歌德派与实干派！	

NO.027	要踏实搞科研，不要总想着整合资源！	78
	——评上教授之前你的身价不高！	
NO.028	什么样的知识能变现？如何变现	81
NO.029	认清自己手里拿的是什么牌，勿生奇巧心！	83
	——你可能这一辈子都需要自律和日拱一卒！	
NO.030	学术会议的三重功能	85
	——必要的时候必须参加！	
NO.031	指导研究生是一项很有挑战性的工作	88
	——你不主动成长，学生会倒逼你成长！	
NO.032	师生关系是先公后私，必要时可以只公不私！	92
NO.033	师生之间的错误大部分都需要老师买单	94
	——容错机制！	

第二部分　教学

NO.034	职业生涯常见的瓶颈和突围	98
	——是时候考虑教学这条发展道路了	
NO.035	教学实践 vs 教学研究	102
	——教学研究能让你走得更远！	
NO.036	教师教学发展的四个阶段	105
	——有一个重要转型期！	
NO.037	教学研究的特征	108
	——很重要但很多人不明白！	
NO.038	什么人能真正解决中国高等教育的问题	111
	——高校里有两种类型的人！	
NO.039	为什么说教学研究有广阔的市场和前途	114
	——问题多但从事研究的人很少	
NO.040	教学研究鱼龙混杂	116
	——有人踏实做事，有人装腔作势！	

NO.041	教务管理部门的很多活动都是建立在教学研究基础上的	119
	——看透本质才能更好地为我所用	
NO.042	绝大多数人在解决职称问题之前走不上教学的康庄大道	121
NO.043	工作≠成绩，成绩≠成果	125
	——不要用低级的努力感动自己！	
NO.044	要不要参加各类教学大赛	127
	——在大赛过剩的年代，教师是稀缺的！	
NO.045	各类教学研究活动都有周期	131
	——层次和节奏很重要	
NO.046	各类教学研究载体的难度分析	133
	——教学大赛门槛低，教学成果门槛高，教研论文难发表，教研课题难结项！	
NO.047	教学也能评教授了	136
	——浅谈一下教学职称评聘！	
NO.048	教学也有各种人才"帽子"	138
	——种类繁多耶！	
NO.049	借助各种平台和资源	140
	——机会总是留给善于发现机会的人！	
NO.050	了解中国高等教育的现状能更好地展开教学活动	143
	——学点历史！	
NO.051	ChatGPT与中国高等教育未来走向	146
	——每个教师都身处其中	
NO.052	培养创新型人才是中国高等教育最重要的任务	149
	——但是很多人就是不会培养	
NO.053	知识体系和知识图谱	153
	——教科书上的知识和实践中需要的知识是不同的	
NO.054	从知识到思维	156
	——高等教育改革的必然趋势	

NO.055	必须掌握的重要教学概念（1）	159
	——学科与专业	
NO.056	必须掌握的重要教学概念（2）	162
	——学科建设和专业人才培养	
NO.057	必须掌握的重要教学概念（3）	166
	——人才培养模式	
NO.058	教师常用的教育学理论	169
	——课程设计和教学设计	
NO.059	无论什么专业的底层都是"听说读写"	172
	——写作能力"秒杀"一切，高手都是"笔杆子"！	
NO.060	了解"学习论"的一些内容	174
	——从教育学角度看什么是最好的学习方式	
NO.061	学生的各种"学习情绪"对照表	179
	——要了解学生！	
NO.062	低头走路也要抬头看路	182
	——了解宏观和中观的教育格局才能更好地教学	
NO.063	教师要时刻保持危机感	185
	——人口、科技、经济与社会！	
NO.064	做好教学是教师的本分，人才培养是高校的最重要职能	187

第三部分　江湖

| NO.065 | 教师不是活在真空中 | 190 |
| | ——有人的地方就有"江湖"！ | |

婚姻篇

| NO.066 | 婚姻是两个人及其背后势力的"江湖" | 193 |
| | ——要懂选择、知进退 | |

NO.067	婚姻的本质	197
	——买定离手，愿赌服输！	
NO.068	兔子不吃窝边草，尽量不要找同行	199
NO.069	你的配偶是什么类型的	201
	——能助你成长的配偶段位最高！	
NO.070	有时候家庭和事业之间的冲突是一个伪命题	204
NO.071	社会地位决定家庭地位	207
	——没有什么男权和女权，只有强权和弱权	
NO.072	事业再成功，如果教育孩子不成功也白扯？	210
	——成功的事业本身也是对孩子的教育，不要把两者对立起来	
NO.073	中产阶层到底能留给子女什么	213
	——更多是无形的东西	
NO.074	永远接纳，永远不把孩子推到对立面	216
	——一边滴血一边做好朋友	
NO.075	不要抱怨配偶，他（她）改变你就得改变	219
	——婚姻是一场势均力敌的较量	

自我篇

NO.076	无论什么困难都只能通过改变自己来解决	222
	——摆平自己的人才是高手！	
NO.077	高校教师的工作是很辛苦的	225
	——对抗不了人性的弱点就不要期待自己能出头！	
NO.078	人分三种，你是哪种	227
	——聪明人、普通人和蠢笨的人！	
NO.079	痛苦是智慧不够的表现	229
	——注意接收痛苦传递的信号	
NO.080	要做时间的朋友	232
	——你不能期待"立竿见影"	

NO.081	不要把自己推到对立面去，要做自己的好朋友	234
	——什么是真正地爱自己	
NO.082	人生迷茫是常态	236
	——但只有在奔跑中才能寻找到方向	
NO.083	时间不是管理出来的	238
	——能管理出来的只有自己的人生	
NO.084	顶级的自我管理	241
	——不允许别人撕扯自己	
NO.085	拥有实力之前不要期待被重视	244
NO.086	什么是成功？幸福感是怎么来的	246
NO.087	在能改变的事情上"死磕到底"，在不能改变的事情上"原地躺平"	249
NO.088	把有限的时间放在无限的自我提升上来	252
	——我不是谁的花，谁也不是我的锦	
NO.089	人生的绝大部分苦恼来自"求而不得"	255
	——处理好能力和欲望之间的关系！	
NO.090	最好的心理医生是一个事业有成的自己	259

学术圈

NO.091	学术是个圈，大圈套小圈	261
	——你所有的荣辱均来自于此！	
NO.092	学术圈里的前浪、中浪和后浪	264
	——你是哪一浪以及学术人的成长节奏！	
NO.093	要向高认知的人学习	268
	——高认知的人都是什么样的？只说事实，不说评价	
NO.094	即便别人真的很讨厌，抱怨也解决不了问题	270
	——胸怀都是被委屈撑大的！	
NO.095	什么是好的建议？什么又是"搭讪艺术家"（PUA）	272
	——要有独立思考的能力！	

NO.096	理性助人，尊重他人命运	275
	——不要轻易给建议	
NO.097	不要求理解和认同	278
	——人类的悲欢并不相同，有利益纠葛的背景下更是如此！	
NO.098	远离低认知人对自己的打扰	281
	——只有保持一定的疏离感，才能求得生活的平静！	
NO.099	不要关心别人怎么活，更不要窥探	284
	——把注意力放在自己身上！	
NO.100	任何圈子的尽头都是独处	286
	——无名天地之始！	

后记 ▶ **通往美好未来的五个"锦囊"** 288

第一部分 科研

NO.001 ▶ 认清自己在高校中的地位
——"孩子、媳妇、宠物,然后我"

各位老师不要误会,"孩子、媳妇、宠物,然后我"这种排序是一个"东北梗"(也可能是全国范围的),主要是描述东北老爷们在家庭中的地位,一般用于自嘲。本文将其放在这里也主要就是起到娱乐作用,并没有任何其他的不良引导,况且本书的写作对象是高校教师,不仅包括男教师,还包括女教师。这里主要是为了说明,高校是一个庞大立体的结构,高校教师要能在宏观的体系结构中找准并坚守自己的位置,这对我们日后开展科研、教学都有明确的指引和帮助。

1)高等教育的职能和复杂结构

高等教育有两项基本职能——科学研究(俗称"科研")和人才培养(俗称"教学"),但这是从高等教育总体的角度来看的,也即全国3013所高校都具有这两项职能。高等教育内部有很丰富立体的结构,上到校长,中到学校和学院的管理者,下到教师,这些不同层次的主体共同实现高等教育的科学研究和人才培养功能。高等教育与一线教师关系梳理见表1。

从表1来看,校长负责的一般都是宏观的科学研究和人才培养事项(宏观层面),为了具体落实这两项职能,还会有相应的支撑部门和相关术语(中观层面)。与科学研究有关的教育学术语有学科、学科建设、学科定位与发展、科研管理、研究生培养、平台建设、学术组织、学术交流、问题意识、研究方法、科学精神、话语体系、思想体系、理论体系、学术自主、理论自信、项目申报、论文撰写、产研结合、服务社会等。与人才培养有关的术语有专业设置、专业结构、课程体系、培养立案、师资队伍、教学改革、教学管理、招生、就业、评价、资源建设、课程、教学过程、方法、服务社会等。所以，一旦我们提及某个具体的术语，就要知道它处于科学研究、人才培养的哪个范畴及何种层次。

表1 高等教育与一线教师关系梳理

高等教育		
不同层面（主体）	主要职能	
高校（宏观）——校长	科学研究（科研）	人才培养（教学）
管理层（中观）——中层管理干部及院长、副院长等	学科、学科建设、学科定位与发展、科研管理、研究生培养、平台建设、学术组织、学术交流、问题意识、研究方法、科学精神、话语体系、思想体系、理论体系、学术自主、理论自信、项目申报、论文撰写、产研结合、服务社会等	专业设置、专业结构、课程体系、培养方案、师资队伍、教学改革、教学管理、招生、就业、评价、资源建设、课程、教学过程、方法、服务社会等
一线教师（微观）——你	某一学科（二级、三级）研究方向	某一门课怎么上好
	提出问题—分析问题—解决问题	课程建设和教学改革
	知识生产	知识传授

2）一线教师的职责及其本质

高等教育的两项具体职能需要落实在每一位一线教师身上，也即每一位一线教师都承担着具体的科学研究任务和人才培养任务。但是与从宏观的高等教育角度观察科学研究、人才培养不同，每一位一线教师身上的任务是十分具体而明确的。简而言之，一线教师的科学研究就是针对自己所在的二级或三级学科之下的某个研究方向，通过对这个研究方向的不断研究——提出问题、分析问题、解决问题进而从事知识生产。一线教师的教学就涉及自己手中的具体的一门课——如何建设好这门课程且如何上好这门课程，从而完成知识传授。其实，一线教师的具体工作要落实到知识这个层面，科学研究的本质从最微观的角度来观察就是知识生产，人才培养的本质从最微观的角度来观察就是知识传授。一方面，一线教师在高等教育范畴内的一项本职工作就是在自己的研究领域中从事知识生产工作，这种知识生产工作以论文发表、著作撰写为载体，同时依托横向和纵向的科研项目展开，最终形成该教师的代表性成果，该成果成为其所在学科建设成果的一部分，进而为其所在学校的科学研究工作做贡献。另一方面，一线教师在高等教育范畴内的另一项本职工作就是把自己负责的具体课程建设好，确定课程内容也即该门课程的知识体系和知识构成，并通过教学活动（理论课、实践课）将这门课程所承载的知识传递给学生。所以，一线教师的本职工作离不开一个最为核心的词汇——知识。科学研究（科研）是生产知识，人才培养（教学）是传授知识。

一线教师从事的知识生产（科学研究）和知识传授（教学活动）工作是交织在一起的。每个教师原则上在教学中讲授的课程是自己从事科学研究的领域。以我为例，我的研究领域是国际私法（法学三级学科），我在教学中承担的课程是国际私法学，培养的研究生是国际法专业，国际私法方向。所以，一名教师从事知识生产的领域和其承担的课程是重合的。[①] 以上是从一线教师这个比较微观的层面观察的，如果我们将视野拉到高等教育内部的中观层面观察，你会发现这时候涉及的关键词就会涵盖科学研究方面的学科、学科建设，以及教学方面的专业、专业建设、课程体系、专业设置以及人才培养方案等内容。同样，学科的知识是专业和课程体系的载体，没有学科知识，专业、课程体系便无法落实，学科建设要为专业建设、人才培养提供支撑，这是科研和人才培养在中观层面上的表现。如果我们继续将观察视角拉到高等教育的宏观层面，那就又回到了高等教育的两个基本职能——科学研究和人才培养。通过这样一个"自上而下"又"自下而上"的解读和描述，读者应该能够意识到，高等教育内部是有层次的，每个层次做的工作都与高等教育的两个核心职能——科学研究和人才培养有关，只不过这是最宏观的层面；当你从中观层面观察的时候，学科、专业、课程体系、培养目标等一些术语就会出现；当你从最为微观也即一线教师的层面观察的时候，研究领域、研究方向、课程、课程教学等一些微观术语就会出现，如图1所示。

---

① 这里还必须指出一种现象，理论上应该是重合的，但是有一些学校师资力量不够，迫使很多教师承担了很多其研究领域之外的课程，出现了教学和科研不能对应的情况。这种情况不理想，但对于某些学校而言没办法。在"双一流"高校中，这种情况比较少见，基本上每个一线教师的科研方向和教学任务是匹配的，这对于人才培养、教师专业性和教学质量都是有好处的。

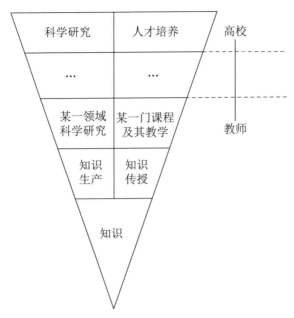

图 1　科学研究和人才培养的微观本质

任何高等教育问题都脱离不了本书对于高等教育内部逻辑层次以及高等教育两个基本职能的描述，任何高等教育问题最终都要落实到最为微观的一线教师群体身上，如果不能准确地描述一线教师在高等教育内部的逻辑层次、职能定位和工作本质，那么教育问题就无法解决，就落不到实处。

写到这里，读者就应该明白了，本部分的写作目的就是让读者对高等教育的体系结构有明确的认知并确定自己在这个体系中的位置。这个认知非常重要，它影响着一线教师后续教学、科研工作的开展。同时，明确一线教师在高等教育体系结构中的定位之后，你会用一个标准去判断一个教学或者科学研究行为有没有越界，也即干了不属于自己的工作，或者动了别人的奶酪。我在评审教学改革项目的时候，看到有些一线教师写课程体系设置、专业设置和人才培养等内容，理论上讲，这些工作都不是一线教师能做得了的。如果读者去网上检索文章，你会看到很多一线教师大谈特谈不属于他们职能范畴的学科、专业、招生、就业、师资队伍等专业词汇，还有一些教师脱离自己的学科搞研究，这些都是不正常的现象，同时也说明高等教育领域有很多问题需要慢慢梳理。这些是我们在后文要慢慢展开的内容，本部分就不过多描述了。总之，一线教师找准自己的定位好处多多，一方面可以规范自己的教学科研活动，另一方面可以观察别人的教学科研活动是否规范，这是一条金科玉律，是客观事实，不能违反——规律是铁，一碰就出血！

NO.002 全国有 3000 余所高校
——认清你所在学校（平台）是什么样的！

问各位读者一个问题，你知道全国有多少所高校吗？这些高校怎么分类？你所在的学校属于哪个办学层次呢？它有什么优势和劣势？别看这些问题很简单，但是很多老师的答案可能不够准确。全国一共有 3013 所高校（高校教师数量接近 190 万人），通过进行多种分类比较，掌握这些信息，你就可能比其他人占领先机。

1）按办学层次分类

按办学层次，高校可分为"985 工程"院校、"211 工程"院校、中央部属本科院校、省属本科院校、高职（高专）院校。

2）按教育性质分类

按教育性质，高校可分为普通高等教育、成人高等教育、高教自学考试、电大开放教育、远程网络教育。

3）按学科范围分类

按学科范围，高校可分为综合类、理工类、师范类、农林类、政法类、医药类、财经类、民族类、语言类、艺术类、体育类、军事类、旅游类院校。

此外，除了"985""211"之外，还有"双一流"高校以及按地区进行分类的，如西部高校、东部高校，这种分类主要体现了教育不平衡，西部高校不但数量偏少，而且办学力量相比东部高校要弱很多。那么，我们了解这些高校及办学类别、层次有什么用呢？

首先，不同高校，政策不同。"双一流"高校、"985""211"等都有中央的专项经费支持,这就是一项巨大的优势。如我所在的学校每年都有基本科研业务费,覆盖面也很广,但那些普通高校就很难获得。还有一些西部高校,虽然办学条件和力量差了点,但是国家在很多方面都有西部专项,如国家社科基金、人才引进政策等,这些是特殊福利。但是,不要只看到这些福利和优惠,在这些高校工作的教师压力也是很大的。

其次,越是排名靠前的学校越是拼科研,强调整体学科实力或者学科群建设,排名靠后的学校科研能力相对较弱,可能会有一两个优势学科,其余可能就没有什么优势,那么在这些学校中,教学可能是一条出路。也就是说,排名越靠前的学校,科研条件和实力越好,教师的职业规划更主要的是依靠科研;排名靠后的学校或者职业院校等主要就是靠教学。但这个也不绝对,"985"高校的教师如果科研拼不过,搞教学也是一条很好的出路。而一些小学校科研整体实力弱、平台托举力差,科研很难走出来,这时候教学就是非常好的突破口,而且教学是全覆盖的,意思是说,教学这条通路无论什么学校,国家都给机会,但是科研只有头部院校能沾光,这个在下文再说。教学科研的权重在每所学校是不一样的,读者们可以根据每个学科、每位教师的个人情况作出不同程度的权衡和取舍。我在这里不是要把教学和科研对立起来,从一名教师的工作来讲,教师既要做好教学又要搞好科研,满足基本的要求,但这是生存要求,也被我们称为基本操作。我要强调的是在基本操作的基础上,教师应当选择哪一条路作为突破口——是科研能走出来,还是教学能走出来?这是发展问题,需要仔细思考。当然有很多人教学和科研都很厉害,这种情况也不排除。但是也有很多人盛名之下其实难副,这是时代的产物,这个在后文再慢慢展开。基本上对于绝大部分普通人而言,在基本生存关过了之后,能有一条道路突围就不错了,后面我会结合自己的例子仔细谈这个问题,我是如何在"985"高校从以科研为主转向以教学为主的;我是如何在其他高校邀请我加入的情况下还选择留在自己的高校的,尽管我挺不喜欢东北的冬天。教学和科研成功的概率也不一样,这些都会在后文慢慢交代。

总之,在这部分,一线教师要清楚地认识到自己高校的办学层次、办学类别、所处地域、所具有的优势、所存在的缺点、学科的特点、学科的分布、在全国的地位和影响力等宏观和中观因素,不要过分悲观,也不要盲目乐观,更不要有不合理的期待。比如你的学校明明科研实力不行,你非要逆风翻盘,这样只会徒增烦恼。无论你身处哪个地域、哪种类型的高校,都能走出来,前提是得善于思考和观察,这些在关键的时候都能帮你作出正确的决策,总之格局要大一点。我当时从科研转向教学主要是因为我的学科走不出来,我的学科有一个大头部,这就决定了我这一辈子怎么努力都不可能出头,还有我所处的东北地界,也影响我学科的发挥,这些都是后话!

NO.003 你所处地域和学科有优势吗

这个问题也要考虑，是为日后转换赛道或者转换地域、学校做准备。比如我所在的二级学科是国际法学科，一级学科是法学。其实，法学学科还是挺好的，我所在学校的法学院也是久负盛名的"四大家族"之一，实力也很雄厚，"文化大革命"时期没有停办的两所法学院就有我所在学校的法学院。即便有这样雄厚的一级学科历史和办学条件，我所在的二级学科即国际法学科还是遭遇了发展困境。国际法对地域的要求比较高，只有经济、政治等对外环境极其成熟的地域才有这个学科的用武之地。东北地区不具备这个条件，所以我们的毕业生都走了，去了北、上、广、深，但是我们的老师轻易走不了，所以就得琢磨生存和发展的问题。

有一年，考虑到我所处学校作为东北的头部院校，我筹办了长白国际经贸法律论坛，把东北地区的研究国际法的学者、涉外的企业、律师都聚集在一起，结果发现我们的家底就这么薄，各部门相关的涉外数据也很难看，折腾两年之后，我就放弃了，我所处地区的国际经济基础太薄弱了，支撑不了我们这个学科的发展。这也是我后来转向教学的一个原因，我们的学科在我们这个地域无法实现理论联系实际。

此外，我们还得考虑学科的情况，你的学科有优势吗？从我的角度来看，我所在的二级学科没什么优势，虽然我们学院（一级学科）还行，但是我们学科（二级学科）不行，我们的头部在中部某个著名高校一开会你就能看出来，90%的参会人员都是这所学校的"同门"。所以，会长、副会长、重要的岗位都出自这所学校，别人想染指是很困难的。当然，人家实力也确实雄厚。在这种情况下，你要么就努力攒成果跳槽，要么就是千年的跟随者（连千年老二都不是）。前者考验你的毅力，后者考验你的心态。我所在的三级学科就我一个人——要体量没体量，要团队没团队，要什么没什么注定很难。这也是我后来转换发展赛道、搞教学研究的一个触发因素。毕竟你得考虑性价比，人这一生唯一公平的就是时间，你得把时间花在性价比高的地方。我的小学科（二级和三级）就是这个样子，我又不是学院领导（没有资源整合能力），就凭自己，我也拉动不了，再说我们学科（三级）这两年状态也走低，很多年没有新理论诞生了，学科活力也不足。这都是我们在规划职业生涯时需要考虑的。

以上是我所处的地域、学校、学科等的一些具体缺点，但也有好处。比如，国家为了支持东北老工业基地的振兴，还是会给一些特殊的支持政策，人才、项目等方面都有一些照顾。我们学校是一所身处地方的"985"高校，虽然位置偏远，但在地方是头部，与那些在北京跟众多高校一起内卷的"985"高校相比，还是有优势的，也就是说，虽然是部属高校，但是内部竞争其实没有北京这种高校云集的地方压力大，这些都是优势。我们学校还有一个优势就是地位高，但是所在省份经济发展一般。其他高校的学生一毕业（引进人才）到我们学校很快就能安居乐业，因为房价低，不用为生存发愁。很多大城市生存压力很大，老师被房贷、车贷和子女教育压得一直缓不过气，不得不分出精力考虑这些事情，自然工作、事业就要受到影响，至少不能平心静气地搞科研。

以上以本人为例简单介绍了一下教师应该对自己所在学科、学校和地域有一些基本认识，了解自己在整体格局中所处的位置，这样就能够更清晰地认识自己工作的外部环境，无论你是考虑在本地深耕还是考虑跳槽换赛道，这些外围的因素都是你必须关注的。

NO.004 ▶ 高校教师的生存期
——以解决"教授职称"问题为使命

高校教师每个阶段的状态是不一样的，想要的东西也不一样。但无论怎样，其大致可以分为生存期和发展期。生存期是指从入职到晋升为教授，也即职称问题解决了。发展期是指后教授时代怎么发展、怎么选择。为什么强调这个问题？因为在高校中，职称很重要，这个问题回避不了。评上教授之前基本就是一个平民百姓，评上教授之后就可以挺直腰板了，有底气了。但是教授也没什么可以炫耀的资本，只是后续发展的一个新起步。怎样成名成家、变成行业知名人物是后教授时代思考的课题。所以，生存期和发展期、教授前和教授后是不一样的生存状态，不管怎样，评上职称是高校教师必须重视且应争取完成的任务，只有解决职称问题，才能干别的，才能谈发展，否则很难。青年教师容易在这个问题上跑偏，容易被评职称的各种条件、各种"卷"给吓退，然后给自己找各种各样的借口"躺平"，回避评职称这个问题。高校教师应该尽量清除这种思想，在哪里都是按等级生存的，高校就是讲职称的地方，同一场讲座，教授的报酬与副教授的报酬是不一样的，连出门坐飞机的舱位、宾馆住宿标准都是不一样的，要面对现实，尽量把这个问题解决。根据我的观察，除了客观条件，职称晋级失败很大程度上是因为个人的意志先败下阵来，如果调整心态、背水一战，大部分人的职称问题是能解决的。

1）职称对高校教师很重要

职称对于一线教师很重要，这是我们职业认同感和职业满足感的重要来源，人是需要职业认同感的，职业上失败或者没有解决必要的职称问题，整个人的状态都不太好，这是一定的。你可能会说，不会的，我身边有很多不在乎职称的人，他们职称问题没解决，过得也很快乐，又不缺钱。我只能说，你别看他说什么，你看他夜深人静的时候闹不闹心。人这种动物有时候不仅会欺骗别人，还会欺骗自己。说什么不重要，那些没有解决职称问题的人在触景生情的一些场合，如别人晋级、别人取得什么成就等，会暗自神伤。当然，有时候他的落寞不会让你看到，大多表现为心理活动。

我是一个对职称的重要性认识比较清晰的人，很早就着手做准备，虽然在这个过程中也叫苦连天，也经受过致命打击导致心灰意冷，但是家人的思路一直比较清晰，持续给予我鼓励和支持，也不允许我放弃，否则我估计也会半途而废。放弃评职称这件事情会经常发生在女教师身上，因为我们这些女教师很容易找到借口，如照顾孩子、照顾家庭、嫁汉嫁汉穿衣吃饭等。但是，我家先生的思路是非常清晰的，他不允许我放弃，还一直鼓励我，所以我很早就解决了职称问题，解决完职称问题之后，真的是长出一口气，感觉万里长征走完了一半。相反，我身边有一位教师，可能也真是家人心疼她，当她叫苦的时候没有激励她而是说差不多就行了，嫌累就别评了。然后这位教师就真的松懈下来了，平时总是把老公心疼、老公能赚钱、自己不差钱挂在嘴边，身边的人顺便也就恭维了一波"你好命啊""我们命苦"一类的言不由衷的客套话。直到有一天，这位教师特别困惑地拉着我问职称问题怎么解决，自己有时候想起来也挺闹心的，尤其是身边差不多年龄的人都评上了，自己虽然不差钱，但是总觉得差点意思。我能怎么说，这一切都取决于自己想不想面对。我在这里想说的是，职称是高校教师的职业认同感的重要来源，没有教授职称，你可能在职业上是有挫败感的。这一点要想清楚，而不要轻描淡写地说我不在乎，我家不缺那点钱，这些都是违心的话。人都是慕强的，而且人都是活在自己的优越感里的，职称问题没有解决，优越感是决然没有的，自己的状态也好不到哪里去，而且家庭生活、家庭地位都受影响。这个问题我们放在后文的婚姻部分讨论——社会地位就是家庭地位。

2）职称不仅是对专业能力的考验，也是对心理素质的考验

大多数学校评职称还是考核专业能力的，往窄里说就是考核科研能力,但这种情况在不同高校要求是不一样的。"985""211""双一流"都不用说,都是拼科研,而且条件越来越高,在这些学校生存的教师解决职称问题主要通道是搞科研,即尽量把自己的研究做好,发表一系列文章。只不过"985"高校要求的期刊和项目级别高、数量多;其他高校要求的期刊和项目级别相对低,数量要求也宽松一些。但是在学校排名、综合评比的大趋势下,每所学校都在给科研加码,这些给科研层层加码的措施最终还是要落到一线教师头上,需要一线教师加大产出量,所以这些学校的教师也不容易。一些普通学校甚至职业学校的晋级条件比较混合,有科研要求,也夹杂着一些教学要求。总之,每所学校条件不一样,但是科研条件是必不可少的,差别体现在最终呈现的期刊级别、项目级别以及具体数量上。

科研这部分分文科和理科,因为我是文科出身,我就简单说说文科的情况——僧多粥少。全国各个专业都盯着自己领域的那几本期刊,都快"卷"死了。科研本身很难,能写出成形像样的东西就不容易,发表就更难了,上到"有帽子"的学者,下到在校研究生,都需要通过发表文章完成自己的学术积累。本部分只是突出科学研究和论文发表相对比较难,对一线教师比较有挑战,但不是无法突破,具体的内容会在下文慢慢展开,一线教师在这方面要认清形势,提早布局和进行心理建设,不要被畏难情绪吓倒。

申请项目也不容易,国家级项目以2023年国家社科基金为例,一共立项3000余项,被500余所高校瓜分,我在上文提及全国有3000多所高校,能够拿到国家项目的也就是六分之一。省级项目也是考虑范畴,不少地方院校是承认省级项目地位的,但是竞争也比较激烈。作为国家级项目和省级项目的评审专家,我可以很负责任地说,很多申报者项目不中是不会撰写申报书导致的,不会撰写申报书背后是不懂得科研的基本原理,这个在后文也会慢慢展开。总之,这方面也是可以攻克的。

正因为写文章、申请项目很难,很多一线教师就会产生畏难情绪,一直没有做好心理建设。其表现就是总是抱怨文章难发表、项目难申请。其实只要你深入地问下去,抱怨的教师多半是写都没写,申请也没怎么申请,即便是申请了,项目书也写得乱七八糟的。这里考验教师的心性,真正努力评职称的人都在低头做事(写文章和钻研项目申报),

没有时间抱怨，这是我在日常工作中经常看到的一种现象。我个人觉得很可惜，这是一种典型的拿又拿不起来、放又放不下的情况。最好是一咬牙、一跺脚啃下这块硬骨头，抱怨和向别人倾诉没有用，而且别人也不会理解你。相信我，你向职称问题已经解决完的人诉苦，他表面上不说什么，心里一定认为你不够努力，这世界上就没有真正的共情，况且你也得反思自己是不是已经尽到最大的努力或者是不是心理建设没完成、心理脆弱。你向与你一样没有解决职称问题的人诉苦，就是抱团取暖、互相安慰而已，也不能解决问题。所以放弃自怨自艾，准备战斗才是正解。

写这部分的目的无非想强调这样几点：①职称是自我认同中的重要部分，无论你是不是为家庭做贡献了，只要你自己的事业没发展起来，你的自我认同始终是缺失的，在工业社会，这对男教师和女教师都是一样的。②高校也是有等级的（甚至可以"暗黑"地称之为"鄙视链"），这个等级是按照职称评的。如果你的职称问题没有解决，每次按等级做事和评价的时候对你都是一种刺痛，所以要足够重视这个问题，不解决职称问题就要付出很大的心理成本。③解决职称问题的过程不仅是对专业能力的考核，也是对心理素质的考验，很多人其实并不是专业能力不行，更多的是心理这关没过。④职称问题未解决，即评完教授之前是高校教师最基础的生存期，在此之后才涉及发展问题。也许你可以跟我说，你不评职称，讲师能到社会上赚钱，如法学院的老师兼职做律师，那后续我也会写一篇专门的文章把这个问题说一下——你还是竞争不过那些拥有教授职称做兼职的律师。⑤评完教授之后的选择多多，幸福感也会提升很多。所以，在能克服的情况下尽量把职称问题解决了，这样才有可能经历更为丰富、宽广、多彩的职业人生。当然，必须承认的是，身边不乏真正看开的人，他们经过审慎思考决定放弃评职称，并且能做到心态平衡，这个没问题。在高校，评职称也是个价值选择，对于一个有完整自我意志的人，评职称和不评职称都是个人的理性选择，这没问题，没有什么好坏之分。我们只是根据客观的情况指出：其一，高校评职称是一件很重要的事情。其二，我们不要自欺欺人，如果放不下就拿起来，尽量把这个问题解决。那些能真正放下且能寻求到其他自我实现路径的人不在我们讨论的范畴之内，而且估计也不是本书的读者。还有一些人就是在高校找个班儿上,并不想真正地精进,这些人家境一般都比较好,找工作就是为了解闷儿,他们可能也不太在意职称。

NO.005 一两次评职称失败是常态
——快速调整心态和作战思路!

上一篇提到教师有生存期和发展期,生存期主要是完成职称(教授)评聘,发展期主要指解决职称问题之后的进一步发展。高校教师一入职就会面临评职称的压力,而且这个压力是客观存在的,根本不由教师自己决定。学校的工作每年就是那么几项,评职称是大家最关注的。对教师本人来说,博士毕业两年之后就有机会评副教授,再过五年就有机会评教授,这说的只是可能性,你得攒够成果才有机会评,还得有足够的天时、地利、人和才能评上。个人角度的两年、五年的晋级节奏和高校年年评职称的工作节奏导致高校教师一入职就被卷入令人压抑的氛围中,可以毫不客气地说,这是高校教师职业生涯中的第一件大事、第一个山头,如果在两年之内没有评上副教授、五年之内没有评上教授,通常会被认为是没有踩上点儿,也就是滞后了,教师会对自己不太满意,认为自己节奏慢了,一方面会非常沮丧,另一方面压力又会变大。

这也不怪教师,因为在高校内部也有一条职称晋级时间的鄙视链。也就是说,高校评职称可以分为破格晋、正常晋及延后晋三类。理论上,超额满足条件的教师可以申请破格晋,比如我所在的学校就规定,学术成果超过规定标准的1.5倍就可以申请破格晋,即不需要熬时间,别人五年才有资格,你三年、四年都可!但是破格晋不仅条件苛刻,还要经过重重外审,外审回来之后还要到学部去答辩。破格晋一般不占用学院指标,有许多关口需要过,破格晋常见于理科(经常有很年轻的教授产生),文科破格晋有点难,所以人数也很少。正常晋是指按照上文所指出的时间点到点就晋,既没有超前,也没有滞后,也就是上文所提的"踩点儿"晋。正常晋挺好的,但也是很难很难的,因为不仅你的学术成果要够,你还得足够幸运,如名额宽松、竞争较少、评委投你、外审顺利……所以,能正常到点儿评上的教授也挺少的，别太在意这一次能不能评上，因为评不上是正常的。延后晋是指因为自己学术成果还不够，或者学术成果达标但是名额不够，从上到下排序你没进名额（竞争激烈和名额不够有时候是一个意思），评委不喜欢你以及外审挂了，这些都会导致你这次晋级失败。虽然我知道这时候安慰教师很容易，但是对于教师本人来说这是一个致命的打击，是对信心的打击。因为高校内部不仅比谁是教授、谁是副教授这些职称等级，还会比你是哪一年晋的级，破格晋的"鄙视"（暗地里）正常晋的，正常晋的"鄙视"（暗地里）延后晋的，延后晋的"鄙视"（暗地里）没晋的。而且，根据职称和晋级年份的不同还会形成非常微妙的小团体。讲师跟讲师玩，副教授跟副教授玩，教授跟教授玩，破格的跟破格的也会产生某种惺惺相惜的"错觉"，觉得自己跟别人不一样，这是人性，都喜欢活在自己的优越感里，上文提过！

这就是评职称的节奏、时间点以及由此产生的鄙视链和心理压力。但是，高校教师要正确认识评职称的节奏，有时候这不是自己能控制的，而且破格晋和正常晋的只是少数，能晋上就行，别太苛求自己，否则就是自我折磨。更不要因此产生低人一等的想法，都是教授，都是命运的安排，跟自己没什么关系（况且又不是只有你这样，大多数人都这样），把心态调整好，否则影响士气。而且，从我的角度来说，我晋副教授比同龄人晚一年，但是我晋正教授比同龄人早一年，所以扯平了。每个人都有自己的节奏，不比较，做好手头的工作，剩下等风来。千万别因为一两年没评上就破坏了自己的心情，把这个当成正常情况就好。

调整作战思路这件事涉及另一个评职称的"潜在规则"——职称评聘制度，我们下一篇仔细拆解一下！

NO.006 你们学校评职称的制度是否有可预见性

有的学校（如部属高校）有自己评定职称的权力，有的学校（省属高校）没有自己评定职称的权力，其有内部推荐权，但两者差不太多。今天聊的都是由学校内部决定的那部分程序，即学校的职称评聘制度是否有可预见性。这件事是怎么来的呢？我已经工作20年了，我目睹了我们学院的职称评聘制度由不确定到确定，然后还看到了其他学院的情况，认识到一所学校内部不同学院晋级难度是不一样的。当然决定晋级难度的因素很多，如医院就难晋，因为医生群体数量庞大，晋级名额又太少。常规100多人的学院，晋级人数和名额配比就宽松一些，没有医院那么"卷"，但今天讨论的是制度。

职称评聘制度不管多么五花八门，就只有两种类型，即可预见和不可预见，前者是指将职称评聘的条件主要交给指标和制度，指标高、制度透明，人为因素少一些，也就是不取决于评委投票，所以可预见性就好一些。比如我们学院，在我评职称的时候就有很客观的指标，按照指标基本上"民间"自己就能排个序，你有几个C类项目、B类文章，怎样折算等，都很透明。最后，上会投票跟自己在下面预想的结果差不多，评委手中权力不大。后者主要指职称评聘的条件一方面交给指标和制度，另一方面也依赖评委投票。这类制度一般门槛低，入门的人多，竞争大，或者制度不够透明，所以上会投票环节就很重要，也就是说评委手中权力很大，他们能决定你是否晋级。

老实说，我觉得前一种很好，门槛高，大家凭实力就好了，后一种要考虑的因素更多，心里总是不踏实，而且容易滋生不好的、不正常的人际关系。但是现在"破五唯"（唯分数、唯升学、唯文凭、唯论文、唯帽子），许多学校也在修改评价标准，这种想法是好的，但是得取决下面的落实程度和落实的人。本书不想评价这些制度的好坏，只是想提醒一线教师，职称评聘有许多条件，要了解你所在学校的制度，不能总是低头走路不抬头看路，否则会很被动。如果需要文章我们就发文章，需要建立一个良好的人际关系那就日常维护，总不能到了最后才想起来这件事，那就来不及了。我就见过一名年轻教师不懂为人之道，在很多场合的表达都过于"猖狂"，让老教师们很不舒服，这种类型的教师在晋级的时候如果需要评委投票，他的结果就不会太好。总之，低调、谨慎、勤勉、多思总是没毛病的，青年教师要多反思自己、多规范自己，无论如何，给别人留下一个温和、谦逊、积极、上进、阳光的正面知识分子形象是正道！

NO.007 ▸ 高校教师的发展期
—— 选好自我实现路径，然后发力！

这是我的亲身经历，2016年，我同时解决了教授职称和博导两个问题，公示结束那天，我以为自己会心花怒放、欢欣鼓舞，但其实不然。我回到家里，静静地坐在自己每天用来工作的电脑前，心里有点儿失落。真的，这是当时的真实想法，我既没有像往常那样打开电脑疯狂码字，也没有充满斗志、时刻战斗，就是觉得阶段性目标实现了之后有一点小迷茫，可能入职之后就把评教授职称当成头等大事和人生目标，没想过评完教授之后要干什么，所以出现了短暂性的迷失。这时候，我突然想起王尔德曾经说过的一句话：世间只有两个悲剧，一个是得不到自己想要的东西，另一个是得到自己想要的东西。这绝不是什么凡尔赛，就是一种真实感受。后来我反思了，原因是我当时的职业目标谋定得非常狭窄和狭隘，就是解决教授职称问题，这对教师而言只是一个阶段性目标，被我当成终极目标实现之后，我突然不知道自己该干什么了。也许有人会说，继续搞科研啊，我之后再跟大家分享我学科的情况，继续搞科研能走出来的可能性不大，所以，我当时就是咬着牙评教授职称的，评完不知道该干什么。

理论上，高校教师职业发展也会分生存期和发展期，这在前文提过。当你解决职称问题之后也自然会面临发展问题，我把它称为后教授时代的发展问题。我经过一年的冥思苦想以及大量地观察其他教授的做法，总结出了自己的心得，这也直接促成了我目前的职业状态，我细细跟大家掰扯一下。

与生存期不同，发展期的主要目的是成名成家、自我实现。高校教师在后教授时代（发展期）有三条自我实现的路径：教授＋市场，教授＋行政，教授＋资深教授！

"教授+市场"是指后教授时代教授们为了自我实现选择到市场中，即将自己的知识转化为"为人民服务"的工具，走学以致用的道路。以我所在的法学专业为例，教授们评完职称之后，就直接到律师事务所去，或者说他们之前也在律师事务挂职，但是不太做业务，毕竟职称没评完，心里总还是得惦记，不能全情投入专业实践中去。这里补充一件事情，还记得我在前文提及的生存期最主要的任务就是解决职称问题吗？很多人可能会不认同，我的职称问题没解决，我直接到实践部门中去"学以致用"不行吗？行，但是成功的少！高校尚有鄙视链，社会上更是如此，人们拿什么来衡量一名教师？一定是其本职工作的等级。你自己的职称问题没解决，你觉得另开辟一个新战场，别人就买单了？不可能，这条存在于社会之中的鄙视链更明显，高校还是好的，毕竟这是接受过高等教育的人扎堆的地方，多少文明一些，不那么赤裸裸。专业实践说好听点叫作产学研用结合，说不好听点就是增加经济效益顺便扩大个人影响，你的客户是非常介意你的资历的，你的职称就是你的硬伤，走到哪儿带到哪儿，所以别逃避。理工科的社会化做得更好一些，文科中社会科学可能会更方便一点，人文学科怎么和实践部门结合，我没有太多的经验，留给读者们自行探索。总之，后教授时代闯市场是一条路，一条自我实现的路，很多教授都投身到这个领域中。

　　"教授+行政"是指一小撮人将自己后教授时代的发展依托于行政道路，即当官。为什么是一小撮人？因为行政道路真的是可遇不可求的，每个人的机遇不一样，能走上行政岗位并且还能持续上升其实也挺不容易。这些教授往往利用自己的行政职务扩大自己的学术影响。对，你没听错，无论是"教授+市场"还是"教授+行政"都是为了扩大自己的学术影响，都是不能放松自己的学术的，只是发挥的空间和领域不一样。后教授时代不意味着不搞学术，还得持续搞，只不过有一个反哺的机制，或者市场，或者行政。很多时候，一些高端的学术会议或者学术局只有学院领导甚至是学校领导才能登台发言，这也是很多学者想当官的主要原因。毕竟坐在那个位置上就会有很多资源涌过来，更有利于学术的发展。但是这一条路也不容易，行政事务很多，在这样的情况下还得在学术上持续产出，所以会发展出团队。但是行政道路不可能无限上升，是有天花板的，这一点也得想清楚，很容易遇到瓶颈。而且，现在的行政道路也就是那么几年，轮岗、轮值等机制也决定了四年一个周期，两个四年就差不多该腾出位置给新人了。

"教授+资深教授"是指一部分人在后教授时代选择继续深耕自己的学问，尽量在自己的本专业成名成家，打出一片天地。这种人不是不想进入市场，只是市场对人的社会性要求太高，得会待人接物，得会察言观色，还得能为五斗米折腰，这些都是知识分子的普遍软肋，很多人没跨出过校门，也不想跨出校门，留在大学的象牙塔里多好啊，始终戴着知识分子不食人间烟火的光环，一旦走入社会，知识就开始变得世俗化，变得油腻，这是这类教授不愿意走入市场的原因。这种人也没机会或者没能力走上行政道路，没机会是指没人发现你这块"金子"，没能力是指高校的行政其实要求一种能力——行政素养，很多知识分子看书都快看成书呆子了，根本不了解行政机关是怎么运作的，高校的行政机关有点类似公务员，要明白领导和上下属之间的关系，也要察言观色，要懂官场，而长期沉浸在书本中的教授们没有这方面的能力，考虑不到那么复杂的人际关系。所以，这些教授的发展道路就是继续发展自己的研究领域，争取早日在同行中混出来，成名成家拿各种"帽子"以完成自我实现。

以上说的是有雄心壮志的教授，还有一些教授评完职称之后就"躺平"了，我说的"躺平"不是真的"躺平"，是对自己不再有额外要求，维持住教授等级和声誉就好了，就满足了。此外，还需要提示几点：①后教授时代的发展，多数是指那些很年轻就评上教授的人，30多岁还不到退休的年龄，那就得想想后教授时代怎么发展。要是年龄很大才解决职称问题，也就坐等几年后退休，不折腾了。②无论哪一条道路，切记都不能不发展自己的专业能力，不能不搞学术。无论哪一条道路都是用学术去交换的，区别在于交换的是市场、行政认可还是资深学术，你可以简单粗暴地将它们统称为学术变现，只不过有时候变现的是有形的东西，有时候变现的是无形的东西。③这几条路也不是泾渭分明的，可以交叉，可以互相借力，如"学术+行政"，最终也是为了提升自己的学术影响力，也不耽误走资深学术人的道路，也不影响和市场结合，重点在于怎么结合，怎样实现自身潜力挖掘的最大化！但以上都是从个人角度谈的，无论走哪条道路，都不要忘了我们是用知识服务社会的，要时刻记得为社会主义建设做贡献！

NO.008 那些"折"在半道的老师
——高校教师"躺平"阶段与原因分析

各行各业都在"卷",高校也不例外,身边越来越多的人选择"躺平",包括我,那么今天观察一下高校教师都会选择在哪个阶段"躺平"、各自的原因是什么,纯属娱乐,如有雷同,纯属故意!

(1)讲师阶段"躺平"。这阶段"躺平"的人不多,原因是年纪轻,体力允许"卷";理想还在,没被现实磨平。再说讲师就"躺平"也不太能说得过去,容易处在食物链底端,对单位没做什么贡献,在单位被边缘化。但也不排除少数"躺平"的人,原因不外乎:家里有矿、家里有娃没人带、实在舍不得让自己遭科研写作发表的罪、家人理解、自己得解脱……

(2)副教授阶段"躺平"。这阶段"躺平"的人占"躺平"人数的一半以上,"躺平"的原因主要有:身体不允许,"卷"不动;家里有娃赶上中考、高考,必须牺牲一个人;评教授的难度越来越大,没什么希望;毕竟已经努力达到副教授这个级别了,好歹对单位、对家人也能有个交代了,至少努力了,只是没爬太高。

(3)教授阶段"躺平"。这阶段"躺平"的人比较多,原因是教授已经是一个比小目标还大一点的中目标了,甚至对于某些人来讲已经是终极目标了。所以这阶段"躺平"的人主要是因为年纪大了,终极目标实现,或者中级目标实现但是下一级目标太难实现。再说有了教授的职称出去交流、讲座也够了。后教授时代也就三条发展道路:一是教授+学术(成为著名学者);二是教授+市场(赚钱);三是教授+行政(用行政职务拓展学术空间)。想想看,以上三条路都不好走,那就直接"躺平",享受生活。

(4)拿到"杰青"等荣誉后"躺平"。这些人已经是凤毛麟角了,"躺平"是无可厚非的。对于很多人来说,这一辈子是有很多"天花板"的,到了"天花板"就没有上升空间,没有上升空间就"躺平"呗,平时做做报告,享受一下知识带来的福利,享受剩余的人生。但是这些人通常会有不错的学术平台或者行政平台,也就是说,要么有一个自己的重点研究室,要么已经成为处级等领导干部,所以他们基本上也不怎么发展学术,就直接拓展关系发展外围。

(5)到死才"躺平"。这些人"躺平"的原因是,人生走到终点了,不得不"躺平"了。只有死亡才能阻止他们"卷"别人的脚步。特朗普78岁还在竞选美国总统,本书出版之时已经成功当选,这种人只有死神来临那天才能停止脚步。

此外,女性"躺平"比男性"躺平"早,这不仅是因为女性承担家务、照顾孩子等事情较多,还是由于女性自身定位和受到传统文化的影响很容易就让其对自己很好,放弃抵抗。再加上老公比较能干,照顾孩子又是一个很好的借口,所以"躺平"就成了顺理成章的事情。男性极不乐意"躺平","躺平"主要是客观原因导致的主观无奈选择,主要包括没有上升空间、看到"天花板"了以及怀才不遇……年纪也是影响"躺平"的主要因素。女性到了40多岁之后会遭遇第一次觉醒,觉得自己的前半生都是为别人活着,真心应该对自己好一点,此时会出现一波"躺平"小高峰。

综上,"躺不躺平"取决于很多因素,如性别、年龄以及所在单位的上升空间和上升难度,还取决于是否有充足的借口。周末突发奇想,胡乱成文,供诸君一乐,愿各位"卷"得朝气蓬勃,"躺"得心安理得!

其实,高校教师早晚都是要"躺平"的,区别就是哪个时段、什么原因!

NO.009 一个有前途的研究方向是什么样的
—— 大、多、快、没！

研究方向决定高校教师的工作状态和最终的成就，这句话一点都不夸张，每个研究方向都有其自身的特点和外围环境，你选择了这个研究方向，就选择了进入这个领域，那么这个领域的人、事、物就都与你有关，这个领域的发展状态也会影响你的职业状态。选择了什么研究方向就选择了什么样的职业状态，就像选择了什么样的伴侣就选择了什么样的生活方式一样。没有人希望自己的研究方向日渐没落、没有前途，毕竟谁也不愿意在泰坦尼克号上去抢头等舱，这艘船的结局是沉没，没有意义。但是也很少有人系统地思考过自己的研究方向，不少年轻教师研究方向的确定不外乎根据自己念研究生时候的专业方向、自己导师的研究方向、自己一时兴起感兴趣的热门方向，这些未经思考而选择的研究方向可以帮助你毕业、留校，但能不能助力你一辈子的研究，甚至帮你成名成家、扬名立万可就不一定了。我们经常看到有很多院士、资深教授在业界享有盛名，如袁隆平教授、"两弹一星"的元老们，但是你有没有想过，除了他们自身的努力，更主要的原因是他们选择了一个特别有前途的研究方向。今天，我们就来说说什么样的研究方向是有前途的，用四个字概括就是大、多、快、没！

1）大，是指受众大，知识成果惠及的人群多！

之前已经提及过了，高校教师科研的主要任务就是生产知识，生产的是新知识！新知识是区别于既有知识的，既有知识就是教科书上的知识，新知识就是在既有知识基础上通过科学研究创造出的知识。新知识的"新"是"创新"，而"创新"的大小取决于这个新知识的用处，它能用于解决什么问题。解决的问题越尖端、越棘手，创新性就越大。一种简单粗暴的判断方式就是你生产出来的新知识应用于实际情况的受众面有多大。举个例子，生产芯片，大家都知道这是我国目前的"卡脖子"技术，如果能实现三纳米芯片的设计和量产，那么对中国来讲，创新性是比较大的，因为现在使用芯片的地方实在太多了，而我们在这个领域又长期被国外拿捏，可想而知这个新知识的创新性是很大的。同样，"两弹一星"的原理也是这样的，能解决当时的国防安全问题，能解决中国的国际地位问题，这样的研究产生的新知识创新性也是很大的。所以青年研究者在选题的时候要有格局，要考虑受众面，考虑社会影响。

当然以上还是理工科，而且层面也比较高，接下来举个日常的例子。比如说我，我有两个研究方向，一个是法学学科的，一个是教育学研究的。前者是国际私法中的司法适用问题研究，后者是写作及其背后的批判性思维原理研究。前者的受众面很小，全国没多少人；后者的受众面很大，在校大学生（约6500万人）、高校教师（约190万人）都是我的潜在阅读群体。我撰写的写作类书籍和指导教师申报项目的书籍，销量都很好，曾经有一位法律实务界的同仁，他写过一本指导律师审查合同的书籍，他问我，你的书卖了多少？我说，大概3万册。他说，你这个销量一般，我的书已经卖了近10万册。我笑了笑，着什么急，我的存量市场很大，有6500万，而你的存量市场才约60万（中国注册律师的数量），这就是受众面大的意思。高校教师无论如何都要选择一个研究方向，尽量选择受众多的，这样你的知识产品（如果变成产品的话）覆盖的受众面积就大一些，你的知名度和社会影响都是靠数量堆出来的。

2）多，是指问题多，能供你持续研究！

高校教师又被称为科研人员，工作内容就是研究，这时候选择一个有延展性的研究方向很重要。我们在当研究生的时候，老师们总跟我们强调研究方向的延展性，但当时我不明白。我的老师们就用朴素的东北话跟我解释，比如你的研究方向是个矿，你这个矿不能挖两锹就没了，得能让你持续挖，不仅要是个富矿，还要是个矿群！这样你一辈子就不愁了，就可以在这片矿山持续开采和作业。等我慢慢开始变成一个成熟的研究者，在转换过两三个研究方向之后才越来越意识到这句话的重要性，其实这句话想体现的选择原则就是问题要多。科学研究是以问题为导向的，问题是引发一切知识生产的原材料，没有问题就不会有持续的知识生产活动。很多朋友问我为什么能够在三年之内连续写作将近 10 本专著，那是因为我现在的研究方向延展性十足，也就是问题超多。每天我满脑袋想的就是这个问题能写一本书，那个问题还能写一本书。我不仅在过去的三年写了一堆书，在未来的几年之内还能源源不断地推出新书，这就是一个富矿带来的好处。相比之下，我所在的法学学科的研究方向最近十几年萎缩得厉害，不仅没有什么新问题，还受到国际局势的影响。记住，选择一个偏底层的、有理论深度，还有应用广度的领域，别挖几锹就没了。

3）快，是指上升速度快，是一个朝阳领域！

朝阳领域是指处于上升期的领域，即人们所说的风口。我考研究生的时候是 2001 年，那一年中国加入 WTO（世界贸易组织），我考的是国际法专业，这个专业在当年非常难考。当时有一个研究方向非常热门，就是世贸组织法（WTO 贸易规则），研究人数众多、研究成果丰富，不仅有专门的世贸组织法（WTO 贸易规则）研讨会，还围绕世贸组织法（WTO 贸易规则）开设了一个专门训练学生的模拟法庭，你就说当年这个专业方向有多热。但是，由于多种原因，WTO 的上诉机构停摆，要知道上诉机构属于 WTO 的争端解决机构，而争端解决机构被誉为 WTO 的王冠，这就使 WTO 遇到了重大的法律问题，之前选择研究 WTO 的学者纷纷转型，调整自己的研究方向，这个研究领域至少在现在是遇到阻力的。新进入国际经济法领域的年轻学者也少有再将世贸组织法（WTO 贸易规则）作为自己的主要研究方向。与之相反的一个例子是，近些年在法学领域中，尤其是国际法领域研究对外关系法的学者增多，这是因为我国新近推出了与之有关的立法，其属于一个较新的研究领域，问题较多，吸引了大量学者涌入。在我们的领域还有另一个新兴事物值得关注——人工智能和大数据法学，这是信息时代给法学带来的挑战，这也说明法学是一个发展得非常成熟的学科，既有的领域都已经被占领，一旦出现一个新的领域，就会有很多学者关注并积极投入其中。总之，年轻学者选择研究方向一定要结合现实需求，选择一个朝阳、有前景的研究方向。

4）没，是指没头部，否则你要想成为头部很困难！

没头部的意思是指你在选择一个研究方向的时候，尽量不要选择那些大佬林立、蛋糕已经分配好的领域，因为在这样的领域中，你要想出头很困难。我这两年不太愿意做我自己的本学科国际 X 法研究，原因是这个学科大部分领域都已经被分配完毕，这个学科从 20 世纪六七十年代开始建设，到今天留给我们这些 80、90 年代出生的人开拓的空间已经很少了，即便是有空间，大山大河也已经没有了，只剩下一些华山论剑的时候上不了台面的小分支。而且行业内的大佬一般都比较长寿，以我们学科为例，开会的时候，年纪不到 60 岁都上不了主席台，因为 80 多岁身体健硕的人很多，所以即便已经熬到教授、博导，但由于资历尚浅也只能坐在下面围观。而且就像我上文提及的，在我所属的学校，我的这个学科（研究方向）并不占什么优势，也不是头部院校，估计一辈子都得坐在下面围观，只能做绿叶，这就是选择我们这个研究方向的宿命，跟你自己努不努力没有太大关系。这也从侧面说明了选择比努力重要。

一种理想的状态就是重新选择研究方向，虽然转换研究方向是有成本的，但是在必要的时候必须转换。转换的时候就要留意这个领域发展空间有多大，对于一个雄心壮志、野心勃勃的一线教师来说，在一个头部无法撼动、大佬林立的领域，是难以实现自己的野心和抱负的。当然，你也可以选择继续在这个领域精耕细作，那就看你有没有做细分领域的能力了，这个话题以后再说。

综上，我们把什么是有前途的研究方向用四个字概括出来并阐释清楚了。我们不得不承认，这样的研究方向寻找起来是很困难的，需要付出很大的努力，并且要洞悉整个行业甚至是教育界的宏观状态，才能把握得住。这就是我一直强调的，高校教师不能只顾着低头走路，忘记抬头看路。如果还有什么需要强调，那就是用这四个字描述出来的有前途的研究方向是一个比较理想的模型，实践中能凑齐三个要素也是一个不错的选择。

NO.010 ▶ 研究方向决定你的命运
——转换研究方向的成本收益分析

上文我们提过，教师这个身份对于我们来说非常重要，它代表着我们职业认同的来源，因为你在外面的时候，别人见到你都是××老师、××教授地称呼你，这就是我们的身份和标签，如果这个职业没有规划好，我们的自我认同就会缺失很重要的一个部分。而教师职业生涯规划的重要因素就是你的研究方向，可以毫不客气地说——职业生涯，成也研究方向，败也研究方向（当然还有其他因素，如学术功底、是否有行动力等）。有了一个好的研究方向，就成功了一半。无论后续你多努力，你要知道这些都是建立在一个好的研究方向上的。所以，标题中说，研究方向决定你的命运毫不夸张，跟找终身伴侣差不多。

本文要探讨的是另一个事实，研究方向的寻找有时候不是一帆风顺的，是需要探索的。年轻教师可能一开始没有一个太好的研究方向，或者一边研究一边发现手中的这个研究做不下去了，这是一种常见的现象，这时候就需要转换研究方向，但是要切记研究方向的转换是有成本的——沉没成本。所以，不是不可以转换，而是要尽可能避免多次转换，争取一次成功！同时，我也想提醒青年研究者，要重视研究方向这种事情，要独立思考和判断。

青年学者的研究方向有几个来源，在学生时代，其多数来源于指导教师的研究方向，这在理科中是常见的，文科由于不需要团队配合和实验，写作大多在大脑内部与自己之间的博弈和斗争中完成，而且大多数学院允许文科学生选择与指导教师研究方向不同的选题，但在更大的范畴中，要与指导教师的小学科保持一致。应该说在学生时代很少有研究生识别出和发现有价值的选题（其背后就是研究方向），所谓"识别出"，就是指需要对本学科的宏观格局和发展态势有着较为准确的把握，你才能判断出大致的学科走向，这是好的研究方向所依托的较为宏观的背景。所谓"发现"，就是指有价值的选题或者研究方向不是摆在那里供你发现的，它更像是隐藏在深处的矿山，你需要做大量的前期勘探和挖掘工作，才能证实这是一个好的选题或者研究方向。"证实"这两个字特别好，它代表着研究方向的获得不是一蹴而就的，而是需要付出大量的前期努力。这个努力的过程，本身也是科学研究的重要组成部分，也在考查研究者的学术功底和学术敏感性。爱因斯坦曾经说过，发现一个问题比解决一个问题更重要，意思是说，比解决问题更重要的事情是发现有价值的问题，一旦发现问题，就可以按照既有的解决问题的模式将之解决，所以发现问题的环节更具有挑战性，这也是整个科学研究环节中最重要的部分。

大部分青年学者在学业结束之后，会延续自己在求学过程中跟随指导教师学习时所从事的研究工作，这是一件好事，但也有可能是一件坏事。如果你的导师水平很好，他选择的研究方向可以为你提供一生的学术研究的养分，那么这就是一件好事情；如果你的导师水平很一般，或者这个研究方向随着时间和技术的变化已经不再具有太高的研究价值，而你还固守这样一个落寞的阵地却不自知，那无异于在泰坦尼克号即将沉没的时候还守在头等舱没有跳到救生船上。所以，青年学者要学会对自己的研究方向负责，并对研究方向进行大量的思考，最终选择一个可以终身为之努力和奋斗的研究方向。

我曾经转换过两次研究方向，我的第一个研究方向是缘于我的博士学习经历产生的，我硕士学习的是法学，但是在读博士的时候考取了一个交叉学科的专业，叫作法经济学，由法学和经济学合并招生，但专业设在经济学院，最后拿的是经济学学位。就这样，我开始了法经济学的研究。当时年轻，只觉得美国人取得了那么多研究成果，我们也可以搞出一些名堂。后来的事情证明我错了，美国人之所以可以搞法经济学研究，是因为法学在美国只开设在硕士阶段，选择学习法学的那些人，本科接受了各种各样学科的熏陶，其中就有经济学。所以他们具备开展法经济学研究的两个条件：经济学基础知识和经济学研究方法。而我们却是在本科、硕士都读法学的情况下，在博士阶段跳到了经济学院，根本就没有接受过系统的经济学专业知识和方法的训练，连基本的经济学文献都看不懂，只能回头恶补经济学知识。即便这样，经济学基础也不行。当我意识到法经济学这条路走不通的时候，我已经在这个领域消耗了八年的时间。虽然我收集了全世界所有关于我这个法学专业的法经济学文献，但我能做的就是尽量把它们读懂，做一个综述，我不具备分析和评价的能力。再继续往下做，我就得回经济学院补本科阶段的基础知识，我还没有这样的时间、勇气和信心。于是，经过痛苦的斗争我又回到了我自己法学的本专业，开始从事司法实践研究。但这次转换研究方向依旧不是那么令人满意，为什么不成功？一方面是上文提及的我所在的地域和学科的整体发展趋势是不活跃的；另一方面，我后续在教学那个部分再细致分析，因为它直接引导我走上了教学研究的道路。我在这里要强调的是，经过这一次专业方向的调整，我的成本有哪些。

第一个成本就是我浪费了八年的时间，这有点像你在一个根本不可能跟你结婚的人身上浪费了八年时间，除了收获一些经验，损失了大量的青春年华。也许有人会说，这也是经历呀，无所谓。那你就要仔细看一下第二个成本！

第二个成本是我换了一波学术同行，学术是个圈，对！学术是有圈的，这个圈决定了你发表论文、申报项目成功的概率。凡是涉及同行评议，都是你的这个最小范围的学术同行在评价你的成果。换一波学术同行就意味着你需要重新融入另一个圈，并尽快跟他们熟悉起来。这个问题留在后面的项目申请环节继续分析，那时候你就能看出你的学术同行影响你的学术之路。但是对我而言，我只是找到了新的一波学术同行，因为我原来研究的法经济学在国内根本就不成气候，谈不上有什么学术圈和学术团体，这也是我执意转换研究方向的原因。

第三个成本是学术同行也可以产生学术交流，我用八年的时间沉迷于一个并没有什么学术同行、也没有产生过什么学术交流的研究方向，客观上我对于学术圈来说就是一个隐身人，不是因为我没有成果，而是因为没有人能跟我交流我的学术成果。学术交流带来的个人成长是不能忽视的，我在这个方面也走了很多弯路。不过现在看来，这些付出的成本能够成为青年教师"避坑"的经验也是一个收获。

其他的成本还包括别人可能会质疑你的学术"审美"，因为你选择了一个在明眼人看来不太可能完成的研究任务，别人可能还会质疑你学术的扎实性，毕竟你换了研究方向嘛，客观上给人一种不能够持之以恒的感觉，科研这条路最好是选择一个好的研究方向，然后一直走下去，最后走到那一条路的顶点——你的人生高峰（像极了婚姻的从一而终）。总之，转换研究方向这件事肯定是有成本的，但是结合我们上面所说的一个好的研究方向的四个标准，当你手中的这个既有的研究方向已经不符合这四个标准，那你肯定要及时止损、弃暗投明。最后，希望所有的青年学者用不上本篇所提供的经验，因为这是一个很痛苦的经历。

NO.011 论文、项目、专著、译著
——这些科研的载体我该怎么选

科研活动用抽象的话题表达就是我们上文所说的知识生产，但是科研是有具体载体的，它的载体无外乎期刊论文、科研项目、学术专著和学术译著。当然科研的载体还包括给政府部门写的报告，这个属于学以致用方面的，我们后续再说。

本篇的写作目的是帮助青年学者搞清楚论文、项目、专著和译著之间的差别及其在评职称过程中的权重，以便最后作出最优的决策和选择。不可否认的是，不同的学校对以上四种不同的科研载体在具体的职称评定、导师资格审查、人才评聘等方面的赋分是不一样的。通常，学术论文的等级比较好认定，国内的、国外的；核心的、非核心的；一区的、二区的……而且论文也是这四项载体中最重要的、权重最高的。任何一所学校都会要求老师在晋级的时候提供其所发表的论文的质量和数量，所以写论文是一个不可回避的科研活动。科研项目是另一个等级比较好认定的学术指标，国家级、省部级、厅级、校级；纵向项目、横向项目……认定标准非常清晰，这几乎是所有学校要求老师在晋级的时候提供的要素。

相比之下，专著在职称评定过程中地位要低一些，至少在一些学校是这样的。这就导致在很长一段时间内，很多专著都是声名狼藉的。在学术界公认的是，普通的专著水平不太好判定，我之所以在这里强调是普通的专著，是因为有一些好的专著是可以被判断出来的，如根据出版社好坏、市场好坏来判断。国内绝大多数专著是没有市场表现的，即卖不出去，没有读者买单。所以，很多比较好的学校不愿意将专著列为一个评定职称的重要因素。

译著的地位就更低了，原因是已经混到学者这个队列了，进行普通的英文阅读没什么障碍；即便有障碍，现在翻译的辅助设备特别多，导致译

著的地位不是很高。知识生产工作是强调创造性的，译著反映的是别人的知识生产能力而不是自己的。所以，有些学校甚至不认可译著的地位。写到这里也许会有读者认为本书的作者过于功利，都是从评职称、晋级的利益角度谈学术活动的，学术活动不应该被功利性围困。这是对学术的一种误解，真正的学术活动是既能实现自我、又能贡献社会，是一个双赢的活动，不要避讳谈学术助力自我发展，这两方面不矛盾，只有不能兼顾的人才把这两方面对立起来。后续我会再详细谈一下有用之学和无用之学。

以上只是从学术研究价值、知识生产的难易程度角度来判断这些科学研究载体的地位和分量，具体情况还需要教师结合其所在学校的政策文件来作出综合判断，本书只能对趋势和实际情况做一个笼统的判断。但是，为什么要写这样一篇文章放在职业生涯规划这本书里呢？有很多老师会避重就轻，如明明在其所在的学校，论文是一个必不可少的条件，但由于论文发表过于艰难，他们就沉浸在撰写专著或出版译著中，但是后者又在整个职称评聘的过程中不具有核心优势。那么这些老师就会心生怨怼，认为自己从事了大量的科学研究和学术活动，也有代表性的研究成果，如专著，这些能反映自己的勤勉程度和对科研的付出，却得不到政策文件的认可，因此常常会抱怨学校的指标不合理。我在日常和年轻教师交往的过程中，经常听到这样的抱怨和牢骚，校内的和校外的都有。本书想要强调的是，在教师的生存期阶段，由于职称评聘不是个人能够说了算的事情，必须按照组织的规章制度和标准要求来指导自己的科研行动，要了解自己所在学校的具体要求和标准，也就是说，只要你想评职称，就不能学术太任性，就要按照指标体系走，这样才能获得你想要的东西。而到了发展期，论文的发表压力不太大和指标不那么严格的时候，你愿意撰写专著或出版译著都是个人的选择，你可以相对自由一些。

同理，还有项目申报，有些项目，比如国家级的某某学会项目在一些学校会被认定为国家级项目，在另一些学校则不被认可。青年研究者对这些要求要了然于心，只要你想在体制的评价范畴内获得自己想要的东西，就要按照体制的评价指标走，不要发生自己不按照评价指标体系走又抱怨的情况。因为这样既解决不了问题，又徒增自己的纠结和内心的不快。只有目标明确、思路清晰，把过程和结果结合在一起的人才能获得自己想要的东西，高校教师也概莫能外。

NO.012 ▶ 学术态度要端正
——有用之学 vs 无用之学，学术功利性 vs 问题意识

我经常被邀请给青年教师的国家社科基金等项目提供修改意见，每当我指出某些申请书缺乏问题意识、没有应用价值的时候，就会有人说，学术研究为什么要那么功利？还会有人说，无用之学可以涵养自己的学术情趣、滋养学术乐趣，我做学术就是为了涵养自己，并借此攻击那些强调问题意识、学术社会效果、产出的观点，讽刺他们的学术功利性思想。这种现象并不罕见，背后是混淆了有用之学和无用之学、学术功利性和问题意识。

我先定义一下有用之学和无用之学，以防出现无意义的争论并造成本书读者对我观点的误读。

从我个人的观点来看，学术可以是没有目的的，也可以是有目的的。没有目的的学术研究可以被称为无用之学，也就是人们常说的纯粹为了涵养自己的"调性"。从这个意义上说，其实也不能称其为无用之学，因为毕竟其能为自己所用、能为自己所乐。有目的的学术研究不是为自己的，而是从他人需求、社会需求和国家需求角度开展的学术研究，更多的不是为了自己的学术小爱好和小乐趣，而是为了完成学术研究所承载的另一个功能——利他和践行社会使命感。

这两者本身是不矛盾的，毕竟人的一生（学术人也是普通人）不可能时时刻刻都想着利他，想着自己身上的责任和使命，他也需要考虑自己的个人需求，能够利用自己的所学娱乐自己、让自己开心也是科学研究活动一个重要方面。从这个意义上来说，有用之学和无用之学不是对立的，也区分不出哪个好、哪个不好，个人选择而已，也即由个人决定自己学术研究中"有用"和"无用"的比例，达到一种自身平衡即可。但是我们必须

意识到一点，无用之学的社会影响和社会功用不会太大，从社会问题和需求出发的有用之学（前提是能够正确开展研究，能够正确识别问题）能带来较大的社会效益，从而给个人带来诸如声誉、声望甚至是经济利益。① 但是，是否结合以及结合多少却是个人选择的自由，我也无意干涉和指手画脚，只是期望教师能在充分认识有用之学和无用之学的区别与功用的基础之上形成较为理性、符合自身定位的个人判断。这就像我在从事本职工作——教学研究之余，还愿意写点帖子，经营公众号，或者研究红酒产区、品类以及口感，这完全是不矛盾的。

我们接下来讨论一下学术功利性和问题意识这两个问题。凡是学术研究都强调问题意识，有用之学更是如此，研究者的研究必须能够解决问题，针对社会问题展开的研究才具有真正的学术价值，同时也具有社会价值。学术研究的问题意识强调真正的学术研究都建立在问题意识的基础上，没有问题意识就没有真正意义上的学术研究。学术功利性是指学术问题意识薄弱，或者几乎没有，"研究者"从事学术研究不是为了解决问题、生产知识，而是为了个人的名利而不择手段，这样是不行的。通常，个人如果真正解决了一个棘手的社会问题，比如现在有科学家就解决了 3 纳米芯片的研发、设计和量产问题，即便这个科学家是非常淡泊名利的，也会名利双收。我们反对的是建立在虚假问题以及虚假科学研究基础上单纯追求名利的学术研究行为。学术和名利这两者之间的关系一定是学术为先、名利在后。如果将名利放在前、将学术放在后，那就变成了学术功利性。在此，对以上两个问题做一下澄清，希望一线的研究者不要将这些概念混淆，我们不能一方面做了很多无用之学，另一方面还期待自己有很多社会影响和声望；也不能在用自己的"无用之学"（缺乏问题导向和需求导向）申请国家社科基金这一类问题导向、需求导向特别明确的项目败北时抱怨项目的评审过程、评审结果对自己不公正；不能将别人通过真正的、有问题意识的科学研究获得的声望抨击为学术功利性；不能将缺乏问题意识的、追求功利的虚假学术研究吹捧成"有用之学"。

---

① 以我为例，《批判性思维视域下课程思政的教与学》出版后，我跻身国内一线课程思政专家行列，每年讲座邀约不断；《批判性思维与写作》一书出版后，我成为写作培训类的专家，同时也收获了丰厚的稿酬。这两本著作都是基于社会需求产生的研究性著作，带有学术有用性的标签。但是也不能完全将"有用""无用"区分开，这两本书的写作过程中，我觉得获益匪浅，提升了学术素养，涵养了学术情趣。

NO.013 你做的不是研究，是一时兴起
——研究是解决问题，不是我们想干什么就干什么！

某老师找我看份申请书（项目申请书、论文都是研究，它们的底层逻辑都一样，都是解决问题），让我帮忙把关或者叫作提点意见。按照惯例，我还是问该研究要解决的问题是什么，研究之所以是研究，就是因为它解决了以往不曾解决或者解决方案不好的问题。没有问题就没有研究。该老师告诉我，要研究 16 世纪时 A 和 B 的关系，要解决这个问题。老实说，我一听到这种回答头就大，这通常意味着作者没有问题意识。

A 和 B 的关系怎么能是问题呢？从研究的角度来看，A 和 B 的关系是问题的答案，也就是说 A 和 B 的关系应该是你对问题的解决方案，你之所以要研究 A 和 B 的关系是因为你要解决一个问题，但这个问题是什么呢？该老师自己也不知道，并坚持认为自己这个研究意义非凡。笑话，意义非凡不是你说的，而是由问题决定的，要解决的问题决定你研究的价值。

这是一个学术常态，很多人研究什么并不是从问题出发的，而是一拍脑门子想干什么就干什么，他想研究 A 和 B 的关系，他就开始研究 A 和 B 的关系；他想研究 C 和 D 的关系，他就开始研究 C 和 D 的关系，从来没问过自己研究这些关系是为了什么。当你问他们研究这些关系是为了什么的时候，他们会言之凿凿地说，对今天有借鉴意义啊。那好——什么借鉴意义？我们不能笼统地说有某种意义，否则对于研究来讲就是耍流氓，因为理论上拿古代的任何东西过来都可以宣称有借鉴意义——具体化它，能具体化且能从学术的角度具体化才能产生意义。

这本质上就是当今学术的一个缩影，发表了大量的论文，搞了大量的研究，做了大量的项目，但是解决了什么问题？该卡的脖子还在那儿卡着，结构性的矛盾还在那儿矛盾着，你如果好（四声）信儿（闲得没事

做），可以到某期刊网上去看，没有任何一个社会问题、研究问题没有对应的文章，甚至有好多文章，但是问题解决了吗？没有解决，矛盾还在。那是什么导致了学术的非理性繁荣？

出现上述现象的原因是对学术的错误理解，某些高校内部的群体很有意思，包括学生也包括老师，可能是脱离社会太久了，他们根本不知道自己要做的事情对社会发展有什么益处，但是你别问，你一问就是有益处的。但具体有什么益处，说不出来。反正码出来的字放在那里就是成果，至于其能不能转化成社会发展的动力，谁也不关心。大家做什么东西都是"心想事成"，我心里就是这么想的，我就这么做，至于跟社会衔不衔接、落不落地，这是社会的事，我就负责我这段儿。这有点像一个笑话——一个病人胳膊上中箭来看病，医生就把外面露着的部分剪掉，然后告诉病人好了。病人说箭头还在里面呢，医生说那不归我管，我是外科，你现在说的事得找内科。

我把这种现象叫作学术任性，只关心自己想做什么，而且自己想做的这种"研究"纯粹出自个人头脑中的一时兴起。只有把自己想做的东西跟社会的需求结合起来，才能保证自己的研究是真正的研究而不是在那比比画画。更可笑的是，还有好多人比画得很自信，自己把自己抬得很高（对自己认识不清或者涉及虚假宣传）。其实，当读者深入进去就会发现，其所谓研究就是海市蜃楼，不能解决问题。

NO.014 ▶ 大多数老师都不具备全面且完善的生存技能
——需要写却不怎么会写

我们对高等教育有一些误解，其中之一就是：无论是大学老师还是大学生，只要是学习了某个专业的知识，就默认自己具备了某个专业的相关技能（即能用知识解决问题），这一点是错误的。一个专业领域的相关知识，只是具备该专业领域相关技能的必要条件，并不是充分条件。无论是对于大学老师还是对于大学生来说，能体现自己专业能力的日常活动是写作和沟通（解决问题的载体），又以写作这种书面表达方式更为重要和更具挑战性。我经常跟我的学生说，大家要重视写作，要努力把写作当成自己学习的重要任务来完成。有的学生却认为：我以后不当大学老师，又不从事研究，我为什么要擅长写作？这种认识是错误的，任何专业能力最终都会集中体现在写作上，比如作为法科生，你毕业之后，无论是到法院、检察院，还是到律师事务所工作，你的每一项工作，最后都会形成一份文字材料。其中有一种最为重要的书面材料，对于法官来讲是判决书，对于检察官来讲是公诉意见书，对于律师来讲是代理意见。这份书面材料是三个诉讼主体在庭审时交织的重点，也是各方专业能力的集中体现。这还只是写作在专业能力中的一个小小的例子，经常有老板、雇主抱怨现在的孩子连一份通知都写不好。各大律师事务所常年去我们学院招聘，唯一的条件就是能写。至于"能写"为什么是一个人专业能力的集中体现，这个我们后面再说，在这里你只需要知道你的专业能力最终是需要通过一系列文字体现的，这对每个专业及其背后的各行各业都是成立的。那么对于将以写作为载体的科学研究作为主要工作内容的高校教师，就更是如此。教师们只有具备非常卓越的写作能力，才能在职业生涯中勇闯天涯。

但很遗憾的是，绝大多数高校教师都是欠缺写作能力的，至少在刚入职的时候，写作能力普遍比较差。这不仅仅因为写作是所有教育环节中对能力要求最高的训练，更因为无论是高校教师还是大学生，他们过往经历的和正在经历的教育体系并没有为他们提供充分的写作训练。如果让我换一个表述，那就是现代的教育体系在训练和培养具备卓越写作能力的人才方面是比较弱的。

为什么现代教育对于写作能力的培养是欠缺的呢？这就要从高等教育的本身设置、历史发展说起。我们的现代高等教育起源于洋务运动后期，参考多国的模式，构建起属于我们自己的高等教育体系。这套教育体系擅长知识传授，并不擅长思维培养。也就是说现有的中国高等教育能给我们受教育者一套完整的知识体系，这是它的优点。但是它并不善于培养思维，思维是什么东西？思维从最通俗的概念上来讲，是指人们发现一个问题并试图解决这个问题的过程，又被称为思考。它有三个要素——问题、结论、前提。正确的思考强调针对一个问题，得出一个前提充分的正确的结论。在这里，"前提"就表现为我们日常在大学中所学习到的知识，前提能催生结论，强调的是前提和结论之间的逻辑关系，而思考或者思维的整个过程又强调对问题的解决。

说到这里，结合上一篇的内容，研究是为了解决问题，不是你想干什么就干什么，你是不是就知道研究的底层规律是什么了？对！研究考查的就是解决问题的思维，它强调问题、结论、前提这三个要素，而在这三个要素中，知识只是其中一个（表现为前提）。研究的过程就是用知识解决问题的过程，人们之所以能写出东西，是因为他们清楚地知道这个问题是如何被解决的，解决问题的过程中问题、结论和前提是怎样的关系。当人们不清楚解决问题的过程时，自然也就写不出东西。对于高校教师而言，不了解研究的载体是写作，写作的底层是思维，思维的三要素（问题、结论、前提）中只有一个是知识，那就是一件悲惨的事情。

了解到研究、写作和思维之间的关系后，研究者（在本书中的身份是高校教师）还应当意识到我们接受的大学教育只给了我们一套完整的知识体系，并没有教给我们解决问题的思维。所以即便已经从事教职，甚至已经写过硕士毕业论文、博士毕业论文，很多老师依旧没有参透写作的底层本质是什么，这对于教师的职业生涯来讲是致命的打击。很多老师经常困惑，明明自己是写过论文的，硕士毕业论文、博士毕业论文都是写过的，为什么到了当老师的阶段反而写不出可以发表的论文，申请不到国家级的科研项目？原因是硕士毕业论文、博士毕业论文对于写作的要求都是比较基础的，从某种程度上来说，我们认为硕博毕业论文都只是习作，很多高校明确要求学生在写硕博论文的时候不能引用别人的硕博论文，因为其权威性不够。这样你就明白，只是经历了硕士、博士的培养阶段，你还是没有掌握写作的真谛，你还是会在撰写期刊论文、项目申报书的过程中遇到非常大的问题。这件事情我比较有发言权，因为我不仅常年指导硕士研究生、博士研究生进行论文写作，还经常参与研究生导师培训，指导他们"指导自己的学生"写作。同时，我还常年参与国家社科基金的评审工作，到全国各所高校指导教师进行国家社科基金的申报书撰写。我可以很负责任地说，高校教师中有成熟的写手，但是数量并不多。绝大多数老师，甚至可以说年轻教师都不怎么会写。这也不能怨他们，我们现在的高等教育体系没有教会他们怎么写。所以，我常年从事写作指导类工作，出版了大量的指导写作的书籍。这些书籍的销量还不错，侧面反映了教师和学生群体是需要写作指导的。

  之所以写这篇文章，是因为想提示青年教师，在我们的职业生涯中，写作能力是非常重要的。但是，由于我们的教育过程和环节对写作能力的训练与培养是不充分的，很多年轻学者即便已经成为大学老师，但在写作能力方面还是不达标。我们对此要有清醒的认识，只有认识到自己的写作能力还不够，需要多加练习，职业生涯才能打开局面。而不是想当然地认为自己已经具备写作能力，是论文发表有猫腻、项目申请有黑幕才导致自己职业生涯受挫。我在日常对青年教师的指导过程中会发现这样的错误观念，所以才写了这篇文章。青年教师还是要提升自己的写作能力，要从方法论上真正掌握这项能力，才能真正掌握用专业知识解决问题的能力，也即科学研究能力！

NO.015 ▶ 论文写作的核心知识点提示
——只能自己拓展学习和练习了!

由于论文写作是一个系统工程,教授写作是一件非常复杂的事情,本书并不是一本专门讲授如何写作的著作,不会对写作问题进行长篇大论。但是又正如上文所指出的那样,写作能力是高校教师必须具备的生存能力,所以我们单独用一篇文章的体量去介绍写作必须掌握的核心知识点,这也是我在日常指导教师和大学生写作时发现他们经常产生错误认识的点。我将这些点罗列出来,供老师进行自我检测,如果发现自己在知识点上存在盲区、误区,请自行寻找相应的书籍补充和完善这部分知识。此外,写作是一项典型的实践技能,光懂知识点和原理是没有任何意义的,要知行合一,要在写作中不断地提升自己的能力。光说不练假把式!言归正传,我们先把写作的核心知识点罗列出来,老师们要仔细地去检测自己是否真正认识到这些知识点和这些知识点背后的原理。

(1)写作是用知识解决问题,考查的是人们用知识解决问题的能力,与纯粹的知识学习不同。

(2)解决问题需要运用到思维,思维(最简单直观的概念)是指针对一个问题给出具有充分论据的结论。

(3)思维包含三个要素——问题、结论、前提,正因为如此,写作要有问题意识、要有由前提推出结论的过程——俗称论证。而前提本身考查的是理论基础,也即系统化、理论化的专业知识。

(4)要想熟练掌握写作技巧,必须掌握构成思维的四个线索:思维要素线索、前提线索、论证线索和问题线索。思维要素线索强调的是思维的三个要素,即问题、结论、前提。前提线索强调的是构成充分条件的前提是怎样形成的。论证线索是指要熟练掌握论证的宏观和微观知识,前者包括什么是论证、论证的类别、论证的语言要求;后者包括分析论证和评论论证、解构论证和建构论证。问题线索是指写作需要经过提出问题、分析问题和解决问题三个环节。

（5）论文写作的文体是议论文，与作为教科书的说明文有本质的区别，这一点很多青年教师分不清楚，他们通常把论文写成说明文。

（6）议论文是解决问题的文体，议论文的三要素论点、论据、论证对应的就是思维的要素。论点是结论，论据是前提，论证是由前提推出结论的过程，无论怎么称呼和命名，都是为了解决问题。

（7）论文写作前期需要做大量的准备工作，对于文科来说就是大量地阅读和积累；对于理科来说，除了大量地阅读还伴随着实验。

（8）论文不是憋出来的，是水到渠成流淌出来的。写不出来就是因为准备工作做得不充分、思考得不到位，这时候不应该难为自己继续写作，而是应该反思之前的哪个准备环节没有做到位，然后折返回去把这个环节做好。

（9）论文写作的环节大致为：确定研究方向—检索文献—阅读文献—找到问题—构思形成两个框架（论证框架和写作框架）—开始动笔写作（包括标题、关键字、引言、正文等几个部分的写作）。

（10）文献检索需要符合"四性"——全面性、权威性、及时性和针对性。

（11）文献阅读包含四个层次——基础性阅读、检视性阅读、分析性阅读和主题性阅读。绝大多数人停留在基础性阅读层面上，这也是写作遇阻的主要原因——阅读不过关。

（12）分析性阅读要求读者将一篇文献阅读到分析论证和评论论证的程度，即要能够呈现出该篇文献的思维要素：问题、结论和前提。既要能够说出该篇文献的作者解决的是什么问题、结论是什么、得出结论的前提又是什么（分析论证），又要能够说出前提是否为真、由前提能否推出结论（评论论证）。

（13）主题性阅读是指对上文所提及的文献检索环节收集到的所有文献进行分析性阅读，并将每一篇文献的分析论证和评论论证整合起来。主题性阅读的目的是形成文献综述，理论上，我们将所有文献的分析论证整合到一起就会形成一个大的论证框架体系（这就是对所有文献所做的分析论证），在此基础之上，我们要看这个大的论证框架体系中的每一个论证的前提是否为真、由前提能否推出结论（这是针对所有文献所做的评论论证），只有完成上述环节，才能看出所有文献研究了什么、没研究什么、有什么缺陷、有什么问题。

（14）通过主题性阅读产生文献综述之后才会产生问题，也就是说研究者此时才会获得论文写作中的问题，该问题在逻辑上一定与思维的要素有关，要么与问题有关，要么与前提有关，要么与前提和结论的关系有关。我们经常看到论文题目如《……：与××教授商榷》，作者商榷的要么是前提不为真，要么是由前提推不出结论。论文写作的任何一个环节，都与思维的要素和逻辑有关，如果你不能阐述它们之间的逻辑关系，那么多半你的研究是有问题的。

（15）问题是一个"problem"，而不是一个"question"。

（16）产生问题之后先不要着急动手写作，而是围绕问题先把自己的论证框架画出来，使自己以后的论文写作时刻围绕自己的论证框架展开。该论证框架要求作者指明自己即将写作的文章要解决的问题是什么、结论是什么、前提又是什么、是怎样由前提推出结论的、前提是否为真。细心的读者已经发现了，这也是一个分析论证和评论论证的过程。

（17）将论证框架罗列出来之后，作者还要列出一个写作框架，通常写作框架是以提出问题、分析问题和解决问题的写作环节为主线的。写到这里你会发现，论证框架对应的是思维内部四条线索中的论证线索，写作框架对应的是思维内部四条线索中的问题线索。

（18）构思环节也就是列出论证框架和写作框架的环节结束之后，这时候写作者才可以动笔。

（19）标题的写作一般遵循一定的原则：研究对象、研究问题和研究结论是必须写的内容。

（20）关键字是带有学科标识、被应用于网络检索的词语，通常人们总是把不重要、不具有学科属性的词写在上面，这样做并没有什么用。

（21）摘要是由三句话构成的：提出的是什么问题？提出该问题的原因是什么？结论是什么？摘要必须是上帝视角（俗称第三人称）。

（22）引言就6～8句话：背景句、问题句、文献综述句、结论句、研究思路和研究方法句、研究意义句。

（23）论文写作请遵循段落写作法和 IBAC[①] 的写作结构。

（24）论文写作是个大工程，请进行过程管理，不要虎头蛇尾。

以上摘自《100 天写出一篇论文——论文写作的本质及过程控制》，如有知识盲区，可以详细阅读这本书。

[①] IBAC 是指在最小的论证单元中帮助写作者捋清思路，完整表达论证要素并按照读者最容易理解的方式呈现写作内容的一种指导性写作结构。其中 I（issue）代表问题；B（base）代表基础，也就是大前提、未表达前提等；A（analysis）是指分析，也可以指代小前提；C（conclusion）代表结论。

NO.016 ▶ 项目申报的核心知识点提示
——只能自己拓展学习和练习了!

项目申报是科学研究的另一个载体,也是高校教师无法避免的一项科研活动。任何一所学校在评聘职称的时候都要求老师拥有一定数量和一定级别的项目,因此掌握项目申报的核心技能对于高校教师而言十分重要。但是本书并不是专门讲授项目申报的著作,只能以我作为评审人在近些年参与各类项目申报时所遇到的问题为基础,对一些核心知识点加以总结,分享给本书的读者。这些核心知识点必然是条目性质的,具有高度概括性。读者可以根据这些条目来判断自己是否具备项目申报所要求的核心知识和核心技能,如果想要拓展阅读和训练,可以参阅我出版的另一本讲解国家社科基金申报的著作《国家社科基金申报指导手册》,该书对申报的要求、前期的准备和过程管理有着较为详细的描述。接下来,我提纲挈领地介绍一下项目申报的注意要点。

(1) 项目申报是考查申报者用专业知识解决专业问题的能力的活动,是解决问题,不是罗列知识点。

(2) 申报书是议论文,但是有大量申报者将其写成说明文,因此导致文体错误,文体错误的背后就是申报思路不清晰。

(3) 议论文有三要素——论点、论据、论证,这些都是为解决问题服务的,也即议论文是解决问题的文体,这一点与论文写作一样。

(4) 项目申报尤其强调问题意识,申报者要懂得什么是问题。此外,问题要有结论,结论要有前提,由前提能推出结论,这就对应议论文的三要素——论点、论据、论证。

(5) 项目申报最大的问题是,大量申报者不懂什么是"问题"。

(6) 即便申报者懂得什么是问题,也还存在问题过大或过小的情况,也即申报者把握不好自己的选题分寸,过大容易空泛,过小承载不了项目，只是一篇论文的体量。这一点请参见本文所提及的参考书中关于树干、树枝、树叶以及树脉级别的选题的描述和相应的要求。

（7）申报者研究的不是"真问题"，不符合学科的理论要求，是自己一拍脑门子想出来的问题，这种选题通常没有社会需求做基础，即便"研究"出来，也没有应用场景。

（8）申报者研究的不是"专业问题"，每个人都有所属学科，项目申报要求申报者用其所属学科的知识解决一个本学科的问题，不要写成别的学科或者让评审人看不出你的学科，跨学科后面说。

（9）申报者不了解自己的学术研究在整体学术研究脉络中的位置，即选择了一个过时或者已经被研究完的题目，这种题目没有创新性，这是由于申报者没有将文献全部阅读到位，也就是说文献阅读得不够，文献综述不行。

（10）申报者不了解自己的研究在社会实践中的地位，申报者的研究一定要对社会实践有帮助，也就是需求导向。社会需求越大，研究的价值就越高。如果选择了没有社会实践意义或者意义很小的选题，也会导致申报失败。

（11）申报者不了解自己所从事研究的难度，选择了要求过高、难度过大的题目，没有意识到自己是无法完成的。通常这类题目对团队、平台、影响力都有要求，年纪过轻、经验偏少、影响力偏弱的申报者是无法支撑的。

（12）申报者不懂什么是"主题"，主题就是申报者对问题产生的观点，它是一个体系，包含很多观点。申报者需要时刻在申报书中表明自己的观点，但申报者很容易将其写成描述性的文字（说明文），没有什么观点。

（13）申报者不懂什么是"论证"，给出的结论没有前提支撑，或者随意给出前提，由这些前提并不能推出结论。

（14）标题超字数。

（15）有副标题（此处针对国家社科基金项目）。

（16）标题的组成模块安排不合理，标题必须让评阅人看出研究对象、研究问题和研究主题。

（17）标题中核心词汇没有学科属性。

（18）关键字超过三个（此处针对国家社科基金项目）。

（19）关键字中间没有用空格隔开（使用的是分号、逗号）（此处针对国家社科基金项目）。

（20）关键字没有学科属性。

（21）第一个关键字没有安排好。

（22）文献综述的写法不正确，没有包含必要的线索，没有扣住核心关键字。

（23）文献综述写成了说明文，没有写成时刻表达观点的议论文。

（24）文献综述没有对过往研究形成高度概括或概括不够。

（25）文献综述没有对未来研究进行展望。

（26）学术价值和应用价值写作不正确，没有围绕解决问题带来的好处写，没有突出创新性，没有写成简单句，句式复杂不好懂。

（27）思路和框架是从"问题"到"结论"的路线图，申报者没有清晰地描绘出这幅路线图，思路是宏观的路线图，要高度概括；框架是微观的路线图，要展开细节。

（28）不知道什么是重点。

（29）不知道什么是难点。

（30）不区分重点和难点。

（31）对研究方法及种类不了解。

（32）采用了错误的研究方法。

（33）研究方法没有扣住"题"。

（34）研究方法过多或者过少。

（35）没有说明使用该种研究方法的原因。

（36）没有说明使用该种研究方法研究的内容。

（37）没有说明使用该种研究方法达到的目的。

（38）前期成果没有相关性，或者前期成果写得过于隐晦，不容易辨别。

（39）参考文献的数量过多或过少（占总字数，所以要控制）。

（40）参考文献没有体现研究脉络。

（41）没有外文文献。

（42）参考文献形式不统一、不规范。

（43）在前期准备方面，申报者容易出现的问题有：积累不够且下手太晚。

（44）重要环节如文献检索、文献阅读、构思等掌控不到位。

（45）文献阅读不到位，没有掌握什么是检视性阅读和批判性阅读。

（46）不能分析出一篇文章的论证框架，即不会批判性地阅读。

（47）主题性阅读的文献不满足"四性"——全面性、权威性、及时性、针对性。

（48）对所有文献梳理得不到位。

（49）文献综述没有做到述评结合。

（50）文献综述没有提供"问题"。

（51）文献综述没有提供问题解决思路和方案。

（52）文献综述没有提供研究的意义和创新性。

（53）问题意识模糊。

（54）没有根据问题意识形成一个合格的标题。

（55）没有形成自己研究的论证框架。在动手写申报书之前，申报者必须列出自己的论证框架，包含自己要解决的问题是什么、结论是什么以及得出结论的前提是什么。

（56）论证框架中前提、结论的逻辑关系不成立。

（57）论证框架没有经过同行多次提意见。

（58）论证框架有瑕疵，没有经过多次打磨。

（59）申报书撰写是在论证框架形成之后的事情，不要过早动笔。

（60）申报书需要经过多次打磨，多寻求别人的帮助和指点。

（61）项目申报是小同行评议，所以认识你的同行很重要，认识同行的主要途径是参加学术会议并且在学术会议上增加自己的曝光度。

（62）跨学科项目不太建议申报，不是因为不能从事跨学科研究，而是因为跨学科项目对评委要求较高，评委也得从事跨学科研究，否则很难有人能看出你的研究的价值。

以上出自《国家社科基金申报指导手册》一书，如有需求，请自行拓展阅读。

NO.017 ▶ 高校生存的四个要素
——认知、天赋、努力和外围支撑

不可否认,在高校中,人与人的状态是不一样的。一些人能够持续地生产,总是有文章发表或者著作出版;而另一些人的科研成果却不尽如人意。也许有很多人会说,这主要是个人的努力程度不一样导致的。但本文想说的是,个人的努力程度一定是一个非常重要的因素,但它不是唯一重要的因素,还有其他的因素需要考虑。

从事科学研究或者在高校当老师,其实是一件很有挑战性的事情,因为科学研究就是知识生产,是一项对创新性要求特别高的工作,它不仅要求个人绝对努力,最好要有一些天赋。此外,还要有相应的认知和一些外围的支撑。说得直白一点,认知、天赋、努力和外围支撑是四个能帮助高校教师脱颖而出的必要且充分条件。

在这四个条件中,认知是最重要的。高校教师要知道当了老师之后的自我实现路径是什么,有很多人特别喜欢当官儿,那么高校教师不适合你,你应该去考公务员。有很多人特别喜欢赚钱,那么高校教师也不适合你,你应该去经商。充分认识到高校教师这份职业能给你带来什么,什么又是高校教师自我实现的路径,这一点是非常重要的。今天不展开说这个问题,只提供一个结论——高校教师自我实现的道路要符合高校教师职业的规律——通过教学和科研自我实现。你越早认识到这个问题,你就能越早付诸行动,还能避免不必要的内在纠结来消耗自己。总之,不要期待高校教职给你提供它提供不了的东西。这就是认知,认知要符合高校教职的客观规律。

其次,天赋也很重要。当了20年老师,也许你会说,人和人智商都差不多,那是国外的评价方式,中国人评价一个孩子或者个体喜欢用天赋。在智商没有显著差别的情况下,人的天赋有着天壤之别。以数学学科为例，它是极其强调天赋的，即天才型的数学人，他们的大脑就是跟一般人的脑回路不一样。研究数学，有天赋的人和没天赋的人差别很大。没有天赋想要用后天的努力弥补，这个很难。但这不是说有天赋的人就可以不努力，只是想说如果有天赋的人还努力，这样的人是很容易在所属学科有辨识度的。每个人擅长的东西不一样，有些人在医学方面有天赋，而有些人一看到血就会晕；有些人在艺术方面有天赋，在理化方面简直就是白痴；有些人在文学方面有天赋，擅长写作和捕捉别人看不到的事物；有些人神经大条，很多事情摆在面前都注意不到。这就是人和人之间的差别，尽早认识到自己的天赋是什么，沿着自己擅长的事物去努力会比较容易出成果。

再次，努力是非常重要的因素，有时候比天赋还重要。毕竟，有一些学科对天赋的要求不那么高，那么这时候谁的意志坚韧、谁能日复一日地付出，谁就能走到最后。能走到最后的人不一定是天赋型选手，但一定是日拱一卒、极其自律的人。如果是既有天赋又很努力，那这样的人很难不成功。但绝大部分人很难两全，认识到这一点之后，高校教师更应该看清楚自己手中拿的是什么牌。认识你是天赋型还是日拱一卒型，如果是天赋型，恭喜你老天爷赏饭吃，你只要别太任性和违背规律，你就能获得一个不错的结果；如果是日拱一卒型，那对不住，你必须坚持不懈、自律精进才可以拿到你想要的结果。这里有一个常见的问题，就是绝大多数人都是日拱一卒型选手，但是他们不认命，不接受自己的这种类型，反而做了很多天赋型选手做的事情，到头来就会是竹篮打水一场空，所以要对自己有深刻的洞察。

最后，有外围支撑最好，没有也可以慢慢经营。这个外围支撑的含义很广，包含你的出身，也就是你的家庭能不能给你支持（后面详谈）；你的平台和团队能不能给你支持；你的社会资源对你是不是友好。比如，你在一所"985"大学，那你的学校支撑性就很好，如果你所在学科是在全国排名靠前的，那你的学科支撑度就很高。如果你的导师是一个全国的"大牛"，你所在的学术团队是全国数一数二的，那你的平台就很高。但是如果你在一所不太知名的高校的不太好的学科，导师也不是很权威，那么想要向上发展就相对困难。家庭资源这部分，比如家里的经济支撑是否充分，能否让你衣食无忧地专心于学术，能否给你一点学术指导和职业道路指引，这是不一样的。如果家庭成员都是一个专业、混一个圈，那么资源是可以传承和共享的，这是毫无疑问的。为什么之前说中医世家、世代从事×××研究，其实某种意义上也是资源的传承。社会资源是你自己在后续交往中形成的，比如经常交流的同行、经常合作的出版社、能发表你文章的学术杂志等，这些也得注意积累。

总之，在高校谋生，认知是最重要的，思想决定行动，只有解决认知上的问题后才能有行动力。其次是天赋，在一些对天赋要求极高的学科里，没有天赋就注定你只能是一个普通甚至连普通都算不上的人，如数学专业。普通人就可以选择一些对天赋要求不高的学科，在这些学科中，你可以用自身的努力来弥补天赋上的不足。当然天赋和努力都具备是一种理想状态，如果没有兼得，那就用努力来弥补。再次是努力，没有努力肯定是不行的，哪怕有天赋，最后也会伤仲永。生活在现代社会的人们都是学而知之而不是生而知之，也就是说你所追求的那个结果绝大部分是通过努力获得的，不能稳住心态和踏实努力，最终会一事无成。但是如果脱离了对高校教师成长规律的正确认知，只是单纯地努力也是不行的，你会因为缺乏正确的方向指引而越努力离目标越远。最后是外围支撑，我个人觉得外围支撑是很重要的，如果有，是好的，但没有，也不是走不出来，只是你可能需要付出更多的努力和时间。不是有一句话吗？好风凭借力，送我上青云。但要意识到，自己不行，外围支撑再好也不行。总之，要加强自身建设，要提升认知，还要整合资源。

NO.018 ▶ 你是"研几代"
——研一代与研二代、研三代的差别

研几代是说,你家里有没有从事研究的长辈,你是你家里第一个当大学老师的人吗?(父母做中小学教育的也不行,必须都是大学老师,因为成长规律不一样。)我是研一代,也即我家里从来就没有当过大学老师的人。为什么讨论这个问题呢?因为如果你跟我一样都是研一代的话,我们关于职业生涯的经验可能会不足,我们获取这些职业生涯潜在规律的自由探索时间会比较长(就是成本高的意思),我们缺乏家族长辈的指引。

我们经常能够看到"中医世家""三代经商""书香世家"等类似的表述,什么意思?人家祖祖辈辈都是干这个活儿的。也就是说,你已经不是你家族里第一个做这件事情的人了,上一辈的人会给你许多经验,把踩过的"坑"都跟你说一下,可以让你少走许多弯路,并且在你遇到困惑的时候能够很容易地获得高手的指引(当然也得是能听得进去建议的晚辈,别太叛逆)。

因为我是研一代,我刚留校当老师的时候什么都不懂,什么是教学、什么是科研统统不明白,对自己要怎么当老师完全没概念,也没有人生规划,确切地说就是不知道,小白一个。这些年跌跌撞撞,遇到问题思考问题,没遇到问题就稀里糊涂地过。有一天我突然发现,为什么身边有的年轻人就发展得特别快,职业生涯的思路就特别清晰。后来我就向他们取经,他们就会跟我传授许多经验,我就好奇为什么同样都是同学或者同龄人,他们知道的就比我多?我发现,他们跟我不一样,他们已经是研二代了,有的甚至是研三代。在他们留校之初,家里的长辈就跟他们指明了这条道路怎么走,所以在认知这个层面上甩了我好几条街。再后来我发现,他们不仅在认知上遥遥领先,而且在落实认知的实操环节中遇到问题也可以随时请教家里的长辈,长辈这时候有钱出钱、有人出人、有智慧出智慧，所以研二代、研三代的好处就在于他们不用自己摸索职业生涯的底层规律，而且在职业生涯中遇到问题的时候还有人指导和帮助。

这个是很重要的，普通人家的孩子可能在别人已经认清发展道路和方法并开始实施的时候还对自己的职业生涯一无所知，还像一个傻子一样快乐地生活。直到有一天自己遇到问题、撞到南墙的时候才不得不思考自己的职业生涯，然后考虑自己哪一点做错了，怎么改进。这个过程是很耗时的，成长过程很缓慢，但这还不是最坏的结果，最坏的结果是，在这个自由探索的过程中会产生一系列的负面情绪，产生自我怀疑和自我否定，进而把自己全部否定掉，接受了自己不行的负面评价就此"躺平"，这对研一代的打击是相当大的，基本上就属于职业生涯失败的典型案例了。而相对于研一代，研二代、研三代不仅提前知道了职业生涯中的诸多"坑"，还知道遇到"坑"不可怕，自己有坚强的后盾——家族里那些跨过"坑"的老前辈，这种心理支撑是很宝贵的，有了这些看不见的支撑，研二代、研三代的心理就不容易坍塌和崩溃，即便遇到问题，调整一下还能继续往前推进；反之，研一代可能会就此沉沦。

说这些主要不是想强调研一代和研二代、研三代的区别，而是想帮助研一代认识到自己的处境和尽早认识到自己的不足，从而加快学习进度。毕竟，研一代和研二代、研三代之间最主要的差别是信息，这种差别是可以克服的，你虽然在家族里没有长辈指导你，但是老师和学校里的前辈能给你指导，只要你悉心请教、注意观察，很容易就能解决信息不对称带来的差距问题。同时也要意识到遇到问题需独自面对和解决，不要有依赖、逃避的思想，更不要抱怨，把自身能力建设好也能解决上述问题。不要抱怨、不要攀比，努力建设自己就好了，人和人生下来就是有差异的，就是有很多情况不一样，对于这些改变不了的事情不用过多纠结，努力往前走就好了！

NO.019 ▶ 人生绝大部分的纠结在于对"自我实现"的方式认识不清

——高校教师 vs 商人

我一般不出去聚会，但有一次勉为其难地去了，因为组织者是自己的好朋友，结果很无聊，认识不在一个层面的交流很无趣，还浪费时间。打那以后决定一定要拉下面子学会拒绝，除了三两好友休闲放松出去"浪"，绝不再参加任何无聊的饭局。

我简单描述一下聚会的情况和让我认识到的一些问题。参加聚会的有几名老师，也有几名社会上的所谓成功人士，相互交流了对各自职业的想法和向往。总结一句话就是，"当老师的总想要到社会上混一混，做点社会化、商业化的项目，社会上的老板们或者律师们也都想到大学混一混"。他们问我，你想干什么？我说，我不想干什么，我只想把我手头的教学研究、专业研究捅咕出来，我觉得我在这两个方面还有很多工作要做，这也是我擅长的。他们邀请我一起做培训、一起搞项目，我拒绝了。原因是，我后台有很多商业邀请，还有要天使（天使投资）我的，但我觉得那些跟我的成长模式没有关系。教师就做好教师的本分吧，这是我认可的自我实现的方式。到了这个岁数，突然弄明白一件事，即很多事情跟自己都没有关系，人生不能什么都想要，弱水三千，只取一瓢饮就行。

有些人总按不住自己，无论是学生还是老师，这样的人我见得太多。之前我写了一篇《乖，低头生长，先别着急开花》，说的就是学生们总是问我要不要实习，研一一进来就要出去实习，被我按住了。还有许多老师总是着急社会化、商业化，有的讲师就出去成立公司，有的副教授就做了某些商业项目，天天总想着对接，还有做微商……做到最后还是纠结，因为你会发现经商你做不过那些商人，人家是专业的，回过头自己的专业"研究和教学"也没弄好。

每个职业都有自己的成长逻辑，在大学当老师，就要按照这条路径寻找自我实现的方式。你会发现在这个领域最令人尊敬的人不是那些一脚在大学校门里、一脚在大学校门外的人，而是踏实走到学术顶层，成为这个领域令人信赖的人。做研究生的，就要踏踏实实跟着导师进行学术训练，别总想着同学都到律师事务所跟着老板开了几个庭，着什么急，以后你要是当律师得开一辈子庭呢。在学校学习的时间特别有限，那些理论、思维的训练很容易就错过了。

有一个老板做得还不错，跟我说特羡慕我们这些当老师的，有知识、有头脑，还能表达出来。呵呵，也没什么值得羡慕的，您做好您的本分，我做好我的本分。教师就得接受这一生努力的回报就是一个丰富、思辨的大脑和一个轻盈的灵魂，在书本和思考之间寻找自己对生活的领悟。商人的回报就是财富、杀伐决断的执行力和丰富的人生阅历，在收支账目和浓重的烟火气息之间找到自我实现的方式。每个职业的评价体系是不一样的，也正是因为这一点，我才不建议老师总想着社会化、商业化，因为你想要两头兼顾是很难的，到头来主流评价（学校评价）你又得不到太高的分数，你会纠结，商业化这部分你做得不如商人专业（这是必然的），你又得不到商业评价逻辑中的高分，你又会纠结。最终，自己的人生就过乱了。

马斯洛说得挺对的，每个人内心都渴望自我实现，那是人追求的终极目标。但是不同的职业、不同的人，自我实现的方式是不一样的。现在经济发展速度太快了，经济效益被简化为衡量一切职业、一切人自我实现的指标之一，这是有问题的。那些没有占有大量财富的人不幸福，他们觉得没有实现自己的人生价值；那些占有一些财富的人也不幸福，他们会觉得自己付出了太多而且在世俗社会中很累。所以，这就是一个社会的矛盾，商人不认为财富是自己的职业回报，教师不认为智慧和思维是自己的职业回报，大家总是相互羡慕嫉妒恨，这真是一件很奇怪的事情。

说了这么多，其实还是觉得各行各业的人应该先把自己职业的逻辑弄清楚，将自己职业发展的逻辑捋顺，找到属于自己的自我实现方式之后踏实、努力工作。人生最后都是殊途同归，在各自的职业上都能找到最终的归属，比如稻盛和夫，他是商人，但也作出了商业的哲学。比如一些优秀的大学教授在完成专业任务的同时也能帮助社会进行产学研对接。但前提是你必须做好自己的本分,一定要清楚大学老师的成长逻辑与商人的成长逻辑是不同的,也许你们最终都能自我实现,但是路径不一样。

那些经常在我办公室门口不请自来想要跟我交流的同学、老师,我想说的是,你们纠结的主要原因就是没有弄明白自己的成长模式是什么。其实在你选择了读研、读博、当老师那天,你的学习模式和职业成长逻辑基本上就是固定的,只不过是你们自己不相信,不愿意按照这条道路走。所以总是读着读着就不想读博士了,于是博士论文就一年一年地被拖了下来;总是觉得自己不当老师也行,老师这个职业好无聊,于是自己的研究就一年一年地被拖住了后腿。每个职业都有其成长逻辑,做选择之前应想好,然后就别总一脚门里一脚门外地站着、徘徊着,否则容易被门夹到脑袋。

NO.020 ▶ 为什么有人能持续发表文章，而我不能
—— 找到原因，不要沮丧，也不要自我否定！

为什么要写这一篇，主要还是对上文提及的"高校生存的四个要素——认知、天赋、努力和外围支撑！"进行再一次解读。有时候科研成果的出现（如文章发表）是多种因素共同作用的结果，但是，实践中会有很多老师认为这只跟自己的努力程度不够有关，进而怀疑自己的天赋不够，产生了对自己能力的怀疑，甚至萌生了退意，觉得自己不适合做高校教师，这样其实想多了，这属于典型的逻辑谬误中的滑坡谬误。所以，本文要纠正这种心态。

其实，在高校混，心态很重要，甚至比认知、天赋、努力和外围支撑还重要。但好心态的养成又脱离不了认知、天赋、努力和外围支撑等要素。重要的是，在遇到困难的时候，比如在别人科研成果持续刊发，而自己颗粒无收、总是收到拒稿信或者投稿石沉大海的时候，更要冷静、客观地思考这到底是因为什么。首先肯定是要从自身找原因，是不是努力程度不够，或者研究方法不对。这些原因排除之后，就要看看是不是因为自己选择的期刊出了问题，再就是由于自己的研究方向过窄，所选期刊版面过分紧张。总之，论文发表不出来的原因有很多，有事也有情，把这些问题分析清楚，才知道从哪里下手解决问题。

当然，最主要的是，年轻教师要学会一件事情——长期主义！科研是慢功夫，要花很长时间才能慢慢积累出来，这不是一件立竿见影的事情，如果你期待你一下决心、一开始动手，第二天或者第二个星期就能看到结果，这是不现实的。要避免这种浮躁的心态，要给自己慢慢成长的时间，做时间的朋友。我的研究生就很焦虑，总是过来跟我谈，说自己的压力很大，很焦虑，感觉很多东西都不会，知识体系没构建起来。我说才入学几天？你至少要给自己三年的时间慢慢地阅读、慢慢地感受和写作，才能建

立起专业知识体系，看了两天书就焦虑，本质上就是一个希望能立竿见影的短期主义者，这种期待不现实。很多时候，人们明明知道科研是需要长期积累的，但是一落到自己身上就期待短期出成果，这也是青年科研工作者心态不稳的一个表现，要能稳住自己。

另一个值得注意的情况是，每个人的成长周期不一样，从 2023 年国家公布的院士名单就能看出来，最年轻的院士 45 岁，年纪大的也有 70 多岁的，每个人节奏不一样。所以好心态的另一个表现是不攀比，就专注做自己，慢慢积累，总会学有所成。做任何事情都是需要好心态的，这对高校教师而言尤其正确。很多时候，我们手头从事的工作是需要跟时间做朋友的，如果你没有足够的耐性，不能稳住自己、日拱一卒地去做，你可能就看不到那个结果。同时，在做的过程中，也要时刻保持平稳的心态，遇到问题解决问题，不要总是否定、批判自己，要接纳自己且培养自己，把自己培养成自己理想中的状态。

NO.021 ▶ 项目屡申不中难道是有黑幕吗

这几年很多高校邀请我去做社科基金申报的讲座和辅导，这就使我跟很多其他学校的老师接触得越来越多，经常在一起交流。有很多老师（是很多，不是少数）跟我抱怨，连续申报了几年的国家社科都没中，这里面一定有黑幕。由于我每年都有机会阅读大量的申报书，其实老师每年不中的原因，大部分还是自己的申报书火候不到，如果没有从自身找原因，而简单地将原因归结为有黑幕之类的，这是一种比较普遍的负面思维模式，带着这种思维模式很容易把自己耽误了。

跟我抱怨的老师，如果关系好（关系不好就不说，因为他们听不进去，这也是人性的弱点）且能听得进去劝解，我一般都会向他们要一些基本的研究信息，比如题目、研究方法以及他们对国内外研究状况、研究意义的理解。最终会发现，其实这些老师在如何申报、对申报书各个栏目要求的理解上都存在认识不清的问题，也就是说，这些老师也许在自己的学科上水平是够的，但是填写申报书是有一定技巧和规范性要求的，这些方面不掌握、不弄懂，再高的学术水平也没有用。所以，如果申报社科基金没有中，别一门心思认定这里面有黑幕，先反思自己哪个地方做得不到位，只有这样，才能最终获得自己想要的结果。

从选题角度来看，选题不能过大，不能过小，不能没有理论和现实意义，不能没有创新性，不能没有问题意识……这些看似很简单的描述，其实对作者的要求特别高。有很多作者都没有达到这样的要求，他们的选题只是自己认为"挺好"，但是从评审的角度，都是存在问题的，所以正确的做法是在确定选题和题目表述的过程中就要找人不停地打磨、不停地思考，不经过5～8遍的重构，是不会出现最合适的标题的。题目字数不能超过40个字，逻辑关系不要超过三层，要不然会影响理解……最终要做到多一个字嫌多、少一个字嫌少，准确凝练。

标题之后，还要填写关键词，这是很多老师都会忽略的一个问题，关键词不是随便写的，也是有顺序的。通常第一个关键词用来进行学科的分类，其余关键词是帮助缩小范围，从而确保你的申报书是由最熟悉你这个学科的人评审的。因此关键词是有管理学意义的，然而这些都会被申报者忽略，有多少老师在填写关键词的时候会想到这个问题？！

文献要具有全面性、权威性、及时性和针对性，文献要能够体现研究脉络并能够为主题服务，这是对文献最基本的要求。申报书中需要用到文献的部分大概有三处，第一处是研究意义部分，需要用现有的文献说明本课题研究的意义，此处对文献的概括不应该超过 50 个字；第二处是国内外研究状况，这部分的文献要体现出时间线索、作者线索、空间线索、观点线索……字数为 700～900 字；第三处是参考文献部分，建议挑重点，挑具有代表性、中英文兼顾、针对性强的文献列举一些，不要超过 20 条，否则占太多地方。文献要想达到上述要求其实很难，要伸缩自如，让写 50 字绝对不用 51 个字表达，让写 1000 字的时候也绝对不会少 1 个字，这其实对作者的文献综述能力要求特别高，同时文献一定要紧紧围绕问题，实践中经常看到文献和主题对应不上，不在一个逻辑层次上。

很多作者不太明白什么是研究意义，写得天马行空。其实研究意义也是围绕问题来写的，主要用来说明你这个问题的解决会给理论和实践带来什么好处，这就是意义。很多老师写的研究意义过于宏观，谈到法治建设，谈到"一带一路"。这些可以，但是需要把紧贴着你要研究的这个问题最近一个层次的意义揭示出来，否则任何一项法律研究恐怕都对法治建设是有意义的。

很多老师没弄明白研究方法这部分的内涵，比如经常看到法学研究的老师用文献分析法，什么是文献分析法？这是考古学、历史学经常用的研究方法，通常用珍贵的史料、记载进行考证、论证等。我们法学这个学科除了法制史，其余学科恐怕不会涉及史料研究。所以这种研究方法也不是随意写的，你至少要让审稿人相信你这种研究方法能支撑你要研究的问题，比如你是做司法研究的，如果不用案例、司法数据等方法或者实证研究方法，你怎么完成你的研究？比如做比较法研究的学者，你不用比较研究方法，怎么推进研究？

研究内容上也存在很多问题，很多学者希望用著作、报告结项，所以这部分他们会倾向于列明自己著作的框架、目录等。但是研究内容其实不是你最终报告或者书的目录,仍然需要围绕你的问题展开,按照提出问题、分析问题和解决问题的思路呈现出相应的内容。

总之,填写申报书其实是一个技术活儿,光有学术功底不行,还得弄明白标书各个部分的要求和用意才行。同时,年轻教师一定要清楚一件事情,即便是你把标书的各个部分要求都弄明白了,但在你写申报书的时候把这些要求落实到位也是很困难的,所以不要闭门造车,要多请教别人,多给过来人看,让大家多指导,不断打磨自己的申报书,这样才能越来越靠近申报书的要求,最终获得一个令人满意的结果。

说了这么多,其实表达的意思是很简单的:

(1)申报书填写是有要求的,是技术活儿,不掌握这些技巧,可能不会成功;

(2)一份完美的申报书是需要不断打磨的,需要时间和工夫,所以要有耐心,申请几年都是正常的;

(3)年轻教师应当把精力花在琢磨怎么提升自己的表达能力和专业素养上,不能一遇到问题就想是不是有黑幕,要先做好自己!

NO.022 项目申报三要素
——别人只能帮你解决俩！

有时候，帮别人看申报书是一个得罪人的活儿。为什么这么说呢？因为人们把我们这种人的功能想得太强大了，觉得不管申报书写成什么样，只要经过我们的辅导都能变成一份好的、有竞争力的申报书。实际情况可不是这样，申报书撰写有三个要素，我们只能帮助解决两个。

申报书有三要素：内容、结构和风格。其中内容是关键，因为这是一份申报书的底蕴、基础和先决条件。用通俗的话说，内容是老师的理论基础，是对所要解决问题的知识储备和思想积累。我爱看的申报书是，我能透过申报书看到申报者在内容、积累和储备方面是没有问题的，作者们只是在这些内容的包装、安排、结构和表达风格上没有特别切合社科基金的要求。所以，在有经验的评审人的帮助下，这样的申报书很快能在结构和风格上获得提升，进而成为一份令人赏心悦目、装修精美的申报书。记住，精装修的前提是你得有房，哈哈！这是我们这些人的功能和作用，如果你没有内容、没有积累，对所要研究的问题认识模糊、基础不够，也就是说连毛坯房都没有，这就好比做红烧肉没有二师兄，血招没有（东北话）！

那么，结构和风格是指什么？它们为什么这么重要？内容是作者对要解决问题的思考和积累；结构是清晰地、有逻辑地、以符合读者认知的方式将作者的思考呈现出来。通常，作者在成长和积累过程中接收了大量的信息，作者潜意识里是知道这些信息之间的关系的，但是由于存在"信息不对称"现象，读者（评阅人）是不知道的。这就要求作者用清晰的结构将自己的思考、积累（也就是内容）呈现出来，否则读者会迷失在这一大堆信息中，这就是结构的重要性。

社科基金的申报书是有结构的，从问题的提出到国内外研究状况，从研究内容到研究方法，从研究意义到参考文献，其实都要求作者用"题"串起来（这部分请参看下一篇文章——《你知道吗，任何项目的申报书都是用"题"串起来的！》），这就是结构。但是具体到各个部分的填写也有结构要求，比如在国内外研究状况这个部分，我们通常会展示四条基本线索：①时间线索；②空间线索；③作者线索；④观点线索。这四条线索不是并列的，而是以观点线索为主线索，其余作为辅助线索展开论证。但是我经常看到的申报书是以时间线索为主线索，这样其实不能烘托你的"题"。强调结构的目的是让读者（评审人，也就是决定是否资助你的人）能很清晰地看懂你的内容，议论文（申报书是议论文）是强调观点的文体，必须把观点放在主线索处才行。

风格是另一种东西，因人而异。但是我在此想说的是，语言是有力量的，风格也能决定申报书的效果和呈现的内容，甚至一个字的差别就能产生翻天覆地的变化。比如"中国"和"我国"。"中国"代表你阐述这个问题时是"客观立场"，是第三人称，是以一种置身事外抽离出来的视角观察中国的问题或者其给中国带来的影响，抑或是中国的对策。而"我国"是第一人称，是"主观立场"，是以一种置身事内的视角来观察我国问题、问题给我国带来的影响以及我国的对策。一字之差表示你的立场不同，效果就不一样，代表的关切程度也不一样。有的老师在阐述我国问题的时候，风格过于中立、冷静、不带情感，这样很难引起"国家"社科基金的共鸣。（一定要明确，国家社科基金的资助者是国家，我们自己的国家，每年国家社科基金资助的项目都是我国迫切需要解决的一些问题，你的态度过于冷淡，不关切中国，也不从中国的视角思考问题，那怎么能引起共鸣呢？）而且，有些申报者在标题中就会指出"中国视角下"，但是表述还是以第三人称，没有把自己融入这项研究，也没有显示出和祖国的关联及对问题的关切，这样我觉得也没扣住以中国为视角（个人观点，也许有人会不赞同，权且做个参考）。还有一些申报者在提出问题的时候语言特别中立，没有强烈的冲击感。比如："西方国家所确立的投资规则范式具有一定的局限性。""局限性"这个词汇其实很中性，看不出来紧迫性，同时也没有带出中国问题，看不出你的立场。如果换成"西方国家所确立的投资规则范式严重制约了中国的'一带一路'倡议实施"，语言风格一转换，效果和力量感就出来了，隔着申报书都能感觉到这个问题迫切需要被解决，只有用这种有力量的语言，才能引起读者的共鸣，让读者认识到这个问题的严重性。而问题的严重性一旦被烘托出来，就容易获得资助。

说了这么多，其实就是想告诉大家，我只能解决结构和风格的问题，理论积累和思考的问题我解决不了。有些申报书的参考文献和行文一看就缺乏积淀，也就是没有"二师兄"，任凭你对菜谱有多了解，还是做不出红烧肉，正所谓"巧妇难为无米之炊"！但是当你有了非常深厚的积累，只是一时间没有用清晰的结构和有力量的风格表达出来，那别人（经验丰富的评审人）就能给你提供一个读者的角度。

NO.023 ▶ 你知道吗？任何项目的申报书都是用"题"串起来的！

最近几年，我总是收到很多学校的邀请，帮助各专业老师看各类项目申报书，我越来越觉得项目（其实各类项目都是这样的，包含社科基金项目）申报书设计得非常优秀。为什么这么说呢？因为申报书中最重要的几个实质性部分其实都可以用一根线串起来。这是一条暗线，有经验的申报者就会使用这根暗线串起申报书的各个部分；项目评审专家也是用这根线来判断整份申报书的质量好坏。如果申报者能够找到这根隐藏起来的线，就能够比较容易地从技术层面来驾驭申报书的撰写，也更容易判断自己在撰写过程中出现的问题是什么并及时调整和修正。

其实，以社科基金为例，申报书的核心部分包括题目、国内外研究状况、研究意义（学术价值和应用价值）、研究内容、研究方法、前期成果、参考文献。如果是熟练的申报者或者是经验丰富的评审专家，其实能够看出这几个部分是围绕一个"东西"设计的，而这个"东西"就是你的"题"。

我们先解读一下这个"题"。写作的过程中我们可能会遇到的最常用的包含"题"的词语主要有选题、问题、主题。还经常听到老师问学生：你的选题是什么？你的问题意识是什么呢？你这篇文章文不对题；你的主题不突出；你的材料没有为你的主题服务，你的主题或者主题思想是什么？你这篇文章主题太散……这里的"题"都是些什么"题"？

我们在这里区分两个常用的"题"：问题和主题。问题，大家都知道我们从事学术研究要从问题入手，但究竟什么是问题，问题意识是指什么？我在给学生上论文写作课的时候，通常用 problem 和 question 来解释什么是问题以及问题意识。论文（也就是议论文）其实是一个"解决问题"的文体。要解决的问题不是 question 而是 problem。question 是需要回答的问题，最典型的就是我们期末考试出的简答和论述。它对应的动词是 answer，有成型的答案。problem 指的是疑难问题，没有现成的答案，因此需要研究，对应的动词是 solve，problem 是需要被解决的问题。我们的申报书需要找到这个 problem，也就是找到这个需要被解决的问题。我们的申报者必须能够说出他们要解决的 problem 是什么，还要在申报书中把这个 problem 体现出来。平时我们经常问学生：你的问题是什么？问题意识是什么？其实指的都是这个"problem"。

　　明确了问题是什么，那么什么是主题？主题和问题有什么关系呢？为此我特地研究了一些"大家"是怎么看待这些问题的。结合汤维建教授和刘南平教授发表在《中外法学》上的文章，我们看到他们对主题的界定是这样的，而且我认为是非常准确的——主题是论文的"灵魂"，它贯穿论文的全部内容，全部内容都要为主题服务。主题就是论文的核心思想，是作者的观点体系，它可以分成多个层次。这里抽象出主题的四个关键词：灵魂、核心思想、观点体系、多个层次。可见，主题其实是作者想要表达的思想观点。我们经常对学生说的文不对题、没扣上主题或者主题不突出，就是指学生写的文字没有能够表达出思想观点。我们问主题是什么，其实就是问作者的核心思想和观点是什么。

　　通过对问题和主题的一番解释，我们现在就能明白，主题是对问题的分析得出的个人观点和核心思想。申报书就是从问题切入，但是全文都要体现作者的主题思想。在这样的认识之下，我们就可以开始填写申报书了。

　　但是在正式填写申报书之前我们还要明确，申报者的问题意识一定要清晰，并且这个问题不能太大，也不能太小；不能过于宏观，也不能过于微观；不能缺乏学术性，也不能脱离实际，这是申报社科基金对问题意识的要求，这部分可能就得多下功夫，多找人请教、切磋和磨合。除了问题意识要清晰之外，作者的核心观点也要清晰。也就是作者要对自己的主题非常清晰，否则申报书一写就歪了，就跑偏。所以这两个"题"要再明确一下。

　　在写之前必须问自己几个问题：你有问题吗？你的主题是什么？你的

主题能分成几个层次？你能记住时刻要从问题切入并表达自己的主题吗？若想要了解每个部分是怎样扣住"问题"和"主题"的，请参考我的《国家社科基金申报指导手册》。

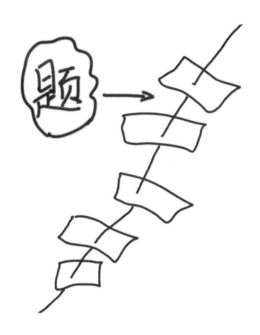

NO.024 要想自我实现，老师得有自己的"产品"
——这点跟商人是一样的！

可能是这几年做公众号（后台有30多万关注），到处开展讲座，许多年轻教师觉得我是教师行业中的"成功人士"，特别愿意向我取经——主要的问题是如何才能自我实现，能够像我一样自由行走在江湖且在江湖中留下自己的传说。对于这一点，我还真有自己的认识和见解，我的职业生涯经历过一次重大的研究方向调整，现在让我享誉江湖的主要是我的教学成果而不是科研成果，我会在下一部分详细介绍我的思考和决策。在本部分，我想分享一下，什么样的老师能够在行业中脱颖而出——必须得有自己的"产品"。

判断一位教师成功的标准（或者叫自我实现，总觉得成功有点儿不太学术）其实很简单，从教师个人角度而言，自己对自己满意（太抽象了）就是实现了自己期待中的"名利双收"！之前也说过，教师这个行业从"利"的角度不会太赚钱，毕竟不是商场（别抬杠，不排除极少数人产学研做得好）。所以，老师们对自己的"利"的期待要合理，别超过必要限度，因为达不到。从"名"的角度还是可以期待一下的，毕竟有很多知名学者，他们在江湖上的名号很响亮。以上是从教师个人的角度来看的，那么从别人的角度来看怎么判断呢？就是别人愿意请你，请你做讲座、做报告、做评审，开会愿意叫你，什么事都愿意请你。这就意味着你成功了，注意这里的"请"不是因为职务，而是因为你的专业技术能力。请你做事一方面代表着业内对你的认可，另一方面也会给你带来收入，至少有劳务费。比如我自己的收入就分成三部分，即学校的收入、每年的稿费（我有很多畅销书）、讲座收入（一年近百场，只接受高校邀请，从不跟营利机构合作）。

探讨完教师的成功标准之后，我们就得想一个问题：我们怎么能达到这个标准？那就是教师本人得有一个"产品"被社会需要、被别人需要，这样别人就能够邀请你做事，给你带来"收入"和"名誉"。那么，这个产品是什么？很多老师向我咨询的时候，我觉得他们就是很想自我实现，这个很正常，但凡是人，就没有不想自我实现、成名成家的，这是由人性决定的，每个人都活在自己的优越感里，自己都没从自己的职业中走出来，怎么能有优越感和成就感呢？但是，老师们忽略了一个问题：你有"产品"（通常是知识产品）吗？你有被别人需要的东西吗？这时候，老师们可能会说：我有啊，我是××专业的老师，我有非常系统的专业知识。这个还不够，且不说我们作为××专业的老师，我们所掌握的××专业的系统知识已经是人类既有的知识，更何况这个专业的知识不仅仅你有，全国跟你同一专业的老师都有，而且你教会的、悟性好的、很努力的、天赋高的学生也有。所以你能提供的"知识产品"不具有稀缺性，甚至算不上一个"产品"。

　　真正被社会需要的"知识产品"具有以下几个特征：首先，必须满足社会的某种需求。老师们所掌握的某个专业的知识是带有学科特征的，是被归纳好的知识体系，并不能直接用于满足社会需求，需要在遇到具体问题的时候进行知识的内部整合。所以老师在走向社会、走向产学用相结合的道路时，一个最重要的门槛是你得知道社会需求，然后用自己所学到的知识解决该需求之下隐藏的问题，才能达到学以致用的目的。仅具有某个学科的知识体系，而不了解社会需求、不了解社会痛点、不能用自己所学到的知识解决问题，这种知识通常被人们戏称为"象牙塔"里的知识。说这一点的目的是想告诉年轻老师，我们手里的知识得结合社会需求变成"知识产品"。其次，你能提供的"知识产品"必须具有稀缺性和差异性。所谓稀缺性就是只有你能提供，或者只有少数人能提供，用东北话说，不能是满大街都是、随手就能获得的产品，那样卖不上价。所谓差异性是指跟同类产品或者竞品有着明显的差异和辨识度，能够让潜在的需求者快速地识别出来。最后，知识产品就跟研究方向一样，都需要符合"大、多、快、没"的四字要诀，受众大、问题多、增速快、没头部，这样你就容易走出来。

　　以我为例，我的"知识产品"主要集中在批判性思维场景化上，我将批判性思维运用在写作上，出版了《批判性思维与写作》《100天写出一篇论文》等写作指导类用书；我将批判性思维运用到教师发展上，出版了《批判性思维视域下课程思政的教与学》《一线教师如何建设新文科》《国家社科基金申报指导手册》《全国教师教学创新大赛备赛指导手册》等专著。此外，我还持续六年运营了一个公众号——女教授跟生活的死磕。这些都是我的"知识产品"，都能够让有需求的人看到我。我的书都是畅销且常销的书籍，常年在排行榜上，当然这些书的选题是我经过慎重思考的，也是符合"大、多、快、没"四字要诀的。我的公众号不仅推出了600多篇文章，还有多篇10W+重量级文章，后台聚集了全国30万师生。这些都是我经营的产品。我们专业还有很多名人，他们的产品是法律服务，比如享誉全国的刑辩专家、股权设计专家、上市公司辅导专家等，也是因为他们的产品能够服务好这些公司的需求。总之，我们的知识需要转化成有形或者无形的产品，并且该产品应该能让我们在行业中被接纳、站稳脚跟，而自我实现和名利双收则是做好产品之后自然而然的事情。

  这篇文章的写作目的非常简单，高校教师想要出人头地或者自我实现，是有上进心的表现，但是要充分意识到我们是高校教师，我们得向社会提供"知识产品"才有可能被社会接纳和认可，光有一个自己的专业知识体系还不够，要结合社会需求打造出属于自己的产品才可以。当然，这个产品要符合"大、多、快、没"的四字要诀，我们在上文已经深入探讨过，就不再赘述了。如果老师们没有自己的产品，那可能就需要再塌下心把产品研发和制造出来，这跟商人或者创业者是一样的，企业经营最主要的是产品。

NO.025 修得文武艺，卖与帝王家
——还可以跟市场结合！

忘了是哪位学者说的，中国的知识分子学习完毕和学有所成之后，总愿意把自己的一身本事卖给帝王家，这可能跟我们的"祖训"——"修得文武艺，卖与帝王家"有关。但是西方则不是这样，它们的知识分子更愿意把自己的知识跟市场结合，因此第一、第二、第三次工业革命都是在西方的主导下发生的。其实从我的观察来看，中国的知识分子，目前还是愿意跟官方合作，比如提供一个咨政意见、组建一个智库……这可能是路径依赖，也有可能是其他原因导致的。

但是现在的社会毕竟与以往不同了，中国的市场也非常活跃，中国有14多亿人口，这是哪个国家都不能忽略的市场，当然也不应该被从事知识生产的知识分子所忽略，借助短视频、公众号等新媒体手段，很多知识分子就在公众面前曝光了。比如我的同行——中国政法大学的罗翔教授，比如吴晓波教授、薛兆丰教授、刘擎教授等，也有从高校辞职专门从事新媒体业务的储殷教授等。这些教授不仅有著作长期在各种平台的排行榜中霸榜，还有线上课程，有的甚至有自己的频道。总之，把自己打造成在知识付费的舞台中的知识分子形象，也是一种职业选择。

说到这里，你其实可以看出中国的知识分子在发展阶段是有两种选择的：一种是跟官家结合，寻求体制内的资源和认可；另一种是跟商家结合，寻求市场的资源和认可。这两种选择，说不上孰好孰坏，只是选择不同。但有一点可以明确的是，经过市场检验的东西是比较客观的，不仅因为市场中受众的数量庞大，还因为人们是可以用脚投票的。如果你的产品不够好，不能满足人们的需要，消费者是不会掏钱买单的（这一点很真实也很残酷）。一句话，市场中的人还是比较精明的，他们在动用自己钱包买单的时候是格外慎重的。所以，一个能够在市场中获得认可的产品，一定是

找准了哪个点或者是踩上了哪个风口,这样的"知识产品"是值得我们观察和研究的。

"修得文武艺,卖与帝王家"也是讲究实力和资历的,不是所有人都能获得体制内的资源和认可。在这种情况下,转向受众群体更多的市场也是受到鼓励和支持的。只是市场不太好混,是需要真本事的。比如你出书,是有排行榜和销量跟着的,卖得好坏一目了然,不管你是院长、处长还是校长,不管你在体制内是什么职务,市场就是市场,消费者不买单就是因为你不能满足他们的需求,这一点对文科来讲是很现实的,市场就认对自己有用的东西。理科太专业,从出书的角度跟文科不太一样。但是,如果某个理科科研工作者攻克了3纳米芯片的设计和量产,那市场反馈是很热烈的,中国现在的芯片市场有多大,对芯片有多需要,这一点都不需要我这个文科生来说明,连老百姓都知道这是我们"卡脖子"的技术。我们当地有一个农业大学,有一位教授专门从植物中提取了制作胶囊(胶囊药物外面的那层壳)的物质,常规的胶囊都是用从猪身上提取出来的东西制作的,其不能用于向伊斯兰国家出口,但是从植物中提取的物质就可以满足出口的要求,市场前景超级广阔。

如果你想要生产出属于自己的"知识产品",你可以考虑是向上兼容还是向下兼容,如果向上走不太通或者不太顺利,那就向下跟市场结合,也是一种不错的选择。但是,市场是一块试金石,如果市场不买单,你可能就得继续思考和研发自己的产品。

NO.026 ▶ 做真正的科研
——歌德派与实干派！

"歌德派"这个词是某个经济学家提出来的，是歌功颂德派的简称，这类学者从事科学研究的目的并不是"探寻真理"，而是"歌功颂德"。上文提及过，很多知识分子愿意将自己生产的"知识"跟权力捆绑，这本无可厚非，只是跟权力捆绑的同时不要忘了科学研究的本质是发现真相、寻求真理。但是有学者基于学术功利性、个人利益至上的错误理念，将学术作为与某些权力交易的对象，丧失了知识分子独立性、理论性的基础，为某些不合理的现象"站台"，丧失了知识分子的风骨。这样的科研不是真正的科研，其已经沦为个人向上攀爬的工具，这是一种很危险的行为，轻则随着时代的变迁和权力部门内部的更替，其所谓"研究"会被扫进历史垃圾堆；重则因其所攀附的权贵路线错误导致其"研究"出现重大错误甚至是历史性错误，将被永远钉在"耻辱柱"上批判。在这里，提醒青年学者要坚定科研立场、守住科研初衷，不要将科研当成工具，否则是一种偏离科研本质、容易带来风险的行为。

歌德派的对面是实干派，这种学者并不站队，并不将自己的研究成果与某些利益捆绑，只是实事求是地指出自己研究领域中的问题并探寻解决方案。这是科研工作者的本分，不要做一些华而不实的工作。实干派的学者做的是真正的科研，那么是不是不献媚权力就是真正的科研呢？也不见得！有些学者虽然不是歌德派，但是其科学研究也不是真正的科研，也称不上实干派，属于空谈误国的那种。真正的科研要有需求导向，要有问题意识。这是什么意思呢？需求导向是指学者的研究要能对应社会上的某些需求，问题意识是指在识别出社会上的某些需求之后，学者将其上升为本学科范畴内的问题进行研究。但是恰巧很多学者在这方面出了问题，他们常年生活在"象牙塔"里，不了解社会发展和行业趋势，他们所做的研究并不能反映社会需求,只是他们自娱自乐或者为评职称勉强发表出来的"无用之学",这些"无用之学"虽然没有献媚于权力,但也不是真正的科研,真正的研究是要符合问题导向和需求导向的,做到这一点很难。用什么来判断一个学者从事的是不是真正的研究呢?我们只需要看有没有人愿意"购买"他的知识成果(产品)即可。好的成果写成文章别人愿意引用、愿意看;写出书籍读者愿意购买、愿意读;还会有很多高校和社会机构愿意邀请其开展讲座和拓展知识成果的适用面……如果一个学者的知识成果都没有这些特征,要么是没到时候,还得继续研究;要么就是没什么用,就是一堆"学术垃圾"。真正的实干派所做的研究一定要符合我之前提及的问题意识、需求意识以及"大、多、快、没"四字要诀。

年轻学者要对自己身边的学术研究活动有基本的审美和辨别能力,能识别出自己的研究到底是有用之学还是无用之学。在自己做科研的时候要走光明大道,要选择做正经的科研,否则很容易错付一生。上文提及过,研究方向决定一个人的前途和命运,也决定一个人的工作状态,千万不能作出错误的选择,这些都是经不住历史检验的。而且学术圈里的人也都不是傻子,基本上知道谁做的是什么工作、本质上是什么类型,只不过不说破而已,但是私下议论是少不了的。学者自己的清誉还是要自己保护、自己珍惜。

NO.027 ▶ 要踏实搞科研，不要总想着整合资源！
—— 评上教授之前你的身价不高！

谈论这个话题是因为我发现身边有很多青年教师总是按捺不住自己想要出人头地的念头，总想着在各种场合去表现自己、去整合资源，希望能够尽早地被公众所知，尽早地获得社会认知度和影响力。从某种程度上来看，这也是一件好事，表明青年学者是有上进心的。我在年轻的时候也有这样的冲动，那时候总觉得自己怀才不遇，自己的能力没有被全部看到，所以在某些情况下就会表现得用力过猛，希望采取行动能够被周围的人看到。当我成为国家级的培训专家，又到相关的机构部门从事了一点"行政工作"之后，也有很多年轻人在我面前"用力过猛"地表现，我才意识到自认为"怀才不遇"和尽量"整合资源"进而打开自己的工作局面，为自己的前途和职业生涯扫清障碍是很多人共同的想法。但是自身实力不到位，过早地表现自己和整合资源是徒劳的。

再者，我出身于法学学科，我们这个学科的老师是可以兼职做律师的，人们对律师的印象可能是很赚钱，但实际情况是 80% 的律师都不怎么赚钱，这个行业也是符合二八定律的。但这些不是我们今天要探讨的主要内容，法学院里的老师一般都会面临一个选择，进而会给他们带来内心的纠结。他们总想着出去做律师赚点钱，这种想法无可厚非，我在上文提及的后教授时代自我实现的三条路径中也说过，后教授时代就三条路径，要么走市场，要么走行政，要么走资深教授。对于法学院的老师、教授们来讲，跟市场结合（绝大多数是做律师）是一条路径，如果能把兼职做好的话，经济效益也颇丰。但这一切都是有前提的，你最好是解决了教授职称问题再出去。

我看过太多我们这个专业的年轻人早早就跟市场结合，他们在讲师、副教授的阶段就着急忙慌地去做业务、开拓自己的市场，但这里忽略了两个事实：其一，市场是一个遵循价值规律的地方，你在市场中会根据你被定义的价值与他人进行交换。讲师、副教授和教授的身价是不同的，能够交换到的资源、能够开拓的市场，即社会影响力是不一样的。这也是我建议没有解决职称问题的人不要匆匆忙忙地挤进市场的原因，因为自身的交换价值并不高。我们身边也有许多这样的实际例子，很多老师匆匆地走进了市场，做了几年以后又发现没职称不行，又着急忙慌地回到学校解决职称问题。其二，那些在后教授时代走向市场的人，他们也没有放弃自己的学术，他们基本上将学校作为一个阵地，然后以此为中心向社会拓展。他们没有忘记自己在市场中打拼的差异性就来源于自己的身份——学者。所以对于知识分子而言，学术是一切的基础，哪怕你走向了市场，你也要以自己的学术身份为阵地，并且坚守这块阵地，才能做到进退自如。这也呼应了我们上文所提及的，在生存期，还是要以解决职称问题为根本任务和目标，即便你已经走入市场，你也要学会分配精力、学会取舍，知道孰重孰轻，知道哪些东西是决定你未来能走多远的核心要素。

回过头来说那些向我求助和希望自己能尽早出人头地的青年教师，他们要不然就是职称问题没有解决的讲师、副教授，要不然就是没有自己核心"知识产品"的教授。我只能说，现代社会的运转规律是非常清晰且残酷的，当你的职称问题没有解决，当你没有自己的核心且具有竞争力的产品（至于什么是"知识产品"，我们在之前的文章中已经铺垫过，如果忘记了，回头翻一翻），你是没有办法在社会上站稳脚跟并扬名立万的。对于这一点，我深有感触，不仅是因为我之前是一名默默无闻的大学老师，自从有了自己标志性的代表作，就被大学和各社会培训机构列入重点邀请对象的名单，每年讲座有几百场（自己只能完成不到100场），社会知名度急剧上升，还因为我是讲师的时候就去律师事务所工作过，我观察过周边的人是怎样工作的，我见识过大学老师在没有解决职称问题时，还要拓展社会影响力和赚钱的纠结。于是我果断止损，一年之后就回到了学校专心搞科研。还要提醒大家的是，评上教授和有自己标志性的被社会认可的"知识产品"是两回事儿。有些人虽然评上了教授，能够收获一定的社会认可度，但是由于缺乏自身有辨识度的知识产品，始终无法打开特别大的工作局面。所以，想要自我实现的教师还要结合我在上文提及的"知识产品"的特性，考虑如何把自己的科学研究转化成知识产品并能为社会服务，这才是根本的立足之道。

　　所以我想跟年轻的老师分享的是，如果你需要"很用力"地去推广自己、"很用力"地去整合资源，去给自己谋求一个很好的工作局面，你需要考虑的是，你自身有没有标志性的成果，也就是你自身的建设有没有完成。如果在自身建设没有完成的情况下，就在外围用力过猛，效果不会太好。由于我在教发中心工作了一段时间，我发现很多讲师、副教授都特别喜欢到教师教学发展中心参与活动并表现自己。这是好事，我们的工作也需要老师们的支持，但是长期沉迷于此并不精进自己的核心能力，还期待教发中心能提供一个很好的发展空间，解决自己的基本需求，这是不现实的。说一个很残酷的真相，一个学校的教发中心或教务处是要培养老师，但是它本身不能解决你的职称问题（有些学校能解决教学职称问题，但是这类学校很少），你需要自己去解决。你把过多的希望放在这些机构上本身就是不现实的，而且我们在做某些具体活动的时候，有资深教授一般不考虑普通教授，有普通教授一般不考虑副教授，有副教授一般不考虑讲师。看到没，只要你是老师，你这一辈子就会被人划分为三六九等，区分的标志永远是你的职称以及职称评完之后的影响力。所以，放弃幻想，准备战斗吧！只有自己是靠得住的，只有自己强大和被别人需要，别人才会给你舞台和空间。如果这些东西还需要你来求的话，多半是因为你还不行，把主要精力放在自身的建设上，水到自然渠成！

NO.028 什么样的知识能变现？如何变现

很多老师想要寻求自我实现但一直未能如愿，大部分原因是没有意识到自己是知识分子，而知识分子自我实现的方式在绝大多数情况下是为社会提供"知识产品"。所以，老师必须有自己的"产品"，没有"产品"不要想着怎么能变现以及自我实现。什么是"知识产品"，我已经在《要想自我实现，老师得有自己的"产品"——这点跟商人是一样的》这篇里详细介绍过，老师们提供的是"知识产品"而不是知识，"知识产品"必须能够满足社会需求，必须具有稀缺性和差异性，否则不会有人为你的"产品"买单。同时要注意，满足社会需求不是我们"自己说"能满足×××需求就行，其得经过市场和潜在需求者的检验，只要有市场，只要有人买单，就说明有需求，没人买单，没销量就没需求，任你说破天、吹出天际都不好使。

这一篇分享一下如果有了"知识产品"，你还需要做什么才能一步一步地接近"变现"的目标。请读者对本处所提及的"变现"不要理解错误，首先，这里的"变现"不是非得变成金钱等一些有形的东西，还可以是一些无形的名誉、社会认可和学术名望等，像张桂梅老师也"变现"了，变的是一些无形的东西。这里不要把知识变现理解得狭隘化和庸俗化。其次，知识变现也不是一个负面词汇，长期以来，人们对知识分子的人物设定就是不为五斗米折腰，这是错误的思想，知识分子也是用自己的知识为社会服务，提高人类福祉以及推动社会进步的重要群体。知识分子生产的"知识"能够为社会所用是一件好事，不能认为知识分子就应该固守安贫乐道的生活，就应该两耳不闻窗外事，就应该不入世，这种想法本身就是有问题的。

言归正传，总体上知识变现需要处理好四个环节：产品、流量、转化和交付。首先是产品。产品就是手中必须有属于自己的"知识产品"，自己开发出来的能满足一定社会需求的"知识产品",而不仅是自己的专业知识,我们一定要将这两者区分清楚,这在上文已经说明了。其次是流量。流量就是符合你知识产品定位的用户人群,他们将来都是你"知识产品"的使用者和传播者。现阶段短视频被认为是一个聚集流量的快速入口,所以,你也能看到很多医生、教师纷纷入驻各大短视频平台直播、做账号,目的就是聚集流量,而流量就是你的潜在用户。短视频只是一种流量载体,还有很多其他的形式。比如,我主要面对全国3013所高校开展讲座,那么这些高校就是我的潜在用户,就是我的流量。还有,我并不主要经营短视频,我愿意写公众号,我的公众号后台有30万关注,这也是流量。再次是转化。转化是指你的产品用什么形式去触达用户(也就是你的流量)。在互联网上,在各大短视频平台上,人们触达用户多数都用短视频、直播等形式,最终推销自己的或者他人的产品。注意,短视频中有很多带别人的货的人,这对于知识分子来讲不是一种好的选择,还是要有自己的"知识产品",最好从事的也是与知识相关的工作。比如,我现在交付的形式主要是出书赚稿费和做讲座赚劳务费,讲座也主要是接受高校邀请,一般不与社会培训机构合作,一方面是没时间,另一方面是不想过度商业化(会减损自己的学术价值)。最后是交付。交付就是指产品触达用户之后你收获了你想要的东西,如社会影响力、认可,甚至是经济方面的。这是一个完整的流程,在这里,产品是最重要的,当你有了产品就会有很多MCN(多频道网络)机构来包装你,给你做账号代运营。但是,学者毕竟是学者,很多时候要把握"度",将知识转化为社会需要的产品没问题,但是不要过度商业化,不要做损害自己学术价值的行为。比如,我的公众号后台每天都有很多合作邀请,希望我能帮他们推销产品,我从来不接。要做就做自己的产品——推销自己的书,不推销别人的产品。此外,还有很多MCN机构也来跟我谈过,希望能包装我,并让我带货,带别人的货,我毫不犹豫地拒绝了,因为这跟我的本职工作没有关系。知识分子跟商人还是有区别的,商人是完全逐利的,这是商人的本质,无可厚非;但是知识分子是追求真理的,顺便满足一些社会需求、实现一些社会价值,把握住这一点,就知道什么该做、什么不该做。

后续,我也会详细分析一下为什么会有那么多老师去做短视频、去做新媒体,这背后也是有逻辑的,我们在学术江湖那部分再具体展开。

NO.029 ▶ 认清自己手里拿的是什么牌，勿生奇巧心！
——你可能这一辈子都需要自律和日拱一卒！

上文提及过高校生存的四要素：认知、天赋、努力和外围支撑。本文主要谈谈努力这件事情，这是现实中最难做到的事情，明明大家都知道需要努力，但就是有很多人不愿意踏实努力，不想做长期主义者，不想过度付出，总以为自己已经积累够了，就想着通过整合人脉或者其他方式获得出人头地的机会，其实不然。

分析这个问题之前，我们先看一个梁朝伟和刘德华的例子。刘德华是娱乐圈的一棵常青树，一直很努力，而且他的努力是有目共睹的。有一次接受采访，主持人问刘德华为什么这么努力，都60多岁了还很拼。刘德华说，在娱乐圈有一种选手是靠天赋的，比如梁朝伟，他们骨子里就透露着灵气和悟性，能相对容易地把握角色，做好很多事情。但是他不是天赋型选手，从一开始他就知道，而且指导过他的老师也一直提醒他，他不是天赋型的，他的天资要比梁朝伟差很多。所以，刘德华从一开始就知道自己只能依靠严格的自律和日拱一卒的坚持，他必须放弃投机取巧，每天打磨自己。终于，40年过去，梁朝伟活跃在娱乐圈，刘德华也还在娱乐圈游刃有余，两个人的成就不相上下。

举这个例子是想说，老师也分为天赋型和非天赋型，有些人就是老天爷赏饭吃，就是天生吃这碗饭的；但是有些人天资并不是特别出众，要想端起这碗饭，就得靠自己日复一日的坚持。高校教师一定要认清自己手里拿的是什么牌，应该怎样走好自己的高校教师之路。在20世纪的香港娱乐圈，风云人物特别多，能到现在还被人们记住、活跃在第一线的人寥寥无几。但是，刘德华不仅依旧活跃在舞台，还被认为是靠坚持和毅力获得了娱乐圈常青树的地位。而现实中，我们有很多老师明明天资一般，说不上太聪慧，但是不愿意日拱一卒地坚持，反而把大把的时间都花在交际、应酬和结识所谓人脉上。他们忘记了身为高校教师最根本的立足点，就是学术产品，没有把自己的精力放在打磨自己的产品、提升自己的能力上，而是消耗在外围不太相关的事情上。尽管我们也承认一个友好的环境、外围支撑是很重要的，但是这一切的前提是自己得行。

高校教师的主要职责之一就是科研，无论是学科的研究还是下文要提及的教学研究，都跟知识生产和创新性有关系，其对人的要求特别高，不仅要全身心地投入科学研究，还要做时间的朋友，即成为一名长期主义者。但是，现在很多教师做几天科研就不踏实了，总想着整合资源，总想着投机取巧，总想着通过不那么累的方式就能名利双收。高校教师要趁早绝了这种念头，任何伟大的成就、任何你所期待的美好的结果都是用自己日复一日的坚持换来的，不是靠搞搞人情世故、吃吃饭、应酬应酬、认识认识人就能换来的，这些东西都必须建立在自己有过硬的"知识产品"的基础上，而这些"知识产品"只有自己沉浸科研才能获得。绝大多数老师手里都有这一张牌——"精进自律+日拱一卒"，但就有很多老师不认命，乱打牌，非要通过其他的什么方式来获得自我实现，这是不现实的，而且这种做法理论上属于投机主义，有违踏实的学术作风，不值得提倡。

NO.030 ▶ 学术会议的三重功能
——必要的时候必须参加!

写这篇文章是因为总是有小伙伴在后台提问,要不要参加学术会议。而且我也总是到很多高校做讲座,很多排名靠后的学校的老师一般不愿意参加学术会议。原因不外乎以下几种:自己不行,没有显示度,参加会议也不会受到关注和重视;自己的学校或者学科不行,参加会议也发不出声音;不知道学术会议有什么意义,也不知道怎么参与。但是,学术会议意味着学术圈,还是有一定的功能的,如果你需要这些功能,你就必须得去露脸,如果不知道怎么去发出声音,文后有操作指南。

我们先来看学术会议的三重功能:其一,学术会议是一个学术资源圈,人们每年都出去开会,一方面是去开会,另一方面是去融入这个学术的圈子,让大家都知道彼此是圈子里的人。这个圈子很重要,分为大圈子和小圈子,不管大小,你在评职称盲审、发表论文同行评议以及申请项目函审的时候基本是这个圈子里的人,所以你说这个圈子重不重要?也许你会说,都是盲评,谁也看不见谁。对!是双盲的。但是圈子就这么大,想要知道并不难。所以,学术会议是一个学术圈,这个圈子就是你的生存场,尽早融入、尽早具有辨识度、尽早发出声音,对你的职业发展还是有帮助的。其二,学术会议是一个学术交流圈,也就是你的研究不能总是闭门造车,你总得拿出来检验一下,除了发表期刊论文,参加学术会议并在大会上发言,有人进行点评是一种很好的学术交流方式,在学术交流的过程中,你也发言了,别人也点评了,你们也就互相认识了,这也算是增加了你的学术经验值和学术见识,是非常有益于你的学术能力提升的。读万卷书还得行万里路呢,你写完论文不得让圈里人给你看看吗?其三,学术会议是一个交际圈,在这里你能发现参与学术会议的人会根据资历不同被划分为会长、副会长、常务理事、理事、会员等不同的级别；你也会发现根据毕业院校不同被划分为不同的学术小团体，这些小团体有一些不成气候，有一些是头部院校，拥有极大的话语权，它们的追随者众多，还有的小团队是根据导师（大佬）的不同而划分的，不同的导师带出的徒子徒孙很容易自成一派；同时，你会发现大会发言的人是精心设计的，分会场发言的人、点评的人和顺序也都是精挑细选安排的。你在这里可以增长很多学术见识，了解你们这个圈子里的学术生态，尽早认清学术圈的格局也是从事学术研究的必要条件。

所以，建议青年学者或者所在学校排名不靠前的学者多参加学术会议，一来这是一个学习交流的机会；二来可以了解自己所处圈子的格局、生态；三来可以结识一些圈中大佬，如果有与大佬合作或者跟大佬继续学习的机会，你的努力就会事半功倍，有很多年轻人就是通过学术会议被大佬赏识，之后跟随大佬继续深造去了。所以，学术会议对于年轻人来说是一个很好的练兵场，能参加尽量参加。

但有的老师会担心自己在学术会议上没有表现的机会，这一切其实都是可以争取的。首先，你一定要向大会提交论文，有一些老师手懒，明知要参加会议，但没有论文，这样参会没有意义，你缺少了学术交流的媒介，人家不见得对你有深刻的印象。在学术界里，大家还是以文识人、以研究方向识人、以研究成果识人，甚至以学校识人，还有的以导师识人。如果你什么都不占，你又不提交论文，人家怎么能记住你呢？所以，要写论文。其次，可以主动跟会务组联系要求发言的机会，可以以新人要求学习机会为名，也可以以学校要求为名（不发言不给学术资助），总之你可以跟会务组提要求，为自己争取一个发言的机会。会务组会慎重地考虑你的要求，因为这样的大会，尤其是全国性的大会是要照顾到各方利益的，需要不同的声音、不同的学校、不同层次的人参与。你需要做的就是每年都争取发言、多露面，让人们记住你。最后，善于抓住非正式交流的机会，大会里的正式发言、点评的机会毕竟不多，还有很多吃饭、会间等非正式交流的机会，年轻老师可以多利用这些机会跟大佬打招呼，多向其学习，最好留下联系方式，让自己获得关注。

此外，每个全国大型学会下面一般都会设立分会，分会的规模小很多，这些分会也有参与的价值，可以利用它们来崭露头角。当然，处于成长期和发展期的老师对学术会议的需求是不一样的,成长期的老师多半是需要发声,以增加经验值和认识圈中人;发展期的老师一般是开疆拓土,以提升自己的知名度和捍卫自己的地盘。要不要参加学术会议,以什么姿态参加学术会议,怎么表达自己和接触别人,都需要结合自己的需求来处理。

NO.031 ▶ 指导研究生是一项很有挑战性的工作
——你不主动成长，学生会倒逼你成长！

有的学校，老师成长到一定的阶段之后，经过评聘就有了指导硕士研究生甚至是博士研究生的资格。通常情况下，能够指导研究生是学术地位的一种体现，这也是对老师能力的一种认可，对导师来讲是一件好事。但同时，这也是一项非常有挑战性的工作，指导研究生意味着指导教师本身已经非常成熟，能够参与另一个处于成长期的未来的学者的学术成长过程，并指引他的学术研究方向和解决他围绕学术研究产生的其他困惑。因此，导师和学生之间的关系也主要围绕学术指导与学术指导之外的相关工作展开。导师和学生之间，理论上是一种基于学校的委托而产生的教和学的关系，是一种"公"的关系，导师和学生之间尽量不要产生私人关系，至少在学生没毕业的那几年，尽量不要发展出"私"的关系。本文先说学术指导，下文说师生关系的本质和实践操作。导师只有将这两者处理好，才有可能发展出良性有序的师生关系。

对研究生进行学术指导是一个指导教师的本职工作，无论你的指导风格是什么样的，你都必须对学生开展完整的学术训练，否则学生在你这里没有获得什么真才实学，他心里是有数的，他最后对你的评价要么是不负责、要么是没能力。虽然你会认为师生关系天生就是"师"在前、"生"在后，而且中国一直崇尚天地君亲师，学生可能也不敢当面造次。但是我不得不提醒你，在现代社会没有什么纯粹的"师道尊严"，你的尊严恐怕得用你的能力争取和证明。这句话的意思是说，你的学术能力得行且能指导学生让他也变得行（前提是这名学生是上进的，没有躺平摆烂的情况），你才能在学生那里获得尊重，否则你俩之间的关系不会太好。你通常会觉得学生对你的尊重不够，你给他定性为不够尊师重教，其实本质上是学生觉得你实力不行，不值得他尊重。所以，在高校里也是凭实力生存和争取到学生的，没有什么师权、什么尊师敬师，只有实力征服一切。我知道你会觉得我这样说过于现实，我会用实际的例子来证明，如果作为指导教师你写作能力不行，你讲不清楚学术训练的底层规律，你不能让学生在跟随你学习的过程中学有所获，那么学生从心底里是看不起你的。师生之间也是一场实力的较量，别太理想化。

首先，在师生互选和导师分配环节，你就能看出学生的选择。通常他们会选择有一定行政职务的老师做导师，如院长、副院长。他们在能选择博士生导师的情况下，不会选择硕士生导师；在能选择知名教授的情况下，不会选择默默无闻的教授。所以，每年导师组商讨研究学生分配方案都是一场暗中的实力较量。有的新上来的年轻导师，缺乏知名度，也没有什么光环加身，没有学生选是很正常的。这时候导师组就需要平衡，会把报考别的导师的学生调剂到没有学生报的导师名下。这样的师生关系通常被戏称为"非亲生"师生关系，是从别人那里过继来的，师生之间的相互认可度非常差，很容易产生矛盾。一旦双方有了一些考虑不到位的事情，老师倾向于认为学生看不上他，因为该生从一开始就没选择他；学生认为老师也看不上他，更多的是从心底里不太认可这位老师和他的实力。等过几年，年轻教师成长为学术中坚力量的时候，报考他研究生的学生数量就会相对多一点。但如果这位年轻老师始终不成长，一直保持一种比较平庸的资质状态，那他每年都会闹"学生荒"，即便是从别人那里拨过来学生，师生关系也大都不会太融洽。本质上这就是学生对导师专业实力和能力的不认可，但有的老师不去反思这一层人际交往的实质，而是给学生扣上一顶"不尊师重教"的大帽子。如果导师只会这么思考问题，不仅意味着他没有认识到事情的本质，还代表他没有从自身的角度去深刻揭露自身的不足。他的内心也是脆弱的，脆弱导致敏感，学生一有风吹草动他就觉得是不尊重自己，而强大的人会觉得这是学生自己的问题，会给学生成长的时间和空间，不会将此上升为师生关系问题。人和人之间本质上都是交换关系，只不过交换的东西有有形的和无形的之分。师生关系也概莫能外，我们通常用一些美好的词汇来描绘和睦的师生关系，但不要忘记这些美好是有前提的，否则一地鸡毛就是你们每天相处的常规状态。本质上，师生关系的绝大多数问题都可以被导师具有的超高学术能力和学术地位掩盖与解决。我并不是说师生关系的问题都是老师引发的，而是说如果老师的能力够强，学生不太敢越界，矛盾也就少很多，人都是慕强的。

其次，在学生入门之后师生的互动中，指导教师必须具备过硬的学术指导能力。这表现为两个方面：一方面，老师本人是有学术能力的，他能不断地输出"知识产品"——文章、著作，如果导师在江湖中拥有一定的声望和地位，那他的学生是很好管理的。另一方面，导师要有学术指导能力，也就是说导师不仅自己能写，还能教会学生写作和研究。指导能力和学术能力是两回事，有的老师自己是有学术能力的，在指导学生方面却不行，原因是自己会写和会搞科研与教会别人写和搞科研是不一样的，后者需要把科学研究和写作的底层规律参透形成一般知识传递给学生，绝不要简单地认为自己会写就能教会别人，自己会写有时候是一种直觉和经验积累，教会别人要从自己的直觉和经验中总结出一般的、普遍的规律性认识，才能保证知识和能力从你这里迁移到学生那里。

由于历史上的某些原因，中国的教育在"知识的记忆"方面得到了过多的关注，在学术训练方面（主要以解决问题为核心的知识应用和知识创新）得到的关注较少，没有成型的方法论知识和学术训练体系。老师们也不太具有系统的方法论知识和学术训练体系，在指导学生方面，通常都是捉襟见肘的。学生就更迷糊了，他们甚至不像老师一样，还有一些从事写作和研究的感性认识，他们就是一张白纸，等待你去教他们。但是中国的绝大部分导师对这方面是不擅长的，如果你的名气足够大，你还能镇住学生，学生不起事。但如果你的名气不够大，你是镇不住学生的，师生关系总是别别扭扭的。

所以，老师们要不断精进自己的学术能力和学术指导能力，在这方面，我写了很多文章和专著可以供老师们参考。我的公众号后台有600多篇文章，绝大多数都是指导学生如何写作的。此外，我还出版了《批判性思维与写作》《100天写出一篇论文——论文写作的本质及过程控制》两本专门指导学生写作的书籍，也可以供学生们自学使用。但是不要认为有了这些书和公众号的文章，学生就能学会写作，他们只不过是在认识上澄清了一些误解，但在将这些写作的原理运用到实践中时，还是会遇到很多问题。而这个时候，无论如何都是需要指导教师一对一解决问题的，所以导师的学术能力和指导能力必须是过硬的。否则，你不能为学生答疑解惑，学生就不会信服你，不信服就会产生"慢"和"疑"（贪嗔痴慢疑），你们的关系就不会太好。所以能够指导研究生是一件好事，它标志着教师的成长进入一个新的阶段，但同时这也是一件具有挑战性的事，教师要在专业领域非常成熟才能驾驭学生。而在专业领域成长直到最后变得成熟是一个漫长的过程，老师对此要心中有数，不断精进自己的能力，才能在指导学生方面变得游刃有余。

NO.032 ▶ 师生关系是先公后私，必要时可以只公不私！

上一篇文章主要想强调指导教师一定要有一定的学术指导能力，本身的实力要强，否则镇不住学生。本篇是想强调指导教师一定要对师生关系的本质有清晰的认识，否则也会产生师生矛盾。师生关系首先是一种"公"关系，其次才是一种私人之间的关系，而且必要的时候可以只公不私。我们必须明白的是师生关系并不是一对平等的关系，尽管法律规定人人都是平等的。首先，老师就是老师，他天然具有在关系中的权重感，即便某位老师不符合我上一篇文章所指出的具有一定的学术指导能力，但他依旧是老师，在师生关系中属于拥有相对优势的一方。其次，老师是知识输出的一方，中国自古就有"医不叩门，师不顺路"的说法，可以将学生的学习过程描述为"求学"，这个"求"字就表明学生在知识学习过程中与老师的不对称地位。最后，现代的师生关系是基于《中华人民共和国教育法》的规定和教育部及所在学校的委托形成的。也就是说学生报考的是学校，老师也是属于学校的，师生之间的关系是由于老师接受了学校的委托与报考了该校的学生形成的关系。这个关系本质上是"公"关系，不是私人关系。这种关系就注定了，老师一定要完成自己的被委托事项并且在被委托和授权的范围之内行事。所以，你会看到中国有很多师德师风、教师学术指导类的政策文件和行为约束，原因就是师生关系是一对特殊的关系，不是私人关系。

但就是有很多老师（也包括学生）忽略了师生关系最本质的"公"的一面，不遵守行为规范，引发了很多师生之间的纠纷。比如，如果学生不懂师生之间关系的本质，他就会越界。之前就有一个学生，在很晚的时候还联系我，要求对他进行指导，我委婉地提醒他，希望他尊重我的作息时间和在休息时间不要打扰我；他们还经常会在周六、周日想起一件事情就随时联系我；在学校要求他们填写某些需要导师签字的表格时，不会提前通知我，打电话就说今天必须签上，对于这些我都会拒绝。有些学生还会把在家里跟父母相处的模式带到跟老师的相处之中，这本质上是一种越界的行为，老师要及时地探查并纠正。有的老师也会越界，我就经常听到有些学生抱怨他们的老师让他们帮忙做一些接送孩子、刷车修车等私事。这是不对的，严格意义上，老师能够让学生做的事情只有两件：第一件是能够帮助学生学术成长的学术训练，单独训练、小组讨论和参与自己的项目都是一种学术训练。当然如果学生对自己的学术项目有很大的帮助，也要给予一定金钱上的反馈。第二件是与学术相关的学术活动和公共管理事项，前者是带着学生参加会议，或者由老师主办的会议，请学生辅助做一些统筹规划和与学术相关的辅助性工作，如会议记录、会议资料的整理、与参会专家的沟通等；后者指的是师门的一些公共管理事项，如上下届研究生的沟通、相互指导和学习，以及师门公共活动的组织和开展。总之，教师和学生之间只能在教育法律规定的、与学术相关的范畴之内展开互动，这是师生关系的第一层剖析。

师生之间是否可以发展出私人关系？这个我是不推荐的，即便发展也要看时段、看人。首先，我们得看时段，在师生关系存续期间，也就是在学生毕业之前，尽量发展"公"关系，如果师生都觉得彼此之间惺惺相惜、趣味相投，那么在毕业之后维持一个比较紧密的私人关系也是可以的。其次，我们得看人，学生和学生是不一样的，老师和老师也不一样。只有双方都是理性的人，才能使关系走得更久远。我作为一个相对客观和理性的导师，如果遇到了跟我一样也是比较客观，不会总是从自己的情绪和主观出发去判断事物的学生，会有更多的偏爱。这些学生抛弃了自身的好恶，努力从客观的角度去看待问题和自己的成长，他们能够辨识出老师对他们说的话是好是坏，不会因为老师指出他们的不足就出现玻璃心并由此和老师产生隔阂，也不会因为老师指出他们的优点而变得沾沾自喜进而失去低调谦和的品德。如果能在师生关系存续期间就建立起比较和谐的私人关系，这一点也不必排斥，只需要记住在公关系和私关系之间，公关系排在前面，私关系排在后面就可以了。一段良好的师生关系的维护，一定需要双方共同努力。但凡有一方的认知不到位，私人之间关系的界限就会控制不好，建议师生之间只维系"公"关系就好。现在教育部出台了很多约束教师的行为规范，都是在提示教师从"公"关系的角度去定位和处理师生之间的关系，不要越界，否则在现有的体制下，社会对老师的错误的容纳空间是很小的。

NO.033 ▶ 师生之间的错误大部分都需要老师买单
—— 容错机制！

这一篇想说的是作为一线教师，其压力是非常大的，不仅因为最基本的师生互动和教学指导都是在这一层关系中完成的，少了一线教师，很多教学环节是没有办法落地的，还因为目前中国高等教育实行从上到下的层层管理，最后的责任也都落实在这一层上。这是体制内的管理责任，最后的承担者是最基层的主体，也就是教师和学生。但是不要忘了学生在师生关系中处于相对弱势的地位，而且他们虽然已经成年，但从未独立生存过，也没有踏入过社会，所以基本上在师生关系中有任何问题，老师都难辞其咎。这还是在体制之内分析这个问题，社会的氛围也会偏向学生，对老师并不友好和宽容。总之，一句话，由于人民教师被定义为人类灵魂的工程师和辛勤的园丁，被捧得有多高，在摔到地上的时候就会碎得有多严重。一旦师生之间发生不愉快的事情，或进而导致了恶劣的后果，老师无论如何都是脱不了干系的，无论是在法律层面上还是在道德层面上，有的甚至还有一些隐性的后果，不被人所知。所以写这篇文章的目的是提示年轻的老师，师生关系不像我们想象中的那么简单，考虑到学生这个不太成熟的对象，以及教育体制内部和社会既有的对教师的观念，教师都要处理好师生关系。否则，最后损失最大的是教师。

由于现在的教育体系内部都将学生作为弱势一方，并且倾向于将其作为"未成年人"看待，虽然他们已经成年，但是他们不像老师那样是真正的成年人，具有社会属性，所以通常社会会给老师施加很多义务，对学生的要求相对少一些。这是正常的，不正常的是一旦出现了什么极端的情况，往往在事实尚未查明的情况下，舆论压力就会倒向教师一方，哪怕这个教师没有做错什么，舆论也会指责教师没有做好。总之，但凡学生出了一点问题，大家的关注点就都在教师身上，这在制度层面和社会舆论层面上都是如此。更难处理的其实是家庭参与和互联网介入，通常学生在学校发生一些事情之后，家长马上就会到位，这是可以理解的，面对一所强大的学校，家长也会担心自己的权利不能得到保障，就会采取很多其他的手段，如贴大字报、拉横幅、静坐，哪怕这个学生的问题是谈恋爱想不开导致的，导师和学校也都脱离不了干系。社会舆论有了互联网的加持就更容易发酵，在互联网上受讨伐最多的依旧是教师。写这篇文章并不是为了说明教师不承担责任，只是在事实查清之前，社会、家庭、舆论甚至学校为了息事宁人都会作出对教师特别不利的决策。这一点，作为教师一定要心中有数，自己从事的是一个高危行业，并不像自己想象中的那样岁月静好，必须谨言慎行，必须严格要求自己并妥善处理好师生关系才能保护好自己。

我所在的学校曾经发生过一起相对极端的学生事件，事件发生之后，网络舆论、家长都揪着老师不放，后来事实证明这跟老师没有太大的关系，但网络上的舆论影响已经造成，在学术界，因为学生采取了极端的行为，同行对老师的评价和看法也会受到影响。毕竟不是所有的人都能客观、理性地看待这起事件，以后也没有研究生报考这位老师，这位老师在将来的仕途发展上也会受挫。总之，在一位教师的人生发展和职业发展过程中，出现了一起恶性的学生事件，哪怕最终老师没有什么实质性的责任，老师的事业发展、学术声誉也会受到很大的影响。

我想要表达的意思已经通过上文传递得很清晰，目前教育体系内部和社会的观念倾向于将师生之间的问题归咎于老师，哪怕最终事实证明教师在职业规范内和法律层面上并没有什么错误。但是，由于体制内部容错空间狭小，老师即便没有错误，也会搭上自己的前途和学术声誉。相反，如果老师本身确实存在行为失范、学风败坏和触犯法律的情况，那就永无翻身的可能。在明确上述生存环境和背景的基础上，还是提示各位老师要提升认识、规范行为、严格要求自己，并妥善处理师生之间的任何问题——师生关系无小事！

第二部分

教学

NO.034 ▶ 职业生涯常见的瓶颈和突围
——是时候考虑教学这条发展道路了

上文提及教师的职业生涯有生存期和发展期两个阶段，生存期要以解决教授职称问题为最终的使命和目标；发展期，即后教授时代要考虑依靠什么来出人头地、自我实现。不可否认的是，在职业生涯的生存期，大多数情况下我们是要依靠科研的，具体原因我在之前的文章中都提及过。但是到了后教授时代，你不见得非要依靠科研，尤其是在你的科研有点靠不住的情况下。

以我为例，我在之前的文章中已经稍微提起过我的学科特征，本身这个学科就缺乏活力；再加上这个学科对地方的经济要求特别高，而我又处在东北这样一个边塞地区；最主要的是这个学科的头部不在我们学校，从整体的科研格局上来看，即便我付出终生的努力，也只能处于一种跟随的状态，夸张点说就是永无出头之日（即你能看到你的结局就那样，有"天花板"且很低）；还有就是我的学科没有太成熟的团队，当年的底子就不好，现在也不行。以上这些有关我个人的、我所属学科的、我所处地域的情况就决定了我在我的学科方面没有太大的发展。这个学科还受到国际局势和格局的影响（干扰因素过多，不具有太多独立性），再深入的话就没法说了，而且这也不是今天探讨的重点。于是从评上教授的那一天起，我就在思考我在后教授时代该怎么办。

其实，后教授时代如果想自我实现的话，有两条大的赛道可以选择：其一是继续深耕自己的科研，其二是转战教学领域。① 我们先说科研，但此处要强调的就是，你从事科研的"点"落在哪里，也就是你的研究方

---

① 这与上文已经提及的后教授时代发展的三条思路（即教授+市场、教授+行政、教授+资深教授）不矛盾，无论是选择了科研还是教学，最终你都是教授，你都需要用你的科研成果和教学成果服务你的"市场""行政"以及"资深教授"。

向。我在上文曾经指出，研究方向决定我们的职业状态，非常重要。但是从中国目前高校的学科状态来看，大部分学科已经发展得很充分，在这些发展很充分的学科中继续科研就只剩下两个选择：第一个选择是在自己的学科里深耕细作，做一条细分的赛道出来。举个例子，像我们的法学学科就是一个发展得比较完善、比较成熟的学科。在这个学科里，很多领域都已经被研究完毕，或者可以说蛋糕已经被分配完毕。在类似法学这种比较传统的领域中，大咖林立、成果众多，新手很难立足，不容易闯出一片天地。所以，最近几年大家纷纷瞄准人工智能法学、数字法学、数字权利、新兴权利等一些新出现的领域。虽然说科学研究要抓住社会发展的趋势和热点，大家研究这些新出现的领域无可厚非，但更为主要的是这些新兴的领域还没有形成固定的格局和态势，青年教师能够在这里找到自己的立足之地。但这条路也不好走，一方面，新兴的领域就那些，一哄而入的人不会少，如果再有传统领域的大佬想要涉足，竞争也是很激烈的。另一方面，这些新兴的领域一般都是细分领域，在华山论剑的时候是登不上台面的小方向，撼动不了学科的基础研究和基本理论，用句大实话来说，江湖地位有限，即使你做到头部也只是一个小的、细分的领域，你不是江湖中四大门派的人。总之一句话，从事科学研究的人，尤其是本学科研究的人是非常多的，但是能出来的人，也就是那么几个大咖，来来回回、反反复复地在各种会议和重要场合露面，留给后浪们的空间其实是很小的（偏偏学术圈又是一个重视排资论辈的地方，基本上前浪不是迫不得已是不会走下学术舞台的）。第二个选择是开辟新的战场和领域，在高校中你会发现有很多人转战教学领域。这是因为教师的基本职能有科研和教学两项，当你在自己的本学科也就是科学研究的领域遇到了我在上文所提及的学科、地域、团队以及头部院校的血脉压制等方面的障碍时，即你的学科不能托举你走出来的话，那你可以考虑一下教学。

与科研的成长道路相比，教学的进阶道路是自成体系并且相对友好的。

首先，谁都不能否认高校的最基本职能是培养人才，不管你是不是科研"大牛"，你都必须从事教学活动，你都要为国家培养人才。所以，教学是老师的基本职责，无论如何，都要差不多。但是，本文主要说的不是这个内容，是想说教学相较于科研而言是一个比较友好的个人发展领域

（尤其是后教授时代）。在中国，所有的高校都有可能通过教学走出一条特色的人才培养之路（其所在学校的教师也能通过教学走出来），但不是所有的高校都有能力从科研中脱颖而出（该校教师也无法在科研上实现突破），这句话怎么理解呢？能通过科研走出来的基本是头部院校、头部学科，如果你所在的学校或者学科科研的托举力度不够（这是常见的现象），老师也就没办法在科研的江湖上立足。你去看看那些科研"大牛"，基本出身于名校，也就是说科研不是所有的高校都能玩得起的（只有头部的头部才行），每年科学技术进步奖、院士的评选基本就是那几所高校，也就意味着科研不是所有的学校都能参与的。教学则不然，全国3013所高校都必须搞教学，相应地，国家给予教学的认可和支持是全覆盖的，只不过是分配比例不同。如果说科研的认可和激励只能覆盖头部院校，那么教学是全覆盖的，只不过头部院校能占到总资源的60%，腰部院校能占到总资源的30%，尾部院校（甚至包括非公办院校）还能占到总资源的10%。这种力度是科研无法比拟的，也就是说如果一名教师靠着科研走不出来，可以考虑一下靠教学走出来，毕竟人一生的时间是有限的，老师也要学会将自己的时间分配给性价比高和产出结果高的领域。

其次，相对于科研，教学是可以被包装和规划出来的。别误会，我这里所说的包装和规划并不是说金玉其外、败絮其中，而是想强调教学有成型的路径、成熟的经验可以依靠，只要按照教学的成长规律踏实前进，是一定能走出来的。

最后，如果说教学相对于科研来讲，还有比较友好的地方，那就是教师从事教学时依托的是整个学校，而科研依托其所在的学院和学科。如果你所在学院和学科的托举力不强，但是你的学校很强，那么特别适合走教学路径。以我为例，我出去开专业会（科研）的时候，大家介绍我都是所在学校和学院的某某某；但如果我出去做讲座、开教学会议，大家介绍我都是介绍到学校就不再往下了，因为学校是人才培养、教学活动的共同载体。用一句话说，教学已经挣脱了学院和学科的束缚，它的舞台起点就是学校，很容易就能走到学校之间去展示自己。

我曾经指导过一位医学院的参加教学大赛的老师，这位老师非常适合走教学路径，不仅因为他的专业素养比较好，而且因为他具有教师职业所需要的天然亲和力和感染力。于是在一次对话中，我试图将我对教学道路的理解讲给他听。这位老师原来是想走科研路径的,但是其所在学校的托举力非常有限,他的目标是拿到省级专家的称号,这样在他出诊的时候,他的诊室门口会挂上省级专家的标志。我跟他说,省级专家不只有科研专家和在科研方面有突出贡献的学者,教学方面也有省级教学名师和教学新秀,你无论在哪个领域获得省级的称号,在你的诊室门口都会挂上省级专家的名牌。但是你付出的时间和精力以及收获的成果是不一样的,如果走教学赛道,你可能会很快走到省级且还有上升的通路;如果走科研赛道,要求就很高,走起来就会相对慢一点且走到省级基本没有上升空间了(毕竟学校名次在这儿摆着)。事实上,从我对自己所在的学校的观察来看,医学院"卷"教学是最严重的,他们人多,又有临床的压力,想要通过科研走出来非常不容易。再加上这几年医学科研曝出的学术不端情况,导致科研环境越发严峻,所以很多医生就转向教学发展这条路。我们学校每年组织大赛的时候,医学报名人多,准备充分,拿到的名次也好。有的甚至是院长、副院长带头参赛,这并不是说他们有多热爱教学(也可能是真的热爱),只是教学对他们来讲是一条很优化、能够自我实现的路径。所以,我的一部分工作是将科研和教学的不同状态以及成长路径揭示给我所在学校的老师,这样不仅能够帮助我们识别出适合走教学路径的潜在的"教学名师",还能给老师提供另一条自我成长和自我实现的路径。

以上是我结合自身的职业发展规划、我观察到的身边人的选择以及综合我经年累月在各所高校举办讲座时对不同教师群体的观察总结出来的经验。一旦一名高校教师陷入科学研究的困境中,其当然可以选择在自己的研究领域中继续突破,但还有另一条路,就是开辟一条教学的成长路径,这也是一个不错的选择。

NO.035 ▶ 教学实践 vs 教学研究
—— 教学研究能让你走得更远!

在决定要走教学道路之后,我们面临的第一个问题就是区分教学实践和教学研究。我们先把这两个概念区分一下,然后再强调两者在教师的教学之路上的作用和分量。可以毫不夸张地说,如果不能将这两个概念区分清楚,教学的路径便走不出来。

教学实践主打的是"应用",它是指高校教师将其学习到的高等教育学知识和教学法直接运用于自己的日常教学实践之中,比较典型的就是当教师学了教学设计、对分课堂、小组讨论、PBL(问题式学习)等教学方法和教学理论之后,直接在其课堂中使用了这些方法而不再想怎么教就怎么教。这些教育学的基本知识和基本技能非常好用,如果被应用在老师的课堂中,能起到立竿见影的效果,前提是这名老师对这些教育学的知识有正确的理解。至于为什么高校老师需要接受教育学和教学法的培训,本书在这里要先简单交代一下,后续会详细展开。高等学校和基础教育的老师是不一样的。从目前中国的实践来看,基础教育的老师还能保证出身于师范学校或者师范专业,他们在上大学的时候,就已经接触教育学的相关知识,也接受过教育学相关技能的培训。但是大学老师则不同,大学老师留校任教不是因为他们出身于教育学专业或者出身于师范,而是因为他们各自的学科,如物理学、化学、数学、法学、经济学……这也从侧面反映了大学老师是不具备高等教育学的基本知识和基本技能的,但是他们还要从事教书育人的工作。为了弥补大学老师在教育学方面的不足,相关管理部门作出两个决策:其一就是大学老师在入职之前必须接受岗前培训并通过考试进而获得教师资格证,在培训期间设置了高等教育学、教育心理学、现代教育技术等必修课程。其二就是每所大学几乎都有教师培训机构,它们或者是独立的教师教学发展中心,或者是挂靠在教务处、人事处、党委教师工作部等部门的教师培训科，其主要工作任务就是开展教师培训，使教师不断完善和提高自己的授课能力。这个问题就先交代到这里，后续在相应的模块还会继续展开。

　　说完了教学实践，我们再来看教学研究，教学研究主打的是"创新"——生产新知识，也就是说生产与教学相关的新知识。教学实践是既有教学知识的应用；教学研究不满足于既有知识的应用，而是力图解决一个没有被解决的教育学问题（不要被吓倒，可以围绕自己的课程和教学找到一个没解决的问题），进而创造出新知识。这就是教学实践和教学研究的重大区别。当我们指出教学研究是生产新知识时，你是不是就发现它跟科学研究拥有一样的本质，没错，都是生产新知识，只不过教学研究是在教学领域中从事知识生产；科学研究也就是我们俗称的科研，是指在自己的专业范围内从事知识生产。例如，我是法学出身，我的科研内容是从事法学方面的知识生产。但从2017年开始，我转型到教学研究（俗称教研），开始从事批判性思维及其场景化方面的知识生产，这是我的教学研究方向。两者（教研和科研）的底层原理都是一样的，都是围绕一个问题给出解决方案，在解决问题的过程中探索未知，实现"知识生产"。这里澄清一个误区，有时候，高校会存在一条鄙视链，大家一直认为搞教学的不如搞科研的，教学难度要低于科研难度。但实际上，一旦你从事的是教学研究（教研），它的难度和科研的难度是一样的。很多老师因为自己的科研做不好，觉得自己能力不够就转向教研。如果是因为能力不足科研做不好，那么教研同样也做不好。

　　实践中有一个误区，大家一般提及教学就把它等同于教学实践。但实际上，教学包括教学实践和教学研究，而且应当强调两个重要的基础：其一，教学实践是教学研究的基础，没有实践经验，谈不上教学研究。这就好比一个临床医生一点临床实践没有就想做好临床研究，这是不可能的。其二，教学实践最终必须上升为教学研究，否则一直停留在实践的环节，不但探索的层面比较低级，而且不会为教师提供更大的上升空间。衡量教学能力的指标有很多，课上得好是其中一个，但更多的是要考查课程建设、教改（教学改革）项目、专著和教材的撰写、教学成果奖的申报，甚至目前教师大赛也有教研化的倾向。之前全国名气最大的比赛是青教赛，即青年教师教学大赛；这两年全国名气最大的是高校教师教学创新大赛，一看到"创新"二字,你就明白它跟"知识生产"和教学研究有关。所以高校教师走教学的道路,始于教学实践,终于教学研究。没能走上教学研究道路的老师,在教学的道路上没有太广阔的发展空间。

  由于我在学校的教师发展部门工作,我经常能接触到形形色色的老师。我曾经见过一位老教师,他上课很受学生的欢迎,教学实践做得很好,但是从来不做教学研究。最后,这位老教师以讲师身份退休,内心始终不平衡,觉得学校有愧于像他这样投身教学的老教师。这种想法不评价对错,我在这里只想强调,任何一所学校都不会只关注教学实践而不关注教学研究,甚至从教育学的原理来讲,教学不仅有教学实践还有教学研究,且教学研究比教学实践更重要。从现代高等院校的教学引导趋势来看,教学研究的比重远远超过教学实践。高校教师只有充分认识到这样的背景,才能更好地规划自己的教学路径,不要按照自己想象中的教学道路(只做教学实践)去规划自己的发展道路,否则只会耽误自己。

  关于教学实践和教学研究的讨论就暂时到这里,后续我们还有很多与此相关的话题,届时读者也可以回头翻看本部分的内容加深理解和体会。

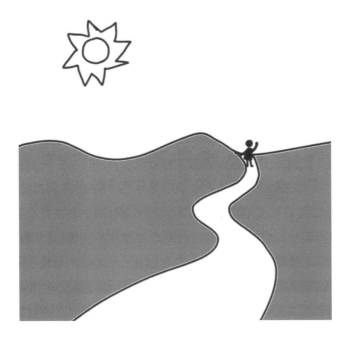

NO.036 教师教学发展的四个阶段
——有一个重要转型期!

教育学的理论认为,教师发展分为四个阶段,分别是:新入职教师的专业适应与过渡期,青年教师的专业形成与成长期,中年教师的专业突破与退守期(专业补给更新期),卓越教师(资深教师)的专业成熟期。教师在每个时期需要完成的任务不同,相应地,教师培训机构(教发中心)提供给教师的培训和外围支撑也不同。

新入职教师主要的任务就是适应,正如上文所提及的那样,高校教师没有接受过专业的师范教育,所以在这个时期,其主要任务是补充教育学的基本知识,尽快进入教师的角色。青年教师有了一定的教学经验,但在经验积累方面还有很大的上升空间,所以其处于专业形成和成长期,这个阶段持续5~8年,老师们会在自己的专业教学领域积累较为深厚的经验。以上提及的两个阶段都是教学实践,教师要把教师培训过程中学习到的相关知识和技能应用于自己的教学实践,这是新入职教师和青年教师必须完成的任务(强制的,这是教师成长的规定动作,是必须接受和完成的)。到了第三阶段,即中年教师的专业突破和退守期就会有所不同,这是一个非常关键的转型期。一方面,由于教师已经经历了专业成长期,已经积累了非常深厚的教学经验;另一方面,处于这一阶段的教师在经验积累上,也就是在感性认识上已经达到一个峰值,需要考虑转型。要想从第二阶段青年教师过渡到中年教师必须转换打法,不能只是积累感性认识,要转换成理论探索和理性认识,这个过程意味着要从教学实践转向教学研究。也就是说,青年教师只有将自己的职业探索从感性认识上升为理性认识,并在理论的指导下继续开展自己的教学实践,时刻准备探索新知,才能从第二阶段上升为第三阶段(不是必需的,教育部门只会引导,但不会强制)。这也是第三阶段叫作专业突破与退守期的原因,从教学实践转换到教学研究就意味着专业突破了，如果没有转换，始终固守于教学实践，迟迟没有推进教学研究，则会处于退守期，意味着教师不再前进了，始终在第二阶段徘徊。

如果教师从第二阶段过渡到第三阶段，也就是从教学实践开始转型做教学研究，经过一段时间的积累，他就会慢慢转换成中年教师，随着自己的教学研究不断产出成果，成果又有一定的辐射性，被大众所知和应用，中年教师就会慢慢过渡到第四阶段，即资深教师和成熟教师阶段。这个阶段的老师基本上就会到处分享自己的知识成果，讲座和邀请不断，主要发挥引领和示范作用。

从上述教师发展的四个阶段就能够很明显地看出，第二阶段到第三阶段的过渡对要走教学道路的教师而言是非常重要的，它意味着从教学实践转向教学研究，鉴于我们已经在上文深入分析了教学实践和教学研究的区别以及教学研究的重要性，如果老师能顺利转型，那么他一定会慢慢走上广阔而光明的教学正路；如果老师一直没有能够成功转型，总是在教学实践的范畴内转悠，迟迟不肯转型到教学研究，那么他一辈子不会有太大的发展空间。因为很多教学成就、教学激励、教学荣誉都是以教学研究为底层思路的。

但是，一种不得不正视的现象是，很多长期活跃在学校教务部门的老师正是由于自身的科研能力不足才想着通过教学来对其进行弥补。由于我们之前已经进行过深入的分析，教学的本质也脱离不了教学研究（教研和科研的本质是一样的，都很难），而大多数老师从事的都是教学实践，觉得教学研究比自己本学科的研究都难，迟迟不愿意开展，这就会耽误自己在教学道路上的成长。

我身边曾经有过这样一位老师，他接连建设了好几门课程，他对教学的全部理解就是建设课程，其他的工作也不怎么开展。在他建设三门省级课程之后，他陷入了迷茫，不知道自己接下来的教学道路应该怎么走。经过我们的深入分析，他开始意识到应当从事教学研究，通过项目解决实际的教学问题，最好能够拥有自己标志性的教学成果。还有一位老师，有一定教学方面的探索和积累，讲课和讲座都很好，但迟迟没有标志性的学术研究成果，自己在从事教学研究方面也没有太大的主动性。有一次我们交谈之后，我指出了他现在发展模式的局限——不能支撑他的长远发展，他应当申报项目、撰写教材，形成自己具有辨识度的成果，而不是每天都在应用层面上去指导别人，否则他使用的不是自己的知识，他只是别人知识的搬运工，只不过他对别人知识的理解要比一般人好一点，所以他还能有一个信息差的培训市场。再过一个阶段，等这些既有知识已经被大众熟知之后，他的培训市场就会逐渐萎缩，就不再会有人需要和邀请他做讲座。

　　说这些内容的主要原因是，大学老师如果想走教学发展的路径，就必须深刻认识到教师发展的四个阶段。在这四个阶段中，第二阶段向第三阶段过渡和转型是非常重要的，转不过去的话，老师就将永远停留在教学实践这个比较低层次的教学探索阶段，只有成功突破第三阶段所要求的教学研究并形成自己独特且具有辐射性的教学成果，才能在以后的自我发展道路上取得成就。

NO.037 教学研究的特征
——很重要但很多人不明白！

之前已经无数次强调教学研究在教学中具有非常重要的地位，也明确了教学研究的定义，但还是有很多老师在落实的过程中出现错误，如在项目申报、创新大赛准备以及成果奖申报等活动中不明要义。这篇文章将详细介绍教学研究的特征和几条常见的判断标准，能够帮助老师快速地判断自己所从事的教学研究是否规范。

首先，教学研究的本质是针对一个教育学问题提出解决方案，这个解决方案必须有充分的教育学依据。从这个表述来看，教学研究有三个非常重要的因素：问题、结论和前提（依据）。教师必须保证自己提出的是一个教育学问题；同时要保证自己使用教育学的理论来解决问题，也就是前提是教育学原理；还要保证自己给出的解决方案仍然在教育学范畴内且是由前提推导出来的（即推理正确）。在教研项目申报、教学成果奖申报以及创新大赛的备赛中都必须遵循如图 1 所示的教学研究的三个要素。

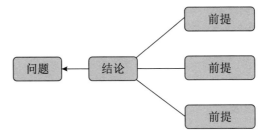

图 1 教学研究的三个要素

其次，教学研究仍然遵循提出问题、分析问题和解决问题的过程，在这里尤其强调区分现象级别和理论级别的问题。每位老师都在教学一线从事教学活动，一定会发现很多问题，如学生上课不爱听讲、学生爱玩手机、学生对自己的授课内容不感兴趣、好不容易安排的问题讨论没有取得预期的效果、无论自己怎么解释学生就是不明白自己讲授的内容……这些都是问题，但要记住这些都是现象级别的问题。从事教学研究要将这些现象级别的问题上升为理论级别的问题，也即教育学范畴的问题。一线教师能够从事研究的范围就是自己手中的课（即该课程如何建设）和这个课怎么上（即怎么上课）。老师们发现的所有问题都要与课程建设和教学过程有关。但是在实践中，很多老师在申报项目、参加创新大赛的时候都直接将现象级别的问题写上去，如学生上课玩手机、学生上课不专注等，如上文所述，这些现象级别的问题需要进一步提炼，而且老师只能在自己的课以及课怎么上的范畴内进行提炼。这倒不是说学生没有问题，而是学生这部分的问题不属于老师处理的范畴，属于学习论的范畴。总之，一线教师解决最基本的教学问题只能从自己的工作范畴出发，即手中的这门课以及这门课怎么上。上述提及的问题都是比较基本的实践问题，当一线教师成长为一名成熟的研究者之后，还可以从事一些理论研究。比如，我从事课程思政研究，出版了《批判性思维视域下课程思政的教与学》；从事新文科建设研究，出版了《一线教师如何建设新文科：从政策理念到实践操作》。这些都属于理论研究，超过了学科的范畴。一线教师要经过长时间的教学实践、本学科的基本教学研究之后，才能从事跨越学科和超越学科的理论范畴的研究。

再次，教学研究必须使用教学理论解决教学问题，此处强调的是，老师必须掌握和运用教育学的理论去解决自己面临的问题。在上文我们已经提出，一线教师研究的问题，最开始只能局限于自己的课以及课怎么上。这在教育学上涉及两个原理：其一是课程设计原理，其二是教学设计原理。也就是说，我们的一线教师需要用这两个原理来解决自己面临的课以及课怎么上的问题。但是在实践中，老师们常常不知道自己提出问题的着眼点应当聚焦在"课以及课怎么上"上，即便知道，也很少有人用课程设计和教学设计的原理去解决自己提出的课程问题和教学问题。其中原因我们会在下一篇去分析，不外乎我们之前提及的大学老师之所以能够在大学当老师，不是因为他们出身于师范专业，接受过教育学的培养，而是因为他们各自的专业。也就是说，大学老师普遍不具备教育学的基本知识和基本能力，所以在解决问题的时候，他们无法用教育学的理论分析手中的问题到底应该怎样解决。

最后，由教育学的研究所使用的前提必须能够推出结论。如果还有关于教学研究的特点需要提示给一线教师的话，那就是由前提必须能够推出结论。这表现在教学研究中就是一线教师使用教育学原理分析问题所产生的前提必须是结论的充分或者充要条件，前提和结论不能没有关系或者不构成充分关系，由这样的前提推不出结论。

从上述分析中我们可以看出，教学研究也是科学研究的一种，是非常严谨的，需要用专业知识解决专业问题，还要符合论证的要求。普通的一线教师有时候不知道这些要求，他们想当然地按照自己理解的教学研究的内涵和定义去从事一些所谓"研究"，从教育学角度来看都是非常混乱的。本文简单地介绍了教学研究的本质和基本特征，希望能给一线教师一些启示，只要是从事教学研究，就必须依据研究的规律，不能想怎么干就怎么干，否则是不行的。

NO.038 什么人能真正解决中国高等教育的问题
——高校里有两种类型的人！

我们在上文已经指出教学研究是一个很严肃的话题，它有着非常苛刻的研究标准——必须是依据教育学的理论解决一个教育学的问题，最终形成一个教育学的解决方案。这里有一个非常朴素的道理，我们在日常生活中都知道牙疼要去找牙医、摊上官司要去找律师，这背后的原理就是专业的人干专业的事，解决什么问题就要依据什么原理。教学研究本质上是教育学问题，它必须依据教育学的原理来解决。但这恰恰是高等院校老师的短板，因为我们在上文就提及过，高校教师之所以能够当老师，不是因为他接受过师范院校的专业培养，而是因为各自的学科。所以理论上，高校教师与中小学（九年义务教育）老师是不同的，后者大多出身于师范院校和师范专业；前者尽管接受过岗前培训（教育学方面的），但这种培训的量太少了，不足以支撑后续复杂的教学研究。更何况老师们在接受岗前培训的时候，还没有开始上课，也就是说他们连一线教学的经验都没有，很大概率是听不懂岗前培训时教授讲的与教学有关的理论内容的。所以不要迷信岗前培训，这虽然非常重要，但是在当时的效果是非常有限的。一线教师必须在以后的教学生涯中不断地补充教育学的知识，在大量的一线教学实践经验基础之上，才能展开正确的分析。

写这篇文章的目的在于分析高等院校中存在两类人，这两类人都不是解决中国教育问题的合适人选，在分析完这两类人之后，我们再指出高校教师要想从事真正的教学研究并最终达成自我实现的目标，应当怎样将自己的知识体系补充完整。

高校中的第一类人是出身于高等教育专业，掌握了丰富的教育学理论和技能的老师，他们的专业就是高等教育学，他们懂教育学的理论，他们存在于各大高校的教育学院、高等教育研究所。这些人可谓"根正苗红"，非常善于理论分析,他们也在各大比赛、各类项目申报中扮演评委的角色,原因就是他们懂教育学的理论。但是这类人有一个致命的缺点,他们不懂学科教学且从不下学科,这又是什么意思呢?也就是说,他们只懂高等教育学的理论,并不懂像你我这样的学科教学是怎样进行的,比如我的法学、你的经济学,无论是知识体系自身的结构还是如何将知识体系传递给学生,他们都是不明白的,他们只是懂一些高等教育的理论。这就有点像一个医生只明白医学理论,但从来没有给人看过病。

高校中的第二类人是你我这样出身于学科的教师,具有丰富的各学科的知识,如法学、经济学、管理学、物理学、化学、数学……但只具有学科知识,不具有高等教育学的理论知识。我们这些人的优势在于我们懂学科的知识,我们是学科教学的一线实践者(因为我们上课,从事一线教学工作),我们有大量的经验和感性认识,但是我们不懂高等教育学,这是我们的缺点。这就有点像一个医生,虽然他具有丰富的临床经验,但是他理论不行,甚至都没有系统学过理论。我们丰富的"临床经验"都是通过观察我们的师傅和自己琢磨出来的,没有受过系统的理论指导。

通过上文的分析,我们已经能够明白,要想解决中国高等教育的问题,一方面要懂学科的知识,一线教师在这方面是有经验和优势的;另一方面,我们不能总是在经验和感性认识的层面观察中国的教育问题,否则无法形成正确且有说服力的结论。所以,一线教师要想真正地解决高等教育的问题,必须同时学习高等教育学的相关理论、掌握相关技能,否则所得出的结论就是经验、感性认识,不具有理论性,不能上升到一定高度(升华不够),更不具有普遍适用性。同理,高等教育学的人如果想要解决中国高等教育的具体问题,也必须知道具体学科是怎样运行和教学的,否则写出的论文、从事的指导、解决的问题都给人高高在上的感觉,不接地气。

回到我们的标题——什么人能真正解决中国高等教育的问题?在中国高等教育范畴之内,能够真正解决中国高等教育问题的人,一定是具有学科知识、广泛参与学科教学实践,同时还具有高等教育学理论的人。这两个方面缺一不可,缺少学科实践和学科知识,仅具有高等教育学的理论就不能深入具体的教学一线发现问题,尽管能够从理论上探讨,但从理论应用到实践的环节还需要一线教师进一步研究,所以形成的解决方案是不完整的。同样，缺少高等教育学的知识，虽然能从实践中不断摸索，但总是不能上升到理论高度，无法形成稳定的、本质的认识，更无法具有广泛的、普遍的适用性。那么，对于一线教师而言要涉猎一些最基本的教育学知识，如常用的教学论、课程论原理；对于高等教育学出身的专业人士，如果想要深入实际问题，那就必须下"临床"，到一线学科中来，这样才能将理论和实践相结合，也能发现问题并为问题提供更有操作性的解决方案。

NO.039 ▶ 为什么说教学研究有广阔的市场和前途
——问题多但从事研究的人很少

上文已经指出,在高等教育范畴,只有同时拥有学科知识、学科实践和高等教育学知识与技能的高校教师才能真正解决中国高等教育的问题。这一点我们从《教学研究的特征——很重要但很多人不明白!》提出的教学研究的本质是提出问题并用教育学的知识解决问题就能看出来。我们提出的问题一定得是教育学问题,教育学问题一定跟我们所处的学科有关,你必须运用教育学知识解决它(还记得牙疼找牙医吗?)。因此,不具备教育学知识和一线教学实践的老师很难发现真正的问题,更无法为问题提供真正符合教育科学的解决方案。

但现实是,高校教师要么只具有学科的知识和实践,要么只具有高等教育学的理论和技能,同时符合上述两方面要求的人非常少。这一方面导致了高等教育存在大量的问题,却没有合适的人把它彻底地解决掉;另一方面导致了目前对高等教育存在问题的分析和解决,绝大多数都是偏颇的。这些研究中的一部分是研究高等教育学的人作出的宏观解读,你不能说它们不正确,但是由于高等教育学出身的人的理论性和宏观性,即便他们提出了解决方案,具体学科的人还需要运用他们的解决方案进行二次研究,将他们的理论运用到具体学科中才能形成最终的解决方案。这些研究中的一部分是出身于各学科的一线教师作出的经验性研究,你也不能说它们完全不正确,但是由于学科出身的老师关注的角度过于微观,缺乏理论指导,他们的解决方案不能上升到教育学的理论层面,这样的解决方案不仅不本质、不稳定,还不能迁移和复制,它们依旧需要从事教育学理论的人进行进一步的研究和理论深化。所以,尽管目前对我国棘手的教育问题有很多专题性研究,形成了很多研究"成果",但是如果我们深入这些研究"成果"内部,就会发现这些"成果"与真正解决中国高等教育的现实问题还存在一定的差距。

从某种意义上来说，中国教育研究是一座"富矿"（还记得这个词吗？在科研部分提及过），有很多问题有待发现和解决，还有很多貌似已经被解决的问题实际上还有待进一步研究（或者需要理论工作者升华，或者需要实践工作者实践应用），这就使中国的高等教育对于研究者（教学研究者）来说是一个特别值得研究也具有很大研究价值且问题丰富的领域。

可以说中国高等教育研究是一座"富矿"，而从事该领域研究的人却少得可怜。虽然在理论上，中国3013所高校的所有老师都在从事高等教育以及人才培养方面的教学研究，但实际上能够正确认识什么是教学研究、教学研究规律以及具备从事教育学研究的理论功底和实践经验的研究者非常少。虽然教育教学领域每年非常热闹，按照固定的节奏开展项目申报、成果奖申报、各种大赛、课程建设等活动，但是真正按照教育学理论规律参与这些活动的老师少之又少。

这是一个问题，同时也是一个机遇。一方面我们很遗憾中国的高等教育领域还有很多问题亟待解决；另一方面我们不得不承认这里面有很多机遇，只要一线教师能够掌握一定的教育学原理和技能，深入实践中踏踏实实地解决每一个问题，就能够很快脱颖而出。还记得我在之前提及的选题方向的四字要诀吗？——大、多、快、没！实际上，高等教育学领域有很多这样的研究方向，如果你在自己所在学科的科研领域中找不到这样的研究方向，不妨在教学领域找一找。我就是这样转型到教学领域且找到了一个很有延展性的研究方向。我从教学小白成长为在全国有一定名气的教学研究专家也就用了六年的时间，出版了将近10本著作。因为这个领域面临的问题都是普遍的，一旦你解决一个问题，你就会很快被全国的高校所知晓。从这个意义上来说，教学研究不仅是一条高校教师成长的路径，也是一条有广阔前景的发展路径。

NO.040 ▶ 教学研究鱼龙混杂
——有人踏实做事，有人装腔作势！

鉴于我们在上文已经指出，教学研究必须用教育学知识解决教育学问题，同时，在高等院校中，同时具备学科知识和教育学知识的人是很少的，所以，目前有一部分教学研究的知识成果的质量其实是值得商榷的。在我从事教学研究和在各大高校做讲座的过程中，经常有老师向我提问，自己看了很多文章，查找了很多相关文献，但是对问题还是一头雾水，看不明白。一方面，这可能是老师的个人原因造成的，如理解力较弱、理论基础单薄。另一方面，这可能是这些已经发表的期刊文章存在某种程度的错误和误导。本篇文章的写作目的就是分享一些标准来帮助一线老师识别哪些教学文章写得很好，哪些教学文章的观点是失之偏颇的；哪些人写的文章是可靠的，哪些人写的文章其实并没有太大的参考价值。从事教学研究的第一步，就是能帮助自己识别出有价值的文章，要能判断出自己正在阅读和参考的文章的好坏与价值。

首先，一篇好的文章（项目也是如此）必须落到教育学的范畴内，而不能游离在教育学的范畴外。是否落在教育学的范畴内，主要看它有没有教育学的立足点或者抓手！我们通过两点来分析这个问题：第一，我们经常能够看到某些教学文章写得比较宏观，里面的观点无非就是加大教育投入、树立正确观念、重视教学研究等类似的官话，这类文章属于政策解读类文章，并不是教学研究，更谈不上是教学成果，因为它们根本就没有落到教育学的范畴内。所以，从事教学研究的老师要把这种政策解读类、宏观的"文章"识别出来，这些文章存在的价值就是让你了解教学研究的宏观背景（有价值，但是价值仅局限在此），对于微观操作没有太大的指导意义。但是很不幸，中国有大量的教学文章都属于这个范畴。造成这种现象的原因有很多种，其一是我们上文所提及的，很多老师不明白什么是教学研究，也不懂得用教育学的知识去解决教育学的问题，以至于对很多教育问题的描述，只能停留在对政策、宏观理念的解读上。其二是很多老师也许明白教学研究需要拥有教育学的知识，但是教育学的知识对于非高等教育学出身的老师们来说是一门新的知识，需要从头开始学。又有多少人能够沉下心踏踏实实地把教育学的相关理论学好和掌握好呢？其三是不排除目前在教学研究的范畴内比较流行这种宏大叙事的文风。但无论如何，这种文章对于微观操作不具有指导性（宏大的文章比较好写，东写两句、西写两句，字数就够了）。第二，不能否认有一些作者想把教学文章写成教育学的文章，只不过在后来写作的过程中没有很好地落实这个初衷，那么我们如何辨别这类文章呢？此时的判断标准就是一篇教学文章有没有正确的教育学立足点，也就是我们上文所说的抓手。教育学是有其基本范畴的，如我们耳熟能详的专业建设、专业设置、专业培养目标、课程建设、课程体系、课程设置、学科交叉、人才培养、培养模式、培养目标、教学目标、课程目标、教学模式、教学方法、教学设计……一篇良好的教学研究文章一定是落到我上述提及、让我们耳熟能详的一些教学核心范畴中和词汇上，否则就是没有落到教育学的范畴中。以上提供两点判断标准，来帮助我们的老师识别什么是一篇真正的教学文章。

其次，一篇好的教学文章的立足点必须准确。我们在上文仅仅指出了一篇合格的教学文章必须落到教育学的范畴里，此处想要说明的是，这篇文章的立足点也就是教育学抓手必须准确。这是因为，高等教育是一个非常丰富、立体的结构体（表1），在这个结构体中，上到校长、中到教务处处长、教学副院长，下到教研部主任和一线教师，他们接触的教育层面是不一样的，所使用的词汇也是不一样的。我在《认清自己在高校中的地位——孩子、媳妇、宠物，然后我！》这篇文章中已经指出，一线教师是最微观的教育主体，只能在自己工作的范畴中对高等教育作出贡献。换句话说，你不要动了别人的奶酪。

我在评审教学项目的时候，经常看到一线教师申报的教改课题中出现"专业人才培养模式""人才队伍建设"等字眼，我们结合表1就能发现，人才培养、人才队伍建设都是副院长以上的人才能接触到的教育层面，作为一线教师对"专业人才培养模式"作出的贡献只能是自己手中的课以及该门课怎么上；一线教师也接触不到"人才队伍"这么大的词汇，一线教

表1 高等教育与一线教师关系梳理

	高等教育	
不同层面（主体）	主要职能	
高校（宏观） ——校长	科学研究（科研）	人才培养（教学）
管理层（中观） ——中层管理干部 及院长、副院长等	学科、学科建设、学科定位与发展、科研管理、研究生培养、平台建设、学术组织、学术交流、问题意识、研究方法、科学精神、话语体系、思想体系、理论体系、学术自主、理论自信、项目申报、论文撰写、产研结合、服务社会	专业设置、专业结构、课程体系、培养方案、师资队伍、教学改革、教学管理、招生、就业、评价、资源建设、课程、教学过程、方法、服务社会
一线教师（微观） ——你	某一学科（二级、三级）研究方向	某一门课怎么上好
	提出问题—分析问题—解决问题	课程建设和教学改革
	知识生产	知识传授

师手里只有"自己"一个"人才"可以建设。写这篇文章是想说明，高等教育体系内部有着丰富且严格划分的体系，一线教师只能在自己所处层面开展教学研究工作。

回到本文探讨的教学文章上，判断一篇文章是否是好的教学文章还要看作者是否准确地在自己所属的教学层面开展研究，而不是跑到别人的（通常是宏观的）教学层面去探讨问题。如果你发现有一篇文章明明出自普通一线教师之手，它却总是在很中观、宏观的层面探讨问题，那么这篇文章的价值通常不高。

如果一篇教学文章符合以上两条判断标准，那么基本上应该有一定的可读性，我们就可以展开阅读。在阅读的过程中还要进一步注意作者是否提出了教育学问题，是否使用了教育学理论进行分析，由前提是否能推出结论等，这些与我在《教学研究的特征——很重要但很多人不明白！》一文中强调的教学研究的特征也是符合的。以上就是检验的标准，希望一线教师能擦亮双眼，毕竟识别出优秀的教研文章是开展教学研究的第一步。同时，以上标准也可以用来衡量教师自己的教学研究（文章或项目）是否达标，是否符合教育学的要求。

NO.041 教务管理部门的很多活动都是建立在教学研究基础上的
——看透本质才能更好地为我所用

写这篇文章还是为了告诉大家教学研究的重要性，这也可以从相关的教务管理部门活动的底层基础观察到。通常从事教务管理的部门有教务处，还有教师教学发展中心，它们的工作除了日常的教务管理，就是开展一些以教学研究为基础的活动。比如教务处，一般普通教师在教务处可以申请到三类项目，分别是课程建设项目、教材建设项目和教学改革项目，这三类项目一方面契合了上文提及的一线教师最主要的工作就是手中的这门课怎么建设以及怎么上，课程建设就涉及上文的课程建设项目，课怎么上就涉及教学改革项目，而教材从宏观上看属于课程内容，是课程建设的一部分。另一方面，这三类项目的底层原理都是教学研究，所以一线教师要深刻地认识到，从事教学就必须从事教学研究，不进行教学研究是没有前途的。

我们再看一下教发中心，这个机构的主要职能是培训老师，目的是提升老师的教学能力，在全国的高校中，它的机构设置各有不同。有的把它放在教务处，因为它与教学相关；有的把它挂靠在人事处，因为它有人事管理的职能；还有的把它放在组织部和党委教师工作部。总之，机构设置存在很大的不同。还有的学校把它独立出来，单独设一个部门，这样的教发中心在发展上可能比较独立和自由，有空间去建设一个完整的关于教师发展的体系和制度，这是它的优点。但是独立的教发中心也有缺点，因为教发中心本身是一个比较弱势和边缘化的部门（也就是手中不太掌握实权，主要是为老师服务），脱离了教务处、人事处或者组织部等一些强势的部门，其活动的开展有时候也不太顺利。学校的各个部门和机构，它们的地位、作用和在老师心目中的位置是不一样的。教发中心虽然事关教学和教师的教学能力提升，但是不好意思，懂的都懂，它在整个高校行政管理体系中就是一个比较弱势的部门。有时候把学校各个部门的结构、状态弄清楚也是有利于自己发展的。后面会专门说一些跟教师有关的行政管理机构的情况，在这里就不多做介绍了。

从最完整和体系化的角度来看，教发中心的工作主要有六项：组织、制度、培训、咨询、研究、资源建设。其中，培训、咨询、研究和资源建设都建立在教学研究的基础上。培训必须以教学研究为基础，帮助老师提升理论素养和在实践中发现问题、解决问题的能力。教发中心还有咨询的功能，这部分主要是解决老师在教学、自身发展中存在的一些困惑，也要依托教学研究作出专业的解答。研究主要是指教师发展研究，也是教学研究的一部分，这部分光从字面就能看出它的底层本质，很多教发中心也会开展项目申报工作，但项目都与教师教学能力提升有关。最后是资源建设，教发中心会将一些好的课程、好的讲座和培训制作成数字化的资源放在网上重复利用，资源建设不能什么资源都建设，还是要将那些有理论基础、代表一定的研究成果、形成一定辐射效应的资源建设起来。

此外，有些高校有研究生院，这也是一个类似教务处的教学管理部门。随着近几年国内高校研究生扩招，研究生院的规模和功能也在逐渐地扩大与增加，研究生院对教学的管理和对教学研究的支持与教务处类似，在这里就不过多地介绍了。有一点需要提示大家，研究生院和教务处针对的受众也就是学生是不同的。研究生院主要针对的是研究生的培养，教务处主要针对的是本科生的培养。研究生的培养属于学科建设范畴，本科生的培养属于专业建设范畴。学科和专业这两个概念非常重要，但是又会经常被混淆。普通的一线教师甚至也分不清两者之间的关系，后续我会详细讲解二者的区别，同时阐明它们在人才培养中所处的不同地位。

我们从事教学研究，要多关注以上教学管理部门的日常管理信息，要借助上述部门的平台资源去发展自己的教学能力，还记得那句话吗，好风凭借力，还是要把自己放在环境中考虑问题，多利用这些资源——君子善假于物。

NO.042 绝大多数人在解决职称问题之前走不上教学的康庄大道

我在之前已经提及科研是分生存期和发展期的，在没有解决职称问题（生存期）之前，没法谈发展问题。对于绝大多数高校以及在高校中生存的老师来说，教学恐怕是一条"发展"的道路，即教学能不能发展出来还取决于你的职称问题有没有解决。

涉及职称又必须老话重谈，在职称评聘和晋级的道路上，对于大多数高校而言，科研还是最重要的。排名越靠前、名气越大的学校越是如此，它们在职称评聘的指标体系中，赋予了科研绝对的权重。这种情况在办学规模小、名气不那么大的高校中可能会有所缓解，因为这些高校本身的科研实力并不怎么强，强迫老师非得在科研上作出成就也不现实，所以它们在职称评聘的指标体系中，除了科研，还会给教学留有一定权重的指标。但无论如何，科研都是必需的。随着近些年对教学的越发重视、教学活动的增多（比如教学创新大赛），很多学校也把一些教学的荣誉、成果纳入职称评聘的体系中。甚至有的学校因为教师在全国性的教学大赛中获奖而直接帮其解决职称问题。但各所高校的做法是不一样的，同时这也从侧面反映了教学这条赛道目前有很多制度和支撑体系没有建立健全。

认识到这个问题，一线教师就应该知道在生存期解决职称问题应该怎么做，不管怎样，教师都应该深入地考察本校职称评聘的条件，努力解决自己的职称问题。而在这些条件中，无论如何都避免不了科研，无论是名气大还是名气小、办学规模大还是办学规模小的高校都是如此。一句话，以中国目前的教学和科研的位置来看，对于绝大多数高校来说，教学解决不了生存期的问题。尽管有些高校能解决这个问题（这个后面专门说），但这个制度并没有形成规模，也没有常态化。

回到本文想要探讨的问题,尽管在很多高校,教学是没有办法帮助老师解决职称问题的,但很奇怪的是,每所学校的教发中心都有一波非常热心、"喜爱"教学的老师聚集在一起。这些人有着共同的特性,他们也许是真的喜欢教学,但更主要的是教发中心的工作其实能够给老师提供一定的展示舞台,比如参与教学活动、参加教学培训,有时候这些老师还能作为培训专家被邀请为全校教师做教学展示。总之,一旦某位老师在教学上有一点点积累、做出一点点成绩(注意,成绩和成果是不一样的),教发中心会提供给他展示的舞台。很快,人们就能知道这位老师的教学(多为教学实践)做得还可以,这在某种程度上可以给老师带来一定的成就感和满足感。但是,过早地参与这些展示性工作对一线教师而言是一把双刃剑,有时候弊大于利。

可以肯定的是,年轻教师(注意我的措辞)如果忙于科研,是没有太多的空闲时间从事一些教师发展工作的,也就是没有时间到教务处和教发中心参与活动。那些积极参与这两个部门活动的老师,要么是职称问题已经解决,很明确自己未来的发展思路就是教学赛道;要么就是职称问题没有解决,自己在科研上遇到了瓶颈,而教学给了他一个展示性的舞台,能够暂时抚慰他受挫的心灵。

我在这里要澄清两点误解:一个是关于教学参与度的,一个是关于人性的。上文的核心观点是,一线教师在解决职称问题之前走不通教学发展这条路,也就是教学只能给发展期的教师提供一条思路。这部分的探讨都是在自我实现方面展开的,不是说老师不从事日常的、本学科的教学活动,还请读者不要误解。学科教学对于老师来讲是必不可少、不能回避的,也是老师的基本职责。我在本文中所说的"教学"更多地是指老师们的教学规划和教学发展的路径,核心意思是指如果没有评上职称,不要考虑教学这条与发展有关的赛道,因为走不出来,并不是说老师们在生存期连课都不要上了,就一门心思搞科研。在生存期搞科研是重要的,可以把大部分精力放在这上面,但是上课也是必需的,学习怎么上好课也是必需的。本文的意思是提示大家在生存期不要忘了自己的主要任务,合理安排自己的时间和精力,并将它们分配在不同的事物上。以上是关于第一点的澄清,我们接下来看第二点——人性。人都是慕强的,而且人都是活在自己的优越感里的。很多教师在科研方面受挫之后,就逐渐对科研失去了兴趣，忘却了科研在自己生存期中的决定性作用，将主要的精力放在了教学发展上（注意结合上文正确理解我这里说的教学发展是指将教学作为自我实现的路径，而不是日常的上课教学活动），沉迷在各种教学展示带来的成就感和满足感中，这部分能够抵消其在科研道路上遇挫而产生的低迷情绪。但这种做法是不理性的，某种意义上，教学这条赛道给教授带来的好处要比副教授和讲师多很多。而且各部门在培养教学新秀、教学名师时也主要关注高级职称的老师，这一点不会明说，但实际操作是这样。因为我们学校推荐出去的教学名师、教学新秀会在省级或者更大的范围，跟其他高校推荐的人选进行比赛，这时候如果别的高校推荐的都是正高级别的老师，而只有本校推荐的是副高级别的老师，那这位副高级老师很容易就被比下去。

由于多种原因，还有很多细节是没有办法详细披露的。总之，从目前的高校调控机制（也有人把它称为指挥棒）来看，教学发展这条赛道更适合那些已评上高级职称的老师。所以，还是建议一线教师在生存期尽量解决自己的职称问题，然后在发展期，如果有可能（也是经过理性选择的），可以将教学作为一条赛道重度参与。以上分析与一线教师的正常授课等常规教学活动不矛盾、不冲突，请正确理解。

之所以要把上述内容写下来，原因是我在教发中心工作的时候，发现很多年轻教师愿意参与教发中心的活动，这是一件非常好的事情。但是我同时发现，他们不仅愿意参与活动，还有点儿深度沉迷，这就有必要对他们进行适当的提醒。在高校中，每位教师发展的阶段是不一样的，对教学的需求、对教学投入的时间和精力是需要进行平衡与控制的。只有理性地分析、冷静地决策，才能给自己规划一个过程有序、结果可控的未来。作为教发工作人员、作为一个在全国略有名气的教师培训师、作为一个从学科中走出来以教学为主要发展道路的法学教师，我不仅会提示青年教师注意教学和科研的平衡（如上文所描述的那样），还会对某些具备转型条件却迟迟不愿意从教学实践转型到教学研究道路上的老师进行提醒，他们如果不转型到教学研究，自己的教学之路就会越走越窄。以我对于教师发展的理解（很负责任地说），教学是一回事，科研是另一回事；日常的教学工作是一回事，以教学为发展期的自我实现路径是另一回事；教学实践是一回事，教学研究是另一回事。一线教师只有把上述所有的工作都处理和协调好，分清楚哪些工作是每天都要做的、哪些工作是要在某个阶段着力做的，结果才能符合预期。我们的目标是自我实现，但只有过程清晰才能实现这个目标。一线教师只有在节奏和比重都控制好的情况下，才会有一份思路清晰的职业规划。这也符合主要矛盾和次要矛盾、矛盾的主要方面和次要方面原理，不是吗？

NO.043 工作≠成绩，成绩≠成果
——不要用低级的努力感动自己！

我们先来交代工作、成绩、成果这三个概念之间的区别，然后再解释一下为什么要写这篇文章。工作是指我们每天所从事的具体活动，也可以被称为工作日常。成绩是日常工作的统计分析、汇总或者总结。成果是经过一段时间工作所产生的具有创新性的工作业绩或者成绩，它的重要表现是解决了一个问题、具有普适性、可以被借鉴，同时具有一定的业内影响力。在这三个概念中，日常工作是基础，它是成绩和成果的基础。成绩是建立在日常工作基础之上的，更多的是一种工作的总结，只不过是它对日常工作进行了分类统计和整理，但成绩具有积极性。成果建立在日常工作和成绩的基础之上，它表明我们的工作取得了一个令人满意的创新性结果。如果成果是一个果实的话，则成绩就是结出这个果实之前的花朵，日常工作就是这株植物本身。这个比喻也许不太贴切，请读者朋友结合自己的理解再脑补一下。

我为什么要写这篇文章呢？我发现身边的很多老师会把这几个概念弄混淆，他们每天很辛苦，也很勤奋，每天都有很多工作要做，但是每天的工作会不会产生成绩、工作的成绩最后是否会导向一个创新性的成果，这个是值得商榷的。一个有头脑的教育工作者或者一线教师，他每天的日常工作绝对不会是没有构思、随意开展的。以我个人为例，我的教学研究方向是批判性思维及其场景化，具体的场景分为两个：针对教师和针对学生。针对教师，我会用批判性思维帮其解决课程思政、新文科建设、项目申报以及手中正在撰写的教师职业生涯规划等问题；针对学生，我会用批判性思维帮其解决写作、思维培养问题。以上是我的工作目标，我目前的工作载体主要是书籍的撰写，我每年至少要写两本书，这就将我职业生涯的总体规划落实到每年的工作计划中了。每年为了完成这两本书的写作目标，

我还需要把这两本书的构思、写作、校对、出版、宣发等工作落实在每天的工作日常中。所以你看，我们每天要做的工作实质上是我们每年工作计划的一个部分，而我们每年要做的工作实际上是我们终身目标（或者往小里说是阶段性目标）的一个部分。每个一线教师的日常工作会不会经由工作成绩导向一个工作成果，取决于这个教师有没有宏观思考和架构，以及是否能在宏观目标的导向下，确定每日的工作内容和节奏，如果答案是肯定的，那么这就是一个正确的工作思路。

由于工作关系我会接触大量老师，他们每天都很忙，也很积极和努力，但如果你问他们是否有一个长远的规划，他们说得并不清楚，甚至直接告诉你没有。本来没有长远的打算和规划也无所谓，但是我们还是要回到人性最基本的需求上去考虑问题，人都是慕强的，人都是活在自己的优越感里的。当他努力了一段时间，也就是他日复一日辛苦地工作了一段时间之后，却发现没有实现自己预期的目标，他就开始困惑和纠结，甚至心生怨怼。他遇到我的时候会跟我抱怨——明明自己已经足够努力了，为什么还没有取得自己想要的结果，自己还是寂寂无闻，感到前途渺茫、事业受挫。

这种情况多半与我上文所说的混淆了工作、成绩和成果之间的关系有关。我在讲座中经常会说——高校教师是一项必须带脑进场的工作，它并不是一项纯粹事务性的工作，你必须思考你未来要成长为一个什么样子，然后从未来的深度看现在，合理安排每一天的工作。如果你不能做到，你就很难保证你每天的工作最终会通向你未来预期的结果。有时候，每天勤奋辛苦地工作会麻痹自己，让自己以为自己很努力，努力的人就应当得到回报，但真相不是这样的。真相是每天辛苦地工作可能是对深度思考和日拱一卒的逃避，只是一种低级的努力，只能感动自己，让自己过好当下的每一天，但是从更长远的角度来看这没什么意义。所以，我提示青年教师，做好职业生涯规划，尽可能从未来的深度来规划现在。这倒不是说青年教师一下子就要看到最终的结果，但可以尽可能地看远一点，可以阶段性地规划，一点一点地探索，然后拼出自己的人生版图。

NO.044 要不要参加各类教学大赛
——在大赛过剩的年代，教师是稀缺的！

不得不说，最近几年各种类型的教学大赛层出不穷，而且举办的周期密度特别大，有的比赛原本两年一次，现在调整到了一年一次。除了全国性的比赛，还有区域性的、专业性的比赛。总之，你去任何一个教发中心，它都会给你拿出一张长长的比赛单子，这些还都是官方认可、有一定知名度的比赛；还有一些新冒出来、暂时没有得到官方认可，也没有什么知名度的比赛（但是所有比赛都是追求知名度的，这些暂时没有知名度的比赛，通常都是由比较有影响力的地区或行业高校组织的，也许只是在最开始没有什么知名度）。无论比赛有多少、花样有多丰富，有一点是不会变的，即所有的比赛都需要一线教师参与才能成功举办。因为我在教发中心工作的同时也是二级学院的教师，每天学院群里会发布许多比赛的信息，而且每年都会一轮一轮地举行。从某种意义上讲，教师参加比赛的压力是挺大的。这一方面是由于比赛项目多，有意愿且有能力参与比赛的老师数量较少；另一方面是由于现在的比赛不仅赛程长、规则复杂，备赛压力也很大。

以我所在的学校和学院为例，教师大赛的开展还是有一些难度的。对于一所在全国排名靠前的综合性大学来说，虽然教师的数量众多，但是绝大多数老师都在从事科学研究，虽然也在正常上课，但是分出精力来准备比赛是很多老师都难以顾及的。比如我们学院，它的学科排名全国靠前，科研压力巨大，老师们是没空参加比赛的，这时候就需要指派固定人员参加。当然也不是所有学院的情况都是这样的，也存在那些常规上就对教学有很大"热情"的学院，比如艺术学院、体育学院以及各大公共教学中心（公共数学教学中心、公共物理教学中心、公共化学教学中心等），这些学院的老师本身在科研上就受到很大的限制（本质是教学赛道比科研更好走一些），所以他们参加教学大赛的热情要高一些。

本文要探讨的是高校教师是否要参加教学大赛，我的观点是要结合大赛和自身的情况慎重决定。

首先，我们来看一下大赛的情况。如上文所述，现在国内各种类型的教学大赛种类繁多，在我们行业内部有一个笑谈，如果你想参加比赛，你可以一年都在参加比赛的过程中。参赛的教师要对自己所参加比赛的性质、重要程度作出评估，当然，这也与你所在的学校有关。有些比赛是全国性的，比如青年教师教学大赛（俗称青教赛）、全国高校教师教学创新大赛（俗称教创赛），这两个是全国范围的比赛，在高校中占有非常重要的地位。这两个比赛也是所有高校都认可的比赛，所谓所有高校认可，是指比赛成绩被所有高校接受，至于比赛成绩能带来什么，每所高校可能不一样。越是排名不太靠前的高校，越看重这个比赛结果，所以我说要结合你所在学校的情况综合判断。还有一些区域性和行业性院校的教学比赛，比如财经类高校的内部教学比赛、医学院校的内部教学比赛等，这些比赛要结合每所学校的认定情况才可以判断出它们的地位以及是否值得投入精力参加。总之，在一个比赛过剩的年代，教师的时间和精力是稀缺的，要参加就参加那些权威、结果反馈好、给自己带来的收益大的比赛，通常这种比赛也更正规。关于比赛是否正规这个问题，体现在赛事的组织和赛事的评委上，我之后专门写一篇文章聊。

其次，是否参加大赛还要考虑教师自身的发展阶段，我在《教师教学发展的四个阶段——有一个重要转型期！》这篇文章中指出教师教学有四个发展阶段，在新入职教师和青年教师阶段鼓励教师参加带有教学基本功性质的教学大赛（如青教赛），在中年教师阶段鼓励其参加带有教学研究性质的教学大赛（如教创赛）。但是对于已经转型成功的中年教师和教学研究型教师而言，无论如何，教学大赛都不是其主要的工作内容。以我为例，我的主要工作是教学研究，我每天的写作任务非常繁重，在我的职业生涯规划中著书立说是我的最主要工作，我很难分出精力去参加比赛，尽管有很多领导和同事认为我是一个比赛型选手。不愿意参加比赛的另一个原因是我的学科（我所教授的课程）不方便展示，里面包含很复杂的国际关系和国际局势。这也是参加比赛需要考虑的一个问题，你的学科和你选择的教学片段都是很有讲究的，这个我日后也会专门写文章聊。需要提示的一点是，没有团队、课程或者教学研究成果的教师尽量不要参加教创赛，这个比赛对老师的教学研究及其成果要求比较高，没有的话会很吃亏，可以积累几年再参加。

最后，以什么样的态度参加比赛也是值得一提的。对于参加比赛的态度，我是这样看的，这也是我在赛前动员会上经常讲的一句话——要么就不参加，要参加就全力以赴。只有这两种决断的态度对个人来讲是最理性也是受益最大的。很多老师要参加，但是在过程中又没有尽到全力，结果就是没有拿到自己想要的结果，然后还一样花时间走完赛事的整个周期，这个周期有时候是非常长的，很牵扯精力和耽误别的事情，这些都是时间成本。

此外，没有必要反复参加大赛，我身边有一位老师，可能是参加大赛能够带来成就感，频繁参加各种大赛，这个其实没必要，有一个顶级赛事的成绩就可以了，大赛只是诸多教学赛道中的一个，且不是最重要的一个（甚至从知识创新角度来看，是排名最后的一个）。参加一次，知道大赛是怎么回事就可以了，没必要反复参加，更没必要受到别人的忽悠参加。总之，一切要有自己的判断，还要留出精力做其他重要的事情。

当你在大赛中获得比较理想的名次的时候，你也要理性看待这个荣誉。这是一项荣誉没错，但这个名誉的分量一般。为什么？全国大赛种类特别多，如果你仔细看下去，但凡参与过大赛的老师都能在各类大赛中混个名次，只不过大赛有所不同。即便是全国性赛事，也因为一年一届导致有成绩的人特别多。而且正如上文所说的，大赛的荣誉很重要，但是没那么重要，本身不能产出太像样的知识成果，而且现在的大赛有时候也处在慢慢探索、慢慢成熟的过程中，很多时候比赛从专业的角度来看并不规范，导致很多人虽然获得了名次，但是从教育学角度仔细推敲，很多东西立不住。大赛的赛事规则还需要不断完善，大赛的评委有时候还不够专业，对评价指标的理解还存有分歧，这些都是制约大赛的因素。很多选手获得了大赛的名次，其实这不能代表其真正的水平（这里指教学研究水平）有多高，对这一点要有清晰的认识，教师还是需要做一些更实际的工作。

如果你在大赛中获了奖，尤其是国奖，这时候可能会有很多培训机构邀请你做报告和课程演示。这是一件好事，标志着你有了可以跟别人分享的知识成果。但是，我的建议是能不接受中介培训机构的邀请就不接受，因为它们是纯粹的商业机构。如果有大学邀请，还是可以考虑的。更主要的是，出去做讲座就要对自己的内容负责，要不断打磨自己的内容，很多时候，教师也是靠口碑活着的。如果你的内容还有很多不足（即便获得了大赛的成绩），那么很容易在分享的时候暴露出来，这样就给了别人评头论足（主要是负面评价）的机会。总之，教师还是要把主要精力放在自己的能力提升上，不能舍本逐末。大赛对于高校教师的业务组成和能力组成而言，只是一个可有可无，即使有也不十分重要的因素。我们要理性看待大赛，更要理性看待自己在大赛中获得的成绩，这距离真正的"知识生产"还差很多。

以上只是从非常粗浅的层面上帮老师分析是否要参加教学大赛，实际上教学大赛有很多细节和准备工作，为此我还专门写了一本书——《教学创新大赛备赛手册》，这本已经出版，感兴趣的老师可以关注。

NO.045 各类教学研究活动都有周期
——层次和节奏很重要

之前提及教学研究的载体有很多,有教研项目、教改课题、各类大赛、专著撰写、论文发表、成果奖申报以及教材建设等。今天想要讨论的内容是,这些教学研究活动都是有周期的,一线教师如果从事相关的研究,最好踩上相应的节奏。同时,这些活动基本上是有层次的,选对层次也很重要。

我们先说层次,教学有一个很友好的点(我之前提过),它其实是有套路的,不仅是因为教学研究和教学实践的关系,也不仅是因为教学研究的载体很清晰——主要就是上文所说的项目、课程、专著、教材、论文、成果等,还因为这些载体的层次很清楚,基本是从校级到省级再到国家级。以项目为例,可以申请校级项目,好一点的可以由校级推荐到省级。但是国家级一般一年一次,由国家教育规划办公室统一发布立项公告。教材也是如此,先是校级建设教材,然后推荐为省级重点教材,最后可以推荐为国家级重点教材。成果、课程也是一样,层次很明显,允许教师一层一层地闯关。

我们再说周期,教学项目(校级和省级)一般是两年立项一次,国家级每年一次。教材分两种进路:一是"十三五""十四五"规划教材,它的节奏从名称上就能看出来。二是专项教材,如四新教材建设,这就要看教育部建设的节奏了。教学成果奖的建设是四年一个周期。课程建设的周期是这样的,其取决于是哪一种课程建设,基本上相关主管部门的领导换一批,课程建设的名称就会换一批,比如之前建设过智慧课程,现在正在建设的是一流课程、金课。无论课程建设的名头是什么,本质上都是课程建设,使用的都是课程设计原理。对于一线教师而言,差别就是你赶上了哪一任领导、建设的课程名头是什么,本质并没有太大的不同。有很多老师会感叹，早几年的×××课程建设没有赶上，很遗憾！没有什么可遗憾的，还会有别的课程建设的潮流推进，都一样。用一句话概括就是，铁打的课程建设，流水的名头和领导。教改项目的底层原理就是围绕教学设计的环节进行改革，虽然2023年的教学改革涉及许多细分的领域——课程思政、教学模式、新文科……但本质上都脱离不开教学设计原理。

综上，对于一线教师而言，不仅要知道教学研究比教学实践重要很多，如果决定了走教学赛道，就必须开启教学研究之路，同时还要知道每个教学研究的载体或者具体的活动都有各自的层次和节奏。尽量踩住这些节奏，否则像教学成果奖，这一届错过，下一届就得再等四年。教学项目一般是两年，盘算好时间和周期。但也别过分强求，努力就好，结果只能顺其自然。

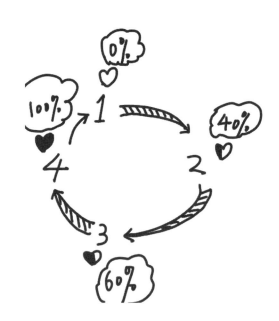

NO.046 各类教学研究载体的难度分析
——教学大赛门槛低，教学成果门槛高，教研论文难发表，教研课题难结项！

之前提及教学研究对于教师的教学发展是非常重要的，它有几个载体，如教学大赛、教研论文、教学专著、教研项目以及教学成果，今天我们来说一下这几个载体的难易程度。需要注意的是，以上教学研究载体都是有层次的，即校级、省级、国家级，随着层次的提高，难度也在增加，所以本文的比较只是一种粗略的比较，教师还要结合自己所在学校的办学层次和自己手中工作所努力的层次综合分析。

教学大赛的门槛很低，基本上你想参与就参与，尤其是目前大赛种类繁多，每年都举办，导致老师这一资源其实是不够用的。但是也要看到内部结构性失衡，比如我们这边的医学院就"卷"教学大赛"卷"得很厉害。为什么呢？因为医学院的老师有三份工作需要完成——临床、教学和科研，而且医学院的老师数量庞大，每个医学院都有大几千人，甚至上万人。这些人临床是必须做的，都必须出门诊看病。教学和科研是支撑临床的基础，本来的科研是"根正苗红"的，但是科研太难做了，再加上这几年医学科研不规范的情况频繁出现，弄得临床医生也有一部分关注到了教学这条发展路径。一方面教学口子宽、名额多、名目繁多；另一方面教学的机会多，教学上的荣誉反馈到自己的临床上也是一样的，毕竟病人看病主要是看你是不是专家，至于这个专家是基于科研还是基于教学，病人是不关注的。当然，这只是一种特殊情况，更为普遍的是，在普通的容量不大的小学院，参赛老师都很难选。所以，参加教学大赛门槛并不高，难的是你需要持续付出时间和精力，而且比赛越往上越难。教学大赛还有一个问题就是很多比赛都是最近几年出现的，大赛的规则、评委都不太正规，处于不断完善的过程中（举办年份很多的大赛还是很完善的）。这些大赛的评价结果有时候也不太客观,对于教学大赛的难易程度以及评价标准,大家还是要做到心中有数。

教学文章是很难发表的,现在什么文章都难发表,这是由整体的大环境决定的。全国有将近190万高校教师,几乎所有的高校都要求教师发表文章,并且把文章发表看成一个非常重要的指标。这种情况就决定了全国的高校教师都在"卷"这几本教学期刊,竞争的激烈程度可想而知。级别越高的期刊,文章越难发表。在这里指出发表教学文章很难,并不是想劝老师打退堂鼓,而是希望老师对这项工作的难度做到心中有数,迎难而上。

教学专著的情况就比较复杂,首先能撰写教学专著的人都是比较厉害的(排除那些很"水"、不是正儿八经写作的),一本专著的体量是很大的,能写完就代表作者在某个方面的认知已经体系化和具有相对的完整性,否则是没有办法写成一本书的。书籍撰写完毕之后,就涉及出版。这时候出版社的选择就成为一个关键性的因素,越好的出版社,出版的要求就越高,当然如果你能在这类出版社出版你的专著本身就意味着你的图书质量是有保障的。这是思考这个问题的最严肃的角度,还有思考这个问题的不严肃的角度。出版社的运营其实有两条思路:一条是市场思路,一条是非市场思路。所谓市场思路,是指作者写作的书籍本身是有一定市场基础的,预计销量是可以保障成本支出平衡的。这种情况下,出版社很愿意给作者出书,非但不会向作者收取相关的费用,反而会跟作者进行版税的分成。当然这对作者的知名度、待出版作品的质量和市场接受度要求都很高。所谓非市场思路,是指作者写作的书籍没有太强的市场基础,能够预见到销量不会太高,甚至没有销量,没有办法折抵出版成本,这时候出版社倾向于不出书或者由作者(及其所在学校)提供出版资助之后才能出书。这也是没有办法的事情,出版社也要正常运行,正常运行就会产生费用。如果一本著作的销量带来的收益没有办法抵扣其出版带来的成本,就会给出版社带来沉重的运营负担。不同的出版社这两条运营思路所占的比重是不一样的,也正是由于非市场思路的存在,一些质量不是特别好、没有太大学术价值的图书获得了出版。所以对于教学专著出版这个部分而言,我只能说正儿八经地写出一本具有市场影响力、行业认知度和接受度的专著要求很高,其余的著作可能就不然,甚至存在很大的问题。判断的标准也很简单，就是看有没有市场销量和行业接受度。前者可以通过查询各大网络书商的销售数据获知，这都是公开的；后者可以向行业内部的人打听是否知晓这本书，这样也可以大致判断。

在教学项目这个领域，校级的教学项目还是比较好争取的，也比较好结项。但是到了省级，无论是立项还是结项都有较高的要求，老师们也应该做好心理准备。有很多老师项目是立上了，但是由于结项要求出版专著或者在权威期刊上发表论文，那么结项就会困难，要么延期，要么终止项目。

教材的建设也不轻松，甚至在某种意义上是对人要求最高的。能够撰写本学科某项课程教材的都是对这个学科或者这门课程有最综合、最完备体验的教师。它不仅要求老师有多年的教学从业经验，还要求老师对课程内容有全面、深入的把握。我们平时所使用的教材都是行业内的大佬撰写的，从这一点你就可以看出什么样的人能够撰写教材。当然，这也是从最严肃的角度去分析教材撰写这件事情。也有很多人撰写的教材没有那么严肃，出版社和社会认知度、行业接受度都不太好。

教学成果奖是所有教学研究载体中最难获得的，不仅因为它是建立在其他教学研究载体的基础之上的，也就是说你要想参评教学成果奖必须有项目、论文、教学专著或者教材，还因为它有一定的数量要求。所以，四年才组织一次。同样，校级教学成果奖相对容易获得，到了省级和国家级，竞争就比较激烈。教学成果奖本身分为特等奖和一、二、三等奖，难度也不一样。

以上只是对教学研究的各项载体和活动进行的简单与粗略介绍，希望能对老师们有所帮助。从上述介绍也能看出，教学这条路，尤其教学研究是非常难的。总之，想要成名成家、出人头地都是很难的。

NO.047 ▶ 教学也能评教授了
——浅谈一下教学职称评聘！

在中国，教授更多时候是一个考核"科研"能力的职称，用来表征一个人的科研水平。但是考虑到教师对教授"职称"的需求是庞大的，教授职称的指标其实是稀缺的，而且有些学校、有些专业、有些机构在科研上根本就没有什么竞争力，在这些单位就职的教师评教授职称是很困难的。以我们学校为例，有很多公共教学中心的老师，他们的主要日常工作就是教学实践（也有少部分人认识到了教学研究的重要性），他们承担着全校的公共课教学任务，科研并不是他们的主要工作，这部分人在职称评聘的过程中处于极其恶劣的形势之中。还有很多学校，科研实力很弱，鉴于国家设立这类学校的初衷并非期望其成为科研重地，而是为了实现人才分类培养，其核心任务在于教学。那么，这些学校的教师想要获得教授职称就非常困难。

考虑到上述提及的困难和潜在的巨大需求，也考虑到人才培养主要依托的是教学活动，而且人才培养是各类型、各层次大学最重要的职能，最近几年，通过教学渠道评聘教授引发了越来越多的关注，还有些学校将教学教授放入职称评聘的通道之中，这被称为特殊渠道评聘教授。这里需要对一个容易混淆的概念进行区分，以我们学校为例，教师分为三种类别：教学为主、教学科研并重以及科研为主。在正常的渠道中，这三类教师都可以评聘教授。虽然这三类教师评聘教授的条件都有教学和科研两项（最基础的），但是在这里，教学就是一个入门门槛，达到指标即可，还是以科研为主。科研指标要求得非常细，有项目、论文等。这是正常渠道评聘教授。本文所要阐释的是在这个正常评聘教授渠道之外的特殊渠道，就是专门为从事教学的老师（主要是教学岗的老师）开辟的教学型教授评聘的特殊渠道。也就是说，教学型教授有了正常渠道和特殊渠道两个评聘的通道。这只是我们和一些学校的情况,还有很多学校也有类似规定,但具体名称和操作不一样。总之,教学型教授现在开始逐步露出水面。但不得不承认,这个渠道现在还在探索之中,很多高校的分配指标、权重都不一样。有的小学校(排名靠后或者没什么名气),因为本校老师在国赛中获奖就直接晋了教授职称,这也是我在业内听说过的。但是在大学校(排名靠前或者有一定名气),无论如何都不可能单凭大赛获奖就评教授。这个制度还在探索和形成期,不是所有的学校都有,也不是所有的学校操作都一样。

但有一点是可能的,教学型教授评价的是教学研究不是教学实践,这不仅因为教学实践和教学研究在地位上有区别,还因为教学实践没办法进行客观考核,教学研究的载体则十分丰富且有完备的社会评价支撑体系。所以,奉劝各位谋划教学型教授评聘的老师,还要多翻翻我之前的文章,树立起对教学研究重要性的认识,获得一定的教学研究成果才有参与的机会。各位一线教师也可以留意一下本校是否有相应的制度,如果有的话,具体要求是什么,做到知己知彼、百战不殆。

NO.048 教学也有各种人才"帽子"
——种类繁多耶!

本篇主要介绍的是教学的道路,一旦走出来,你也可以有各种光环,光环在这里主要是指各种教学的人才帽子。教学的人才帽子用一句话来讲非常简单——××名师。这个名师内涵很丰富,不仅在横向上分成不同的种类,而且在纵向上分成不同的层次。

我们先从纵向上来说,一个完备的教学名师体系中,有校级教学名师、省级教学名师和国家级教学名师。校级教学名师,顾名思义就是学校开展评价的,当然有些学校很懒,不开展这方面评价也是正常的。省级教学名师是有节奏的,大致是四年一届。以我所在省份为例,省级教学名师分为教学名师和教学新秀,教学名师当然是给那些有突出贡献的老教师,教学新秀是给那些有潜在成长价值的年轻教师。但无论如何,省级教学名师就已经是省级专家了,是一项很漂亮的帽子,也是一个相对来说比较大的光环。再往上走就是国家级教学名师,以前国家是进行评比的,但是最近几年不开展了,用其他的活动代替了。目前这个体系还在形成和发展中,但总之各种国家开头的教学名师是有的,只不过表述方式不一样了。

在这套从学校到国家的纵向教学名师体系之外,还有很多专项的教学名师奖项。比如宝钢教学名师,它分为特等奖和优秀奖,它的分量也很重,给我的感觉是仅次于国家级教学名师。还有其他的专项教学名师奖项,比如霍英东教育教学奖。在我们学校内部还有一些以资深老教师名义设立的专项教学名师奖,这些奖项更多的是一份荣誉,级别不是很高,属于校内荣誉。

专项的教学名师奖项,每个省份、每所学校都不太一样。但这也是一个值得争取、对个人成长非常有帮助的教学资源,一线教师也需要对此有所关注。但有一点是肯定的,这些奖项一般都会赋予那些在教学研究领域中有突出贡献的人。所以，又回到了上文那个老生常谈的问题——教学发展这条道路是畅通的，但是过程也是很难的。在这个发展过程中，绕不开的就是教学研究，而教学研究是建立在老师个体的教学实践基础之上的。教学研究的种类又很繁多，每一项都不是很轻松。

在排名很好的大学中，人们的注意力都被科研牵扯着，对于教学的道路和教学的各种荣誉关注度不是很高。这也是因为这些大学的老师有科研的发展道路可以走。但是对于那些科研实力不是很强、排名不是很好、办学规模不是很大、办学层次又不是很高的学校而言，老师对教学的热情就会高一些。但无论如何，当本书介绍到这个部分的时候，已经能给一线教师勾勒出一幅完整的教学发展的路径图。在这条完整的发展路径中，终点是明确的——××教学名师；路径是清晰的——教学研究；过程也是可控的——从教学实践到教学研究，从"青椒"到名师。

你要哪一顶？

NO.049 借助各种平台和资源
——机会总是留给善于发现机会的人!

由于大学老师的工作特性,尤其是文科老师,甚至一部分理科老师(如数学),他们主要采取个人工作的方式(被我们戏称为个体户、个人手工小作坊),他们甚至不需要什么实验工具,"知识生产"的主要工具就是自己的大脑。所有的研究过程都在自己的大脑内部完成了,外人恐怕都没有办法插手。这就养成了大学教师的一个工作习惯——独处和独自完成工作,这里不排除有一些工科老师和理科老师是需要团队的。这种个人主义的工作习惯容易导致一个问题:老师们普遍会认为自己的职业道路发展得是否顺畅,主要取决于自己,再加上老师的社会性普遍不高,对人情世故都比较淡漠,这是长期生活在"象牙塔"的缘故。

本文想要指出的是,在教师发展的道路上,老师可以借助很多平台和整合很多资源,使自己的研究成果可以很好地被发现、识别和推广。甚至在从事知识生产的初期,还能获得很多的资助,使自己的研究工作顺利进行。本文列举出与老师日常的研究活动紧密相关的校级、省级甚至国家级的资源,希望各位老师妥善加以利用。

先说学校内部,与老师的研究性活动(包括科研和教研)紧密相关的部门有科技处(包括自科和社科)、教务处、研究生院以及教发中心(这要看教发中心的机构设置,上文有解释)。科技处或者社科处(大的学校会把这两个部门拆开,分别掌管自然科学和社会科学,小的学校就只有一个科技处,自科和社科都放在一起)是日常管理老师科研活动的部门,对科研项目、科研论文进行从始至终的过程性管理和评价。该部门同时也会给老师提供很多资助,甚至有很多国家、省市级别的项目和资助也是通过该部门传递的。另外,该部门也是科研荣誉的认定机构之一。总之,老师们要常常关注科技处的相关信息,积极申报项目,勇于参与奖项的评比,尽可能争取研究资助。

教务处、研究生院以及教发中心的职能差不多，它们通常会给老师提供课程建设项目、教改项目和教材建设项目的支持，同时它们也是各种评奖、评优的组织单位和评价单位。青年教师应当多关注上述部门发布的信息，将自己的教学和研究工作整合到这些中层部门的日常管理、资助和评价工作中。无论如何，老师都是要正常开展自己的本职工作的，在正常推进工作的过程中，如果能够得到外在管理部门的支持和认可，会使自己的研究工作变得很顺利。同时我们也要意识到，尽管老师们的工作模式通常是"个体户"，但不要忘了，老师这个职业的存在是以学校为基础和单位的，也就是说老师是学校中的个体，老师的个体行为是学校总体行为的一部分。无论是对于老师个体而言，还是从学校的整体出发，教师的个人行为和学校的整体都是分不开的，是必须结合到一起的。聪明的老师能够把自己的个体行为很好地跟学校的节奏、工作重点和日常管理结合起来，一些跳出三界之外的老师可能不太关注这些，但这样会影响自身发展的速度。

以上说的是学校内部，还有一种资源来源于省里或市里与教育有关的部门。在介绍这部分内容之前，我们必须说明一点——学校和学校是不一样的。部属高校不但办学规模大、学术资源多，而且它们本身与省、市教育厅（局）是平级的机构，它们内部就能解决老师的很多需求。但有一部分省属高校和市属高校则不然，它们能够获得的资源是有限的，而且绝大多数来源于省、市的教育主管部门，对于这些学校的老师来说，多多关注省、市相关部门的资源信息就变得非常重要。省教育厅、科技厅（对于医院来讲还有卫生健康委，不一一列举了）每年对于教师的各类项目、教师发展、国内外进修都提供了很多的支持。比如我所在的省份，为了解决省属高校教师的博士学位问题，省教育厅每年还会有专项的博士招生指标拨给这些学校的老师，但是很多老师并不熟悉这项政策。再如，对一些特别困难的省份，教育厅都有对口支援计划，而这些支援计划的受益者都是老师。总之，高校教师，尤其是省属高校和市属高校的老师，要多关注省、市相关教育部门的政策、通知，多利用这些平台和资源来推动自己的教学与学术工作。

国家层面的资助就更多了，常规的有国家自然科学基金项目、国家社科基金项目,这些项目覆盖了各个学科,理论上对全国所有高校开放,每一位一线教师都可以申请。还有国家留学基金委员会,每年会推出大量的项目支持教师进行国外交流、学习和培训。还有很多其他的部门与各位老师所处的专业领域和行业领域有关,在这里就不一一介绍了。总之,写这篇文章的目的是想提醒各位老师,要善于借助各种平台和资源加持自己的教学与科研活动。这也说明,教师这个职业本身也是需要管理的,虽然很多成绩是由于个人一点一点努力做出的,但也有很多成绩是由于个人善于管理和整合资源创造出来的。

NO.050 了解中国高等教育的现状能更好地展开教学活动
——学点历史！

中国高等教育发展的主线就是移植和杂糅，这也是近代中国历史的一个缩影。中日甲午战争后，中国开始兴起向西方学习的思潮，并兴办各类学堂。当时，中国学习的对象很笼统，主要是英、德、法、美等国家。1898年，梁启超参照日本东京大学的规程主持制定了《京师大学堂章程》，确立了中国高等教育初期的日本模式。20世纪20年代，蔡元培提出了"仿德国大学制"的理念，并在该理念的指导下制定了《大学令》，于其治下的北京大学开始实施。与此同时，在留美归国教育博士郭秉文的主持下，东南大学建立起一套集基础研究与应用研究于一体，从管理体制、系科设置、课程内容到经费筹措等全方面学习、借鉴美国高等教育模式的高教体制。新中国成立后，由于当时的历史环境，我们又开始了全面学习和照搬苏联课程体系的过程。随着1961年《中华人民共和国教育部直属高等学校暂行工作条例（草案）》、1985年5月《中共中央关于教育体制改革的决定》及1998年8月《中华人民共和国高等教育法》的陆续出台，中国逐步构建起自己的高等教育体系。虽然经过了近百年的发展过程，但是仍可以看出中国的这套教育体系杂糅了各个国家高等教育模式的痕迹，从教育内容上来看，其仍然是以"知识传递"为核心构建起来的。之前社会上流传的"知识就是力量""学校是学习知识的地方"等公共认知观念都能反映出中国高等教育体制的特点。

这种人才培养模式或者高等教育体制应该说在当时还是能够满足中国社会需求的，并为中国培养了大量的人才，为中国的改革开放、市场经济制度的确立、加入WTO及成为世界第二大经济体提供了强有力的支撑。但是同时，我们也越来越感觉到教育有点儿跟不上经济和社会发展的需要。从 2016 年开始，中国人开始意识到我们有被别人"卡脖子"的技术难题，我们在国际组织中的说服力、影响力都非常有限，这反映在教育层面上就是教育的内容和相应的体制不能满足中国在当今的国际国内环境下对于人才的需求。当今社会不再是仅注重知识的社会，由于信息时代的到来，海量的信息向我们呼啸而来，这些信息有的是真的，有的是假的，有的是虚幻的，有甚至是欺诈的、恶意的和故意误导公众的……我们如何能在这信息的汪洋中不溺水而亡？同样，以知识学习为中心的教育已经不能满足社会对于创新性的要求，而创造性思维、创新性能力已经成为新时代中国的迫切需求。当我们被"卡脖子"卡得透不过气的时候，当我们遭遇南海仲裁的时候，当我们在国际社会上被打压的时候，当我们想要实现中华民族伟大复兴的时候……我们回望我们的教育，突然发现这一套生于 20 世纪、以知识传递为核心的体系已经不够用了。因此当今的教育亟须升级换代，面临从知识培养和知识灌输的模式中走出来的挑战。教育兴则民族兴……《教育部关于加快建设高水平本科教育全面提高人才培养能力的意见》（以下简称《新时代高教 40 条》）指出：（我国）对高等教育的需要，对科学知识和优秀人才的需要，比以往任何时候都更为迫切。

国家显然也意识到了教育亟须转型升级的问题并不断作出指示，如 2018 年针对本科教育，教育部提出了《新时代高教 40 条》，2020 年针对研究生培养提出了《习近平对研究生教育工作作出重要指示》。上述文件都指出目前高等教育面临的挑战主要是：第一，培养高素质的人才，这一条指向的是学生；第二，提升培养能力，这一条指向的是高校。那么什么是高素质？上述文件继续指出，学生在毕业的时候应当具备实践能力、创新能力、研究能力。怎样能让学生具备这些能力？这就又与第二个挑战——高校需要提升培养能力联系在一起了，也即高校需要提升自己培养学生实践能力、创新能力、研究能力的水平。而这一切的核心就在于，我们的高校怎样培养具有实践能力、创新能力和研究能力的高素质人才？

这个问题相当复杂，涉及思想层面、管理层面、机制层面、导向层面……但其中最核心的是我们的教育内容要更新。如前所述，我们现在的高等教育仍然是以知识传递为核心构建起一整套课程体系的，这套体系不能有意识、成体系、规范化地培养学生的批判性思维，因此也就无法使学生具备在批判性思维指引下所应具备的各项能力。学生是否具备这些能力、是否能够养成批判性思维，完全取决于一些偶然的、不可预测的、先天的和后天的因素，这就导致我们培养的人才绝大部分是不具备思维能力的，难以满足时代和国家发展的需求。

综上，我们总结一下，中国的高等教育目前面临的问题主要集中在两个方面：第一，在内容上以传递知识为主，并没有教会学生如何应用知识以及在既有知识不够用的情况下如何生产出新知识（也即所谓创新能力）；第二，在人才培养目标上，中国希望高等教育培养出具有解决问题能力、实践能力、应用知识能力以及创新能力的适应中国社会新发展的人才的目标始终没有实现。或者说，培养具有解决问题能力、实践能力、应用知识能力以及创新能力的人才在当前以知识传递为核心的教育模式下是无法实现的。那么，中国的教育就面临转型，至少在内容上必须从以知识传递为核心转向以思维培养为核心，这并不是说对知识的记忆和理解不重要，而是要将知识的学习放在思维培养的正确位置上，最终实现对学生能力的培养。

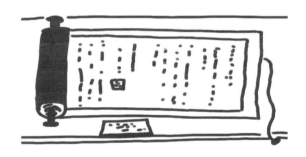

NO.051 ▶ ChatGPT 与中国高等教育未来走向
——每个教师都身处其中

1）ChatGPT 引发了很多人对中国教育的担忧

ChatGPT 是 OpenAI 研发的聊天机器人程序，于 2022 年 11 月 30 日发布。ChatGPT 是人工智能技术驱动的自然语言处理工具，它能够通过理解和学习人类的语言来进行对话，还能根据聊天的上下文进行互动，真正像人类一样聊天交流，甚至能完成邮件撰写、视频脚本设计、文案制作、代码编写、论文写作等任务。ChatGPT 一经推出就受到强烈的关注，其重要原因是引入新技术 RLHF（Reinforcement Learning form Human Feedback，基于人类反馈的强化学习）。RLHF 解决了生成模型的一个核心问题，如何让人工智能模型的产出和人类的常识、认知、需求、价值观保持一致。ChatGPT 是 AIGC（AI-generated content，人工智能生成内容）技术取得进展的成果。该模型能够帮助人类利用人工智能进行内容创作、提升内容生产效率与丰富度。

ChatGPT 的应用范围非常广泛，美国有很多大学生会使用 ChatGPT 做作业，ChatGPT 的应用场景还包括：开发聊天机器人，编写和调试计算机程序，进行文学、媒体等相关领域的创作（包括创作音乐、电视剧、童话故事、诗歌和歌词等）。在某些测试情境下，ChatGPT 在教育、考试、回答测试问题方面的表现甚至优于普通人类测试者，这就引发了很多人对中国教育的担忧。长久以来，中国的教育一直强调对基础知识的记忆和理解，而且在这方面投入了大量的资源并消耗了学生大量的精力，但这恰恰是以 ChatGPT 为典型代表的 AI（人工智能）的强项。中国学生花四年时间完成本科学习，拥有了一个学科的完整知识，但是这个过程在人工智能面前不值得一提，因为 AI 可能只需要用 1 秒钟就能完成，准确度和完整度要比经过四年学习的本科毕业生高得多。而且 ChatGPT 能做的事情更多，在论文写作、绘画、音乐、影视、诗词创作等方面的表现已经优于普通大学生。这使得 ChatGPT 推出之后，中国高等教育界掀起了一场热烈的讨论——ChatGPT 出现之后的中国教育该何去何从？

2）中国高等教育急需批判性思维的融入

哈佛大学前校长德鲁·吉尔平·福斯特曾经说过，教育的目的是让学生知道有人在胡说八道。这虽然是一句笑言，但其背后蕴含着教育的一个根本目标，就是培养学生辨别是非的独立思考能力，而这正是批判性思维的要义。批判性思维是指通过审慎、理性的思考作出判断的思维过程，它强调不盲从、理性客观并且保持独立思考。可以毫不客气地说，教育的终极目的不是把知识灌输给学生，而是教会学生一套思维（或者思考，即解决问题）的方式，在这种思维方式的指导下，学生学会使用自己学到的知识，处理自己面对的海量信息，识别各种观点的真伪，探寻事物的本质；进一步搜寻自己需要的信息和知识，在运用知识的过程中掌握关键问题识别能力、信息检索能力、分析评价能力、解决问题能力以及创新能力（批判性思维是生成新知识的方法）……也就实现了高素质人才应具备实践能力、创新能力以及研究能力的目标。

中国作为一个大国、强国屹立于世界民族之林已经是不争的事实。国家的发展会对教育提出更多的要求，教育作为国家发展的配套支撑部分也一定要发展、成长。今天，中华民族伟大复兴对于教育的渴求不亚于当年洋务运动及中日甲午战争之后"梁启超们"所处的时代，那时候实现的是中国的现代教育从无到有的探索过程，而今天我们要实现的是中国教育从 1.0 到 2.0 甚至到 3.0 的版本升级。在这个升级过程中，思维——这个被亚里士多德誉为"知识的知识"，扮演着重要的、不可替代的角色。

可汗学院的创始人萨尔曼·可汗已经改变很多人的学习习惯——在家学习，在学校做作业。主流的、体制内的教育已经从原来的主导变成辅助，知识的学习被放在线上由学生自行完成，在学校主要是问题导向下的"实践"，而这是一种思维的培养。伊隆·马斯克创办了 Ad Astra 学校，在这所学校中，学习是由项目引导的，这个项目可能是做飞机、做核潜艇、做地球探测仪、做股票分析……在这些具体项目的指引下，学生开始学习，需要什么知识就学习什么知识，需要什么公式就推导什么公式。没有现成的、流水式的教科书或者教学体系，有的只有问题、目标、自由探索、创新和动手实践……我们不去评价这种教育方式是否适合中国，但这是一种思维的培训和培养……这跟伊隆·马斯克本人的风格是不是很像？对的，这就是他的理念在教育领域中的延伸……

中国的高等教育正处在一个转型期，在这个转型期中，知识的供给大于需求，思维的供给小于需求。但是，这种供需不平衡终将被打破，时代的车轮和竞争日益激烈的国际环境没有留给中国教育停滞不前的机会，中国教育变革的力量要么从内部破壳而生，要么从外部被其他力量凿穿……我希望是前者，因为这代表着中国教育工作者的时代责任和使命担当，而我更希望的是，在完成时代赋予的光辉使命的身影中，有我们共同的努力、思考和贡献！

本文涉及了高等教育的转型，这是一个非常复杂的话题。总体而言，中国的高等教育经过100多年的发展，在当今时代受到了来自人工智能等的挑战，面临不得不转型的压力。未来中国的高等教育从内容上一定是逐步从以知识培养为主转型到以思维培养为主，并在思维培养的基础上教会学生如何解决问题、生产新知识以及发展为创新型的人才。如果对批判性思维培养感兴趣也可以进一步阅读我撰写的，同样由清华大学出版社出版的《批判性思维（通识课）——正确思考的方法》。

NO.052 培养创新型人才是中国高等教育最重要的任务
——但是很多人就是不会培养

中国教育在今天面临的最主要的问题其实各类文件已经说得很清楚——培养创新型人才。这里有两个问题：第一，什么是创新型人才；第二，怎么培养创新型人才。我认为，目前在高等教育内部的很多人没有认清楚这两个问题，从而导致创新型人才培养的理念和口号虽然提出了很多年，但依旧没有被有秩序、有控制、可视化地落实。这个原因我在上文也已经指出，高校教师要么懂高等教育学、不懂学科教学实践，要么懂学科教学实践、不懂高等教育学，只有同时具备这两方面知识的人才能更好地解决中国的教育问题。我们先从教育学理论上解释一下什么是创新型人才，使这个概念能跟老师的日常教学行为结合起来。所谓创新型人才就是指我们培养的人不仅具有学科知识，还能在未来的职业生涯中用知识解决问题，并且在既有知识不够用（不能解决问题）的情况下，生产出（创造出）新知识，从而使问题得到解决。用一句通俗的话来解释就是，创新型人才就是能够解决问题并在解决问题的过程中创造新知识的人。这也同时指出了我们目前人才培养面临的一个重要的挑战是，我们培养的人才基本上是没有太强的创新能力的，也就是不会创新性地解决问题并生产出新的知识来满足人类社会的需求（或者中国发展的需求）。

上述创新型人才培养存在问题的原因在于我们培养人才的过程就注定无法产生创新型人才。创新型人才强调的是：第一，你要会解决问题；第二，你要会解决人类现在没有解决的问题；第三，你要在解决人类目前没有解决的问题的基础之上生产新的知识。创新型人才不仅要懂知识，还要懂知识是如何解决问题的，用学校学习到的知识解决问题就是应用知识的能力，用自己创造出的知识解决问题就是创新能力。但我们目前的人才培养过程还主要集中于知识教学，我们只教会学生解决问题所需要的知识，但我们并不教学生如何用知识解决问题。

从某种意义上来讲，现在的教育主要是一种既有知识的传递，它既没有告诉学生既有知识的来源，也没有告诉学生学完知识以后将如何使用知识，也就是知识的去处。它只是告诉学生，目前我们的知识有哪些。既有知识是前人在遇到问题的时候，通过知识生产过程生产出来的当时的"新"知识（也就是结论），这些知识经过反复实践被确认正确从而作为人类认识社会、改造社会的成果被写进了教科书。但是，写进教科书的仅是"新"知识，并不是"新"知识的生产和发现过程。学生学习到的是纯而又纯、干得不能再干的"干货"，也就是把人类几千年来认识到的知识通过学科的逻辑而不是知识发现的逻辑呈现给学生。在这样的教学内容安排下，学生学习到的就是知识，而不是知识是怎么来的。这就像我们的孩子，尤其是城市中的孩子，他在吃饭的时候吃了一盘猪肉，一盘被做成精美菜肴的猪肉。他知道这是猪肉，但仅限于这个盘子中被做成菜的猪肉，往前推，这块肉没被做熟的时候是什么样子？它是怎样被妈妈从超市买回来的？它在超市里是怎样陈列的？这些肉又是怎样被运到超市里的？在运到超市之前它们是怎样被存储的？在运输之前猪是怎样在屠宰场被宰杀和分割的？再往前推，猪又是怎样被运送到屠宰场的？在运到屠宰场之前它需要满足什么条件？它是怎样长大的？它是如何被饲养的？更终极的问题是猪宝宝长成什么样子？它是怎样被猪妈妈生产出来的？再往前推，猪这种动物是怎样被人类从野生动物驯化成可以大规模生产和食用的家畜的？为什么要驯化这种动物以及要解决人类的什么需求？孩子（学生）对这个过程统统不了解，只认识盘子里的已经做好的有关猪肉（纯知识）的菜肴。甚至在更换了另一种也是猪肉做的菜肴时，孩子（学生）根本认不出是猪肉做的。

同样，学生学习到了知识，并不知道这些知识是怎么来的，是谁生产出来的，经历了怎样的过程，受到了怎样的挫败，新知识生产出来之后马上被接受了吗？还是被忽视了许多年，就像凡·高的画一样。学生在学习完这些知识后，也不知道这些人类既有的知识又是怎样被应用于现实问题的解决中的。如果学生在现实中发现既有的知识根本无法解决社会中的实际问题，那么应该怎么生产新知识？学生学完了一大堆知识，并不知道知识的前世今生、来龙去脉，也不知道知识如何被使用，导致很多学生产生了"知识无用论"的错误观念，这种观念在 AI 时代尤其盛行，在人工智能会取代一部分人类脑力活动的恐惧下，人们对高等教育圈定的知识内容和范围产生了一定的怀疑。

从图 1 学生学习的环节与知识生产的全链条对比中就可以看出，我们目前以知识传递为主的人才培养模式只是知识生产的全链条中的一个环节。从另一个角度来说，我们并没有教会学生如何解决问题，我们只告诉他现有的知识有哪些。而创新型人才要求的是我们培养出来的人才必须会解决问题，而且要生产出新知识。这就对目前的以知识传递为主的人才培养模式提出了要求。

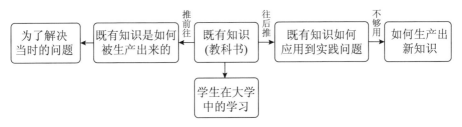

图 1　学生学习的环节与知识生产的全链条对比

未来的人才培养模式，一定是在知识传递的过程中培养学生解决问题的能力。而且知识的传递也不仅仅是告诉学生知识有哪些，而是要向前追溯到这些知识是怎么产生的；同时还要激励学生去思考这些知识将怎样被运用到社会生产实践中去解决问题；更重要的是要教会学生当既有知识不够用的时候，是需要生产出新知识来解决问题的。这才是创新型人才培养的思路和过程，而我们目前的高等教育绝大多数只是停留在中间的既有知识传递环节，是不可能大规模、有秩序地培养出创新型人才的。人才是否具有创新能力是一个随机的结果，取决于被培养对象自身、特殊的生长经历和教育经历。

以上是从知识生产的全链条来看中国目前仅以既有知识传递为主的人才培养模式是无法达到创新型人才培养的要求的。读者朋友们可能会说，那就实现知识的全链条培养呗。谈何容易啊，任何人才的培养都需要在教育的环节中实现，而这个环节中有一类特别重要的人——教师，如果教师也不知道既有知识是怎么来的，也不知道如何解决问题，那就没办法教学生怎么解决问题。我们的教师也是在现有以知识传递为主的教育模式下被培养出来的，教师也不擅长解决问题，如果要教授学生解决问题的能力，教师本身必须是掌握这项能力的。但很遗憾，脱胎于传统教学模式的当代教师的这项能力也是缺乏的。也就是说，我们的教师（一部分）某种程度上也只会讲授知识，没有能力培养思维——告诉学生知识是怎么来的，知识会到哪里去，新旧知识是怎样实现迭代的。

可以毫不客气地说，中国教育最主要的目标——培养创新型人才要求一线教师在日常教学中不仅做到传递学生知识，还教会学生知识是怎么来的、又到哪儿去、怎样迭代（涉及思维培养），使学生不再成为既有知识的被动接受者，而是成为既有知识的发现者和新知识的生产者。这就对现有教师的能力提出了非常高的要求。这也是国家明知并一再强调创新型人才培养的重要性，但是在"最后一公里"——日常教学环节和某个具体课程教学环节中很难实现的原因。所以，教师们也要知道自己的短板在哪里，自己的教学能力与国家对人才培养的最高要求差距在哪里。

NO.053 知识体系和知识图谱
——教科书上的知识和实践中需要的知识是不同的

翻开目前绝大多数的文科教科书，你会发现，教科书是说明文，教科书所承载的知识是按照学科内部的逻辑进行排序的，目的是让学生掌握一套学科知识体系。然而如上文所述，知识在现实中并不是按照知识体系排列的，而是围绕问题被整合的，如图1右侧，这被我们称为知识图谱。图1左侧描述的是存在于教科书也即学科知识体系中的知识被整合和呈现的样子，它的主要逻辑脉络是学科内部的逻辑并以章节方式体现，通常就是概念、名词和术语按照内涵、特征、发展和意义等方式呈现。例如，《法理学》教科书，开篇即言明法的概念，接下来是法的特征以及法的运行等内容；《医学》教科书，会告诉你内科、外科、妇科、儿科等知识，但不会告诉你实践中人是怎么得这些病的。这种呈现逻辑完全是学科知识架构的逻辑，跟现实社会和生活没有直接的关联。

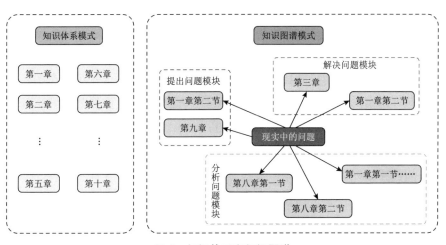

图1　知识体系和知识图谱

举几个例子来说明这种以学科逻辑排列的知识体系给学生学习带来的困扰。在我们法学院，学生会在大学期间接触几十部法律，不乏民法、刑法、商法、经济法、宪法等重要的法律。有一次，一个学生很沮丧地问我："老师，我都学习三年法律了，为什么放假回家的时候，我妈问我隔壁老王的债务需不需要儿子还这么简单的问题我都回答不了？"我说，因为你只学了知识，但是你并不会用这些知识解决现实中的问题。同理，医学院学生也是如此，平时在医学院学到的都是×××器官、×××病变及其特征等描述性和说明性的疾病信息，但是到了真正的临床，学生通常会发现病人得的病并不是按照教科书描述的顺序表现出来的。

那么实践中的知识是怎样被呈现出来的呢？我们看一下图1的右侧——知识图谱。在生产和生活的实践中，知识不会按照教科书的模样以章节的顺序呈现，而是围绕实际中的问题被重新整合。你会带着问题找到知识点和知识点之间新的联系，你会发现这个A知识点出现在你学习时的第三章，B知识点出现在你学习时的第八章，C知识点出现在你学习时的第十章……它们原本是分布在教科书不同章节中的知识点，由于现实中的问题和你的思考将它们连接在一起，你发现了这些知识点之间的新的"关系"，并且知道了A推出B、B推出C……这种内在的逻辑。这个时候，思维（或者说为了解决问题）让这些原本以学科体系形式存在的知识突破了原有的知识体系和排列顺序，以实践中的问题为导向，以解决问题为目的，构建起知识之间的"新联系"。这就是知识体系和知识图谱之间的区别。对二者进行比较并不是要得出孰优孰劣的结论，而是要让我们充分地认识到这两者能够带来的培养效果是不同的。知识体系的好处在于学生在系统学习完之后能够具备一套完整的知识体系，但是缺点在于不满足应用的需求；知识图谱的好处在于学生能够掌握某个或某几个知识点在实践中是如何被运用的，但缺点是不具有体系性。也即，学生虽然具有解决问题的思维，但是知识体系恐怕是不完整的。

在我国100多年的高等教育发展历史中，文科形成的是一套偏重知识体系的人才培养模式，即学生完成高等教育的学习之后会拥有一整套学科知识体系，这一点是毋庸置疑的，同时这也是高等教育能持续为社会输送人才的保障。高等教育在特定阶段为我国社会发展作出了重要的贡献，但是随着时代的发展必须与时俱进，进行高等教育改革。

知识体系的学习并不是一种全链条的学习方式，为什么这么说呢？现有的教科书是既有知识的集合体，那么既有知识是怎么来的？请读者朋友回顾上一篇《培养创新型人才是中国高等教育最重要的任务——但是很多人就是不会培养》关于知识生产的过程和内容部分。写这篇文章的目的是想告诉一线教师，不要以为我们教会了学生书本上的知识，他们就会解决问题了，书本上的"知识"和实践中的"知识"呈现方式是不一样的，从书本上的知识到实践中的知识还需要一个转换环节，这就是中国教育目前最缺乏的——批判性思维的培养。

NO.054 从知识到思维
——高等教育改革的必然趋势

上文提及，传统教育模式下培养出来的其实是具备一整套学科知识的"人才"，由于培养过程中教学内容、教学过程都围绕纯而又纯的"知识"展开，并没有涉及既有知识是怎么来的以及新知识是怎样产生的，所以，在传统教育模式下培养出来的人才必然在创新性、实践性等方面存在短板。要想培养出创新型、复合型人才，使其具备应用既有知识解决问题（涉及知识应用，即实践和解决问题）、生产新知识的能力，就必须改革教育模式，即实现从以单纯知识传递为核心的教育模式向以思维培养为核心的教育模式的转化。

我们先要界定一下思维（thinking）这个概念，因为很多人包括高等教育的从业人员虽然经常把思维挂在嘴上，但是其实他们并不知道思维的具体含义。思维是指针对某个问题得出结论的过程，因此也被称为思考。它通常发生于以下情境——人们在生产、生活或者工作、学习中遇到了问题，需要针对问题得出结论（解决方案），或者需要在某种特殊场景下发表评论、给出观点。这些解决问题、对事物和观点作出回应的过程就是思维的呈现，同时也是大脑思考过程的外在显现。思维的要素包含问题、结论、前提以及论证（由前提推出结论的过程），具体关系如图1所示。

我们已经在上文详细论述了以知识传递为核心的传统教育模式在人才培养上的局限性，并介绍了批判性思维及其原理，在批判性思维的模型中，我们观察到如下几个事实。

（1）纯粹的知识讲授培养出来的人才具备的更多的是知识存储能力，而不是解决实际问题的能力。

（2）实践中问题的解决是需要大脑调动思维的，而若想让问题获得正确的解决则需要批判性思维。

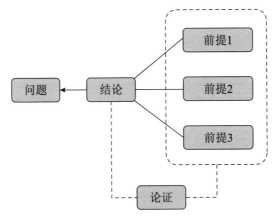

图 1　思维及其要素

（3）批判性思维的要素包括问题、结论、前提以及论证，同时强调如果想得出正确的结论必须保证前提为真以及由前提能推出结论。

（4）在批判性思维模型中，知识只是解决问题的一个必备要素，它通常是以前提的形式呈现的，也即我们要求的前提为真是指前提依据的是知识这种客观真实。但是要想解决问题，还需要另一个要素，即逻辑（包含论证）。传统教育模式下对于逻辑学的通识教育的开展程度是不够的，致使学生虽然掌握了大量的学科知识，却没有足够的逻辑能力和思考能力将知识运用于问题的解决。

（5）单纯的形式逻辑是枯燥的，这在英美的早期高等教育中已经被证实，于是图尔明等三位学者致力于将形式逻辑应用于现实问题的解决，从而促使非形式逻辑即批判性思维产生。批判性思维产生之后，迅速得到重视和研究推广。美国要求全部的大学都将批判性思维列入通识课程。批判性思维的研究于 1910 年在美国开始（杜威提出反思性思维），到今天已经有 100 多年的时间，并在最近 50 年方兴未艾，形成批判性思维运动。

（6）高等教育界至今不能很好地解释为什么有的学生学习动力很足、自学能力很强，而有的学生很倦怠、自学能力不足，这个问题从批判性思维的角度可以被很清晰地阐述。换句话说，批判性思维能够激发学生自我学习、终身学习的兴趣。在批判性思维的模型中，学习者能够清楚地知道知识的作用和地位，从而能更好地明白学习知识的重要意义。如果一个孩子从小就被培养而具备批判性思维，当他遇到感兴趣的问题时，他就会按照批判性思维的指引（依据客观真实，经过正确推理）告诉自己这个问题的解决不能依据自己的想象,而应当依据客观真实,如果这个客观真实是他目前尚不具备的知识,他就会自学这部分知识来解决他感兴趣的问题。

(7)高等教育对于创新型、实践型、复合型甚至国际型人才培养的追求一直没有改变,只不过在传统知识传递的教育模式下,人才所需要的解决问题能力、实践操作能力、创造新知识能力以及利用复合知识(包括国际知识和外语)解决问题的能力不能被有控制地培养出来,只能随机出现。这种随机性取决于被培养的"人才"本身的天赋、他自己出生时的配置以及在漫长的成长过程中随机出现的事情对他成长的影响,多种因素综合作用最终使其具备了批判性思维和端正的三观。但是这种培养是不可控的,高等教育之所以重要,是因为我们需要全面地掌握人才培养的规格、标准和流程,确保我们的教育大量地培养出社会发展需要的人才而不是随机等待人才的出现。

(8)批判性思维也是科学研究的底层思维,很多研究者出身于传统教育模式,对于学科知识掌握得比较充分,但是欠缺用知识解决问题的能力,这也是中国的知识生产缺少创新性、原创性的原因。细心的读者可能已经发现,本书上文曾经指出生产新知识对于在传统教育模式下只接受纯粹知识培养的研究者来说是非常重要但是又缺失的一项能力,而新知识生产过程则会涉及批判性思维,需要遵循问题、结论、前提和论证的底层规律。

因此,在高等教育中引入并强化批判性思维的训练是非常重要的,这也是我多年来致力于批判性思维及其场景化研究的重要原因。关于批判性思维的更为体系性的内容请参见我撰写的,同样由清华大学出版社出版的《批判性思维(通识课)——正确思考的方法》。

NO.055 必须掌握的重要教学概念（1）
——学科与专业

我根据多年教师发展工作的经验发现，很多教师是弄不清楚一些教学概念的，更有一线教师不清楚教案、大纲、教学设计、人才培养方案、课程设置、课程体系、教学理念……一系列相互交织又特别复杂的概念之间的关系。在这种情况下，想要了解国家相关政策、做好自己的本职工作和实现自己的教学理想是很困难的。而且，教育学的概念本身就是一个庞杂又相互嵌套的体系，一线教师想要完全弄明白这些概念及它们之间的关系存在很大障碍。[①] 所以，要想很好地开展教学研究，必须对这些核心概念进行区分，将它们的内涵和外延弄清楚。

我们先来看学科和专业，这两个概念经常被混淆。有些人把专业等同于二级学科或子学科，这种观点是不正确的。学科与专业的区别在于学科是针对知识体系而言的，而专业是针对社会分工而言的。一个专业可能需要多种学科知识的综合（例如土木工程专业可能涉及工程力学、岩石力学、地质学、混凝土结构、计算机等学科），一个学科可以在不同专业领域中应用（例如流体力学学科可能用于机械、土木、建筑、航空航天等专业）。

学科是相对独立的知识体系，是围绕知识构建起来的。美国学者伯顿·克拉克在他的《高等教育新论》一书中提出，学科包含两种含义：一是作为知识的"学科"，二是围绕这些"学科"而建立起来的组织。从创造知识和科学研究的角度来看，学科是一种学术的分类，指一定科学领域或一门科学的分支，是相对独立的知识体系；在大学里承担教学和

---

① 如很多一线教师经常分不清教学模式、教学过程、教学范式、教学策略、教学方法等相关概念。

科研职责的人看来，学科就是学术的组织，即从事科学与研究的机构。实践中，学科的概念主要是从科研角度来理解的，也主要被理解成与科研有关的活动。但是，需要关注的一点是，现代社会里的大学承担着三大职能——人才培养、科学研究和社会服务，而学科是大学有效完成这些职能的载体。也即，虽然学科从狭义上理解是一个科研概念，但是它同时为人才培养、社会服务提供支撑。因此，学科是一个与高等教育中其他相关词汇有着千丝万缕联系的概念，这部分在需要的时候会适当展开。

学科用于学术分类时，是指一定科学领域或一门科学的研究分支，主要依据学科的派生来源、研究对象、研究特征、研究方法、研究目的和目标等方面来进行分类。学科用于教学科目时，是指依据一定的教学理论组织起来的知识体系。学科还用于特指高校教学、科研等功能单位，是对教师教学、科研业务隶属范围的相对界定。学科划分遵循知识体系自身的逻辑，学科发展的核心是知识的发现和创新。学科是相对稳定发展的知识体系，即使是在一些学科的分化与演变中形成的新学科、交叉学科或综合性学科，也都有其自身相对稳定的研究领域。

广义的专业是指某种职业不同于其他职业的一些特定的劳动范围，是指特定的社会职业。在高等学校中谈及的专业，是指高等学校根据社会分工和经济社会发展，以及学科的发展对人才的要求而划分的学业门类。不同专业具有各自不同的培养目标和规格、各自不同的教学计划和课程体系。专业是根据社会对不同领域和岗位专门人才的需要来设置的，处于学科体系与社会职业需求的交叉点。专业主要由专业培养目标、课程体系和专业中的人构成。专业设置和建设发展的目标是满足社会对不同层次人才的需求。学科和专业是密切相关的，学科与专业并存是高校特有的一种现象，两者相互依存、相互促进。专业是学科人才培养的基底，学科是专业持续发展的基础。

简单总结一下，学科是相对独立的知识体系，是围绕知识构建起来的。专业是根据社会对不同领域和岗位的专门人才的需要来设置的，但是专业必须依托学科建设，处于学科体系与社会职业需求的交叉点。也即，学科要为专业建设提供支撑。学科为专业建设提供支撑的方式就是依托学科的知识体系形成不同的课程,用课程培养专业人才。

NO.056 必须掌握的重要教学概念（2）
——学科建设和专业人才培养

我们先记住一句话（非常重要）——专业是人才培养的载体，课程是人才培养的单元，课程来源于学科知识。所以，提起人才培养，就离不开专业，专业是人才培养的载体。但是专业能够培养人才又依赖于课程，课程又来源于学科的知识。这样就能帮我们弄清楚学科、专业、人才培养之间的关系。但是，本部分要说的还不仅是这些。

实践中，当我们谈及学科的时候多与学科建设有关，学科建设是与科研相关的，简单解释就是一所学校的某个学科要怎样定位、怎样发展、朝什么方向努力、如何建构的问题。比如我是吉林大学法学院（一级学科）之下的国际法学科（二级学科）的研究人员，我们召开学科建设研讨会的时候通常就在思考我们的（特指吉林大学法学院）国际法学科怎么建设，与其他学校的国际法学科定位有什么不同，基于目前的国际法学科的研究人员的数量、研究方向，我们应该怎么拧成一股绳朝着一个或者几个方向发力、最后怎样发展，在国内的相同学科中怎样形成竞争力和独特的优势。这是学科建设的主要内容，但是无论学科建设表面上被表述成什么（如定位、发展、方向……），实际上学科建设都与知识生产有关系，最终都要落到每个研究人员的日常科研也就是知识生产上。但是，还有一个问题要注意，学科建设本身也涉及人才培养，因为学科建设在很多学校是被放在研究生院管理的，培养后续的科研人员也就是硕士研究生、博士研究生也是学科建设的一个重要部分。我们之前谈及的专业主要是针对本科生人才培养的。这里如果有不明确的，可以参看《普通高等学校本科专业目录（2022年）》《中华人民共和国国家标准学科分类与代码》《学位授予和人才培养学科目录设置与管理办法》《授予博士、硕士学位和培养研究生的学科、专业目录》等相关文件。一句话，学科建设是一个科研概念，与

"知识生产"有关系,但是也涉及研究生人才培养,学科建设在高校通常被放在研究生院进行管理。

而狭义的专业人才培养(或者通常意义上的专业人才培养)指的是本科生人才培养,其被放在教务处来完成。这里容易造成混淆,原因是人才培养包括本科生人才培养,也包括研究生人才培养,但是由于历史上研究生培养的发展一直滞后于本科生培养,一提及人才培养,人们就总是认为其是指某专业的(特指本科生)人才培养,其实不然,这里请读者注意区分一下。但我们必须面对的是,学科建设中的研究生人才培养是被放在研究生院的,是隶属于学科内部的。而专业人才培养是被放在专业内部的,是针对本科生的,是放在教务处进行管理的,专业人才是需要学科知识做支撑的。这就是目前高等教育内部关于学科建设以及专业人才培养的状况。所以,外行人或者对这些管理上的职能划分(有时候甚至是割裂的)不了解的一线教师其实是很难弄懂它们内部的关系的。

我们用图1来解释一下它们之间复杂而相互嵌套的关系。人才培养其实是一个通常意义上的广义概念,它包括研究生人才培养和本科生人才培养。研究生人才培养是学科建设的一部分,因为它与"知识生产"有关,被同时放在研究生院进行管理。本科生人才培养是狭义的人才培养(却是默认的、使用量最大的人才培养概念),它依托于专业而设立,由教务处

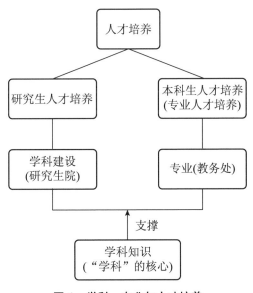

图 1 学科、专业与人才培养

管理，但专业是依托学科知识建设的，没有学科知识就没有课程和教材，也就无法进行专业人才培养。

还有一个需要注意的问题就是，实践中，还有些人会将我在上文提及的一级学科下设的二级学科称为专业，这个专业也与上文所提及的本科专业不一样，这也加重了人们对学科和专业的误解。比如我所在的法学学科，我经常说我的专业是国际法，我招收国际法专业的研究生，这里的国际法专业是指二级学科，依然是从学科角度出发的。但是，通常意义上的专业其实泛指本科生的专业。也即，二级学科既可以被称为学科又可以被称为专业（尤其在研究生招生方面），但是请明确区分此"专业"非彼"专业"。所以，教育学的概念有时候很复杂，实践中也会被不加区分地使用。

用一个例子来说明吧，图 2 中法学作为一个学科类别，下设六个一级学科：法学、政治学、社会学、民族学、马克思主义理论以及公安学。我所在的法学院其实就是法学的一级学科（作为学科类别的"法学"下面的一级学科的"法学"），它下面还设立了 10 个二级学科，包括法理学、宪法与行政法学、国际法学、民法学、商法学、环境法学、经济法学、军事法学、诉讼法学和法制史学。从学科建设的角度来看，我处于一级学科法学下的二级学科国际法学，从事国际法学研究；从学科建设的人才培养也就是研究生招生角度，我招收的是法学学科中的二级学科——国际法学的硕士研究生和博士研究生。同时，我也会对外宣称自己是吉林大学国际法专业（这里的专业是二级学科，是从学科角度阐释的）的学者；我的研究生也会宣称自己是国际法专业（这里的专业依然是二级学科，也是从学科角度阐释的）的硕士或者博士。以上是从学科角度来看的，换一个角度，从本科生教学角度来看，法学专业实行的是大类招生，也即本科生只有一个专业——法学。[①] 每年吉林大学法学院招收大约 300 名本科生，他们只有一个专业——法学。吉林大学法学院为社会培养法学专业人才，这种培养是建立在吉林大学法学学科的知识体系之上的，也即上文所说的学科知识。学科知识形成不同的课程、教材，然后形成课程体系、培养方案（主要是课程内容和体系），最终促成法学专业人才培养。如果读者朋友们还

---

① 法学也有其他专业，但是我所在的学院没开设，如知识产权专业、监狱学专业。

是在理解上有困难，那么只掌握一条简单的规则即可，学科跟科研有关，人才培养跟教学（本科）有关；本科生人才培养多跟专业有关，属于传统意义上的教学，由教务处管理。但是学科（科研）也包含研究生教学和研究生人才培养，这就会与教学（本科生人才培养）有交叉。

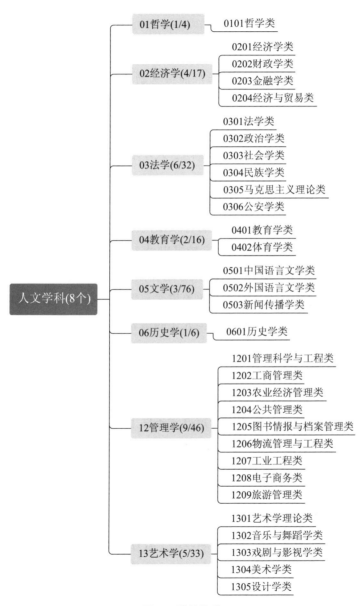

图 2　学科分类

NO.057 必须掌握的重要教学概念（3）
——人才培养模式

其实，当我们提及人才培养的时候多数是指高等教育的人才培养模式，它有着明确的内涵和要素。也就是说，当我们看到有的学者在文献中提及人才培养或者人才培养模式的时候，他必须依据人才培养或者人才培养模式的内涵和要素展开研究，脱离了人才培养的内涵和要素谈人才培养都是非专业的体现。

人才培养模式是高等教育领域的基本问题，有人才培养就有人才培养的模式。但我国高校、学界及教育行政部门提出并讨论人才培养模式，则是近20年特别是近几年的事。高校提出"人才培养模式"这一概念最早见于文育林1983年的文章《改革人才培养模式，按学科设置专业》，内容是如何改革高等工程教育的人才培养模式。之后，也有一些高校和实践工作者继续讨论医学与经济学等各类人才的培养模式及其改革，但都未明晰何为"人才培养模式"，对其内涵的把握较为模糊。由于高等教育实践的需要，理论工作者也逐步开始关注这一问题，并试图界定其内涵。刘明浚于1993年在《大学教育环境论要》中首次对这一概念作出明确界定，提出"人才培养模式"是指"在一定办学条件下，为实现一定的教育目标而选择或构思的教育教学样式"。教育行政部门首次对"人才培养模式"的内涵作出直接表述，是在1998年教育部下发的文件《关于深化教学改革，培养适应21世纪需要的高质量人才的意见》中，指出"人才培养模式是学校为学生构建的知识、能力、素质结构，以及实现这种结构的方式，它从根本上规定了人才特征并集中地体现了教育思想和教育观念"。

20世纪90年代以来，随着人们对人才培养模式关注度的提高，相关的研究迅速增多，形成了以下几种对人才培养模式较为典型的界定：是人才的培养目标、培养规格和基本培养方式（周远清）；是学校为学生构建的知识、能力和素质结构,以及实现这种结构的方式(钟秉林);是指在一定的教育思想和教育理论指导下,为实现培养目标(含培养规格)而采取的培养过程的某种标准构造样式和运行方式(龚怡祖);是教育思想、教育观念、课程体系、教学方式、教学手段、教学资源、教学管理体制、教学环境等方面按一定规律有机结合的一种整体教学活动,是根据一定的教育理论、教育思想形成的教育本质的反映(刘红梅、张晓松)等。这些观点有一些相同的含义,即基本上认为人才培养模式是指在教育思想、教育理论指导下的一种人才培养的方式。但它们也存在分歧:在培养模式的指向上,存在强调培养目标和强调素质结构的差异;在培养模式的属性上,有些学者认为应该是一种静态的"方式",而有些学者则认为是一种动态的"过程",更多的学者认为是静态与动态的结合;在人才培养模式的外延上,少数学者认为包括整个教育管理活动,一些学者则把人才培养模式限定在"教学活动"中。此外,更多的学者则持中间立场。

以上是对人才培养模式这个概念形成的一些简要介绍,如果读者们看不懂或者不愿意看也无所谓,本文接下来还会继续总结一个简化版本。在这个部分介绍这些内容主要是想让读者朋友们认识到,教育学是一个独立的学科,它内部有复杂的概念和知识体系,不仅在人才培养模式上会有复杂的概念、不同的争论,在很多其他的教育学概念上也是如此。我们对研究中出现的每一个专业的教育学术语和词汇都要有清晰的认识与专业的解读。这对一线教师而言是非常困难的一件事情,因为高等院校的一线教师并非师范专业出身,他们与我一样出身于法学、医学等专业,并不了解教育学的整体结构和复杂程度。因此,他们总是在经验、感性层面上使用一些专业词汇,但不够精准,这也影响了研究的专业性。

总体而言,普通的一线教师不必深究人才培养模式的分歧,只要记住"人才培养模式"是指在一定的现代教育理论、教育思想指导下,按照特定的培养目标和人才规格,以相对稳定的教学内容和课程体系、管理制度和评估方式,实施人才教育的过程的总和。其具体包含四层含义:

(1)培养目标和规格;

(2)为实现一定的培养目标和规格的整个教育过程;

(3)为实现这一过程的一整套管理和评估制度;

(4)与之相匹配的科学的教学方式、方法和手段。

如果以简化的公式表示，即人才培养模式＝目标＋过程与方式（教学内容和课程＋管理和评估制度＋教学方式和方法）。此外，还有一些保障措施和资源平台建设，前者如师资队伍，后者如各种教学资源库和平台。

所以，在提及课程的时候，我们要知道这是人才培养模式内容的一部分；在提及师资的时候，我们要知道这是保障环节的一部分；在提及教学改革的时候，我们要知道这是过程和方法中的一部分。

综上，我们就将高校教师从事教学研究经常"打交道"的专业术语都澄清完毕。之所以要进行澄清和区分，一方面是因为一线教师在教学实践和教学研究的过程中总要使用这些"术语"，但是我在评审项目、阅读文献、指导大赛的时候发现教师对这些术语的内涵和外延是不了解的，对术语的使用是不准确的。另一方面是因为实践中有些术语是混用的，如二级学科的专业和本科的专业；有些术语是模糊使用的，如学科、专业与人才培养等。这就加大了一线教师对原本就不了解的教育学术语的理解难度，本书专门用几篇文章解释这些常见的术语，因为只要教师想从事教学实践、教学研究活动就回避不了这些术语。

NO.058 教师常用的教育学理论
——课程设计和教学设计

我们之前提及过教学研究要用教育学理论和知识解决教育学问题,而且在开篇我们就指出,高校是一个丰富立体的结构,而教师处于最基层,无论什么教学问题,来到教师这个层面都是手中的这门课怎么建设以及这门课怎么上。其中手中的这门课怎么建设,涉及的教育学理论就是课程设计;而这门课怎么上,涉及的就是教学设计。在参与申报项目、建设课程、参加大赛、参与教学成果奖等教学研究活动时,我们都会强调上述两个理论,遗憾的是,很多老师都没有意识到自己缺乏教育学基本理论,在参与上述活动的时候总是介绍经验,上升不到理论层面。本文主要介绍两个非常实用且常用的理论,用于提醒教师在参与教学活动的时候一定要使用相关理论,而不是凭感觉和经验。

教育学关于课程建设的原理包括两个方面:课程设计模式以及在模式确定后具体的课程设计。课程设计模式是课程设计的底层思考,即课程是按照什么模式生成的。课程设计包括五个内容:课程目标、课程内容、课程实施、课程评价以及课程组织。只有先了解课程生成的底层逻辑,才能分析课程设计所包含的五个方面——目标、内容、教学模式、评价和组织,课程设计模式是在设计课程时先要考虑的内容。课程设计模式主要包括四种:目标模式、过程模式、实践模式以及批判模式。

目标模式是泰勒提出的以目标为课程设计的基础和核心,围绕课程目标的确立及其实现、评价而进行课程设计的模式,是20世纪初开始的课程设计与开发科学化运动的产物。但在20世纪70年代初以后,人们开始从完全不同的视角来探讨泰勒的目标模式并进行反思,他们认为目标模式过于脱离实践,完全是理论知识的展现,即按照学科的逻辑将知识整合起来。于是目标模式受到了各种挑战,课程研究领域随之发生了极大变化,人们不再满足于对泰勒课程原理的修修补补，而是试图从不同的视角来探讨课程。因此产生了其他三种模式：过程模式、实践模式、批判模式。

以斯腾豪斯为代表的过程模式是指课程不应以事先规定好的结果为中心，要以过程（学生的行为表现）为中心。施瓦布的实践模式也是针对传统的"理论的"课程设计模式提出的，他认为课程领域已经到了穷途末路，原因是其过于依赖理论，要将主要放在追求理论上的精力重新分配给解决实际的问题。批判模式研究者认为课程内容不仅是教育上的问题，还是政治、经济和意识形态上的问题，他们关注意识形态和政治、经济对学生成长与发展的影响。

对于非教育学出身的一线教师而言，课程设计模式的理论过于专业，很难理解。我们用最简单的话来概括一下，在考虑课程设计模式的时候，一线教师要思考的问题是，我的这门课程是设计成纯理论的形式还是设计成理论和实践相结合的形式？是完全的知识传授还是考虑学生的学习方式和接受程度，将学生纳入知识生成的考虑范围？是否考虑课程之外的一些关于经济、政治和意识形态的问题？这就将上述四种课程设计模式融入其中了。

在介绍完课程设计模式之后，我们要具体展开课程设计的五方面内容：课程目标、课程内容（含教材建设）、课程实施、课程评价以及课程组织。课程目标是指导整个课程编制过程的最为关键的准则，确定课程目标先要明确课程与教育目的、培养目标的衔接关系，以便确保这些要求在课程中得以体现。课程内容是指各门学科中特定的事实、观点、原理和问题，以及处理它们的方式。课程目标一旦有了明确的表述，就在一定程度上为课程内容的选择和组织提供了一个基本的方向。课程实施是指把课程计划付诸实践的过程，它是实现预期的课程目标的基本途径。课程评价是指研究课程价值的过程，由判断课程在改进学生学习方面的价值的那些活动构成。评价在课程中的作用包括诊断课程、修正课程、比较各种课程的相对价值、预测教育的需求和确定课程目标达成的程度。课程组织，某种意义上就是课程团队，指授课团队的学院、学科、地域、年龄、知识构成等情况。课程设计是非常复杂而专业的内容，以上只是对其的简单介绍，目的就是提醒我们的老师，在从事有关课程建设方面的教学活动时要依据课程设计原理，不能想当然地凭感觉采取行动。

教学设计是运用系统思想和方法,以学习理论、教学理论和传播理论为基础,计划和安排教学全过程的诸环节与各要素,以实现教学效果最优化为目的的活动。教学设计以教学过程为研究对象,用系统思想和方法来分析教学过程的各个要素,用最优化的思想和观点对教学过程进行设计,给教师的教学过程提供一个具体的、可操作的教学活动实施方案。良好的教学设计能够充分体现学习者的主体地位,能够使教学工作更加科学化,提高教学效率和教学效果,也更能调动学习者的积极性。教学设计的要素包括教学目标、教学过程、教学方法、教学评价,有的甚至还包括教学媒体。

　　教学目标来源于课程目标,它是某一特定专业课程目标的具体化。在教学目标方面,我们传统上是比较重视"双基"目标的,即基础知识和基本技能。后来,随着我们对教育规律认识得越来越深刻,"双基"目标被调整成"三维"目标,即知识与技能,过程与方法,情感、态度与价值观。教学过程设计要依据教学内容的性质、学生的特点、教学环境和资源展开。具体的内容包括新课导入、讲解、媒体选择、提问、内容连接、板书、学生活动等方面的设计。教学方法与教学目标、教学过程有着密切的联系,它是更好地实现教学目标的手段,是落实教学过程的工具,也是教师和学生共同完成的教与学活动的总和。教学评价是依据教学目标对教学过程及结果进行价值判断并为教学决策服务的活动,是对教学活动现实的或潜在的价值作出判断的过程,也是研究教师的"教"和学生的"学"的价值的过程。教学评价一般包括对教学过程中教师、学生、教学内容、教学方法手段、教学环境、教学管理诸因素的评价,但主要是对学生学习效果的评价和对教师教学过程的评价。

NO.059 ▶ 无论什么专业的底层都是"听说读写"
——写作能力"秒杀"一切,高手都是"笔杆子"!

写这篇文章是为了澄清一个认识误区,大家(包括学生、家长,甚至包括很多老师)通常认为到了大学只要学好专业知识就可以了,而忽略了"听说读写"能力的培养。我在学校专门开了专业文献阅读和写作课程,有的同学不理解,不知道为什么要教他们写作。我在这里解释一下,也帮助青年教师认识到"听说读写"的能力是支撑学科知识学习的基础。

首先,我们需要了解的是大学对人才的培养和中小学是不一样的,大学是专才培养,中小学是通才培养。所以在中小学阶段,全国的学生接受的教育都是一样的,都是很基础的几门课程——语数外、政史地、理化生,在中小学阶段,比较重视对学生"听说读写"能力的培养。到了大学阶段就不一样了,大学教育是分专业的,当一名学生进入某个专业之后,除了一些公共基础课,他开始学习该专业的知识体系(专业课)。所以,大学的教育有时候被人们定义为专业培养和专业知识的学习,再也没有专门的人或者老师训练学生的阅读和写作能力(这项能力被默认为学生上大学之前就具备了)。但现实是,目前的大学生在底层理解力的支撑能力上(听说读写)存在很大的问题,这影响了他们知识获取和问题解决能力的形成。

其次,我们需要树立一种观念——任何专业知识学习的底层都是"听说读写",而不是专业知识本身。为什么这么说呢?我以我所在的法学学科为例,法学生毕业之后无论是从事法官、检察官、律师还是教师等职业,都是离不开"听说读写"的。比如会见当事人的时候,你是不是得听对方陈述?开庭的时候,你是不是得提交材料?检察官提交公诉意见书、律师提交答辩意见、法官最终要提交裁判文书……哪一个不需要写作呢?教师这份职业就更别提了,就是一个纯粹写作的工种。这就告诉我们,无论大学生学习的是什么专业,"听说读写"技能都很重要,这是未来从事专业工作的基础。当我们的学生大学毕业之后,到了实践岗位上,他是需要用专业知识解决问题的,可是专业知识总得有表达的渠道和载体,那么基本上离不开说和写。所以,掌握一个学科的知识不是大学学习的最终目的,能在学科知识的背景下从事写作和表达才是最重要的,否则别人怎么判断你的专业能力是强还是弱?如果你对这种观点有异议,你可以到用人单位做一次调研,你看看哪个企业不缺会写的人呢?写作人才极其短缺,同时也说明了我们的大学教育(或者教育的全链条)对写作环节的重视程度是不够的。

再次,在"听说读写"中,听和读是输入,说和写是输出,没有输入就没有输出,有了输入也不见得有输出,输出具有相对独立性。在输出的说和写环节中,说是口头表达,写是书面表达。书面表达的要求和严谨度要比口头表达更高一些,所以写作是"听说读写"中最难的。同样是大学四年毕业,或者研究生毕业,都拥有同样的毕业证和学位证,我们怎么判断一个人的能力比其他人要高一些呢?就用写作能力判断,写作是高等教育中最难培养的能力,没有之一,是秒杀一切能力的。说不出来就是不会,写不出来就是白费!所以中小学语文圈流行一句话——高手都是玩语文的!这句话有一定道理。

最后,爱因斯坦的文笔是相当好的,如果你看过爱因斯坦文集,你会发现那些大科学家都是写作的高手。写这篇文章是希望年轻教师认识到培养学生写作能力的重要性。写作能力不行,多半是由于阅读也就是输入环节有困难,这也是我为了教会学生写作而在我所在的学院开设文献阅读课程的原因。

NO.060 ▶ 了解"学习论"的一些内容
——从教育学角度看什么是最好的学习方式

本文想要表达的核心观点是,写作是最好的学习方式!先说几件生活上的小事,一件是我之前在《用人单位让我推荐毕业生,就仨条件》这篇帖子里提过的。很多律师事务所要毕业生,他们表面上要名校生,其实内里隐含着一个假设,就是这些学校的毕业生写作能力要好一点。另一件事是,前几年比较火的电视剧《人民的名义》中有一个角色——刘新建,剧中介绍他为什么被赵立春看上的时候有一段话:刘新建原来在军队,因为"文笔好"被赵立春看上,于是赵把他调到身边做秘书。还有一件小事是,一个朋友在基层公安部门工作,被借调到了省厅,时间到了,省厅不放人,原单位还着急要人。我笑着问他,你怎么这么招人稀罕,大家都不舍得放你走?朋友笑一笑说,跟我没关系,只是现在哪里都缺能写的人,我恰好能写各种公文而已。而且身在教育圈,我特别知道能写意味着什么,写作意味着高级层次的思维。学生的写作能力是衡量学生素质的硬指标。很可惜现在普遍不重视写作,学生写作能力普遍一般,这也是社会对能写作的人求贤若渴而写作人才供不应求的原因之一。为了说明这个问题,还得借助两张教育学的图。首先看图1——布鲁姆认知分类金字塔。

布鲁姆把人类学习分成六个层次,最低的两个级别是"记忆"和"理解",这两个行为的对象是知识;高一级别的是"应用",简单地说就是把所学的知识应用到实际问题的解决中;再高一级别"分析"和"评价"涉及批判性思维;最高级别"创造"涉及创新性思维(这在中国社会最缺,无论是自然科学领域的"卡脖子"技术,还是社会科学领域的制度创新,都与创新性思维有关)。好了,我们平时上课,尤其是上大课,讲授类别的课,学生就是出个耳朵听,老师站在讲台上讲,这种教学模式输出的主要是"知识"。期末考试的卷子主要考查的是记忆和理解能力——也就是

图1 布鲁姆认知分类金字塔

最低的两个层次。现在有些学校开设了一些实践课程，是为了培养学生的"应用能力"——金字塔的第三层。但是普遍没有形成科学的课程体系，比如法学院开的模拟法庭就是这类，效果一般。剩下的分析、评价、创造能力更是没有系统的培养方式。

那么什么能锻炼人的分析、评价和创新能力？从教育学角度来看——写作是非常好的锻炼这几方面能力的训练。为什么这么说？先说感受：一般的学生最头疼的东西是什么？不是上课，也不是考试，这些背一下就能解决。最头疼的就是写毕业论文和学年论文，因为这个东西是真的写不出来。为什么？因为论文考查三样东西：理论基础、逻辑思维、语言表达。理论基础就是你学到的知识，碎片化的还不行。逻辑思维就是你有分析问题的能力，你光有知识，但是你没办法用你的知识分析问题、评价和给出意见（这里又涉及评价和分析能力）。最主要的是论文要求创新性，你必须解决一个新问题，或者用新方法解决问题，或者思维路径不一样，这就逼着人思考，要求有创新能力（金字塔最顶层的"创造"也随之出现）。还有就是语言表达，语言表达最难而且最容易被大家忽视。作为中国人，谁怀疑过自己不会说话？但是，平时我们的表达只能算是生活中的唠嗑，真正写在纸面上的正式书面语言和站在台上的口头语言很多人是不会的，不信你看看为什么人们写东西那么难？为什么人们一站在台上讲话会手心出汗？因为难，因为你驾驭不了。

这件事情很复杂，不是一两句能说明白的，这也是我开设一个公众号分享一些写作方面的感受、技能训练方法、思维训练方法的原因。作为一个教育体制内的人，观察自己和千千万万的学生，观察中国教育问题和社会需求对教育的反馈，我很负责地告诉大家，衡量一个人综合能力最好的方式就是写作能力。你只要会写（得是写得好的那种，不是文理不通的那种糊弄事的），就说明你有知识底蕴，有系统的知识体系；你还有逻辑思维，你能整合自己的思想；同时你还有表达能力，能用顺畅的文字表达自己的所想，让别人能看明白。我们甚至都不奢求优美的文字，顺畅干净就行，这是多少大公司梦寐以求的人。很多学生向我哭诉现在工作不好找，我只是很遗憾，不是工作不好找，是你想要的工作不需要你这样的人。

本来想直接上另一张图，在这里还得絮叨两句。你观察小学生，哪项学习让家长最闹心？恐怕是作文，虽然作文班能教给孩子们一些技巧，但对于写作能力的提升帮助非常有限。因为它需要你大量地阅读，有了大量阅读作为基础（我们把这个环节叫作输入），才会有写作（我们把这个环节叫作输出）。这就是为什么老师喊破喉咙一直在强调阅读的重要性。可惜有的家长不太明白，导致孩子们的阅读量始终是不够的，这对孩子以后的成长是非常不利的。这也是大学中攻读任何一个学位都有论文答辩的原因，因为论文写作太重要了。但是现在这项工作做得不好，以至于很多人主张取消这个环节，这不是解决问题的办法，否则一项训练高级思维的教学活动就没了。真正解决问题的办法是做好写作教学的研究与设计工作。

然后我们来看图2，有人把这张图称作学习金字塔，教育业内称之为留存度图。什么意思？就是各种学习方式之下学习内容能够在学生大脑里留存多少。

虽然这张图很简单，但我还是解释一下，听讲，也就是平时上大课，学生坐着听，也包括现在上网课，只要学生坐在那儿就是被动地听，不管老师是说还是演示图片，学生没有参与都是被动学习。这种被动学习的学习留存度只有5%～30%。孩子在学校待了一天，你以为收获满满，孩子书包越来越重，你觉得他装的都是知识？呵呵，其实不然，这种被动学习的效果就是一般。所以现在倡导要积极、主动地学习，我们继续看这张图的下半部分。

如果让孩子参与讨论、亲手实践——自己做什么东西或者解决什么问

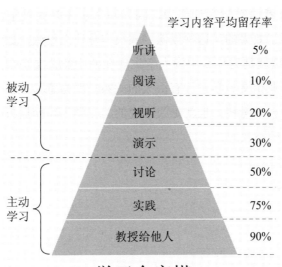

图 2　学习金字塔

题，这时候学习内容的留存度就会到 50%～75%，很有意思是吧。因为孩子主动学习，参与进来了。那么什么方式是留存度最高的方式？——讲授给他人，也就是能像老师一样把某件事讲给别人听，这标志着孩子肯定是会了，并且掌握度在 90% 以上。就这么神奇！

好了，那么讲授给别人跟写作有什么关系？关系特别大，写作是一种表达，讲授给别人也是一种表达；写作是一种输出，讲授也是一种输出；写作是一种书面输出，讲授是一种口头输出。这两者都调动了人的大脑中的三项具体能力——理论基础、逻辑思维和语言表达，本质上两者是一样的。而且你就这样想，表达得有底稿吧，底稿写出来就是写作。一般表达好的人会有很强大的写作能力作为支撑。相信我，我当了 20 年的大学老师，写作只会比讲授更难、更训练人，不会比这个更简单。所以通过图 1 和图 2，我想告诉大家的是，最好的学习方式就是看书、写作和思考。

综上，我们总结一下本文的观点。写作是最好的学习方法，它能训练多种思维而且是高级思维（分析、评价和创造）。学习的方式有很多，掌握度或者留存度最好的学习方式是讲授给他人，我再加上一句，比讲授给他人更好的方式是写作（写作也是给别人讲故事）。但是写作教学同时又非常考验教育者的教学设计能力，因为写作实在是太难了，没有过程控制，是保证不了效果的（这种授课方式很容易让人偷懒，如果过程没有被管理的话）。这就是为什么中国大学生现在的毕业论文是个重灾区，这跟中国整体的毕业论文教学设计有很大的关系。严格意义上说，甚至没有教学设计，只有教学考核。也就是我常说的，在学生写作这方面，我们的大学其实是只考核不教的。

NO.061 学生的各种"学习情绪"对照表
——要了解学生!

经常有人提"以学生为中心",这也是一个饱受争议的教学理念,很多人把"以学生为中心"当成什么都是学生主导,这样的理解是不对的。"以学生为中心"其实强调的是老师要了解学生,根据学生的认知情况和接受能力提供给学生适当的教学内容与教学量。举个例子,曾经,我有一个学生,综合素质还不错,第一次见面的时候他自告奋勇地要求承担一项任务——翻译某国的国际私法,我欣然同意。后来的事情证明我俩都错了,这项工作对于一个研一的学生(法律硕士)来讲有点儿难。结果是,那学生提交给我一份将近 8000 字的翻译稿件,我用批注修改了将近 10000 字之后将其返回。然后就没有然后了,后来我几次找到该学生想要推进这项工作,该学生一直处于放弃状态。

当时,我比较年轻,对这件事情做了简单的归因,认为主要原因是学生中途放弃。随着我接触的学生越来越多、指导经验越来越丰富,我突然发现,这里也有我的问题,我那 10000 字的反馈可能把学生给吓着了。有时候导师需要先探测学生的学术能力,然后再制定学术任务。同理,学生也是如此,要先对自己的学术水平有一个清楚的认识,才能制订科学、合理的学术规划,否则会引起精神上的各种不适。相反,一份难度适宜的任务会引起精神上的积极反应。

图 1 是 Csikszentmihalyi 在 1990 年提出的一份教育研究。其中横轴代表学生学术能力,纵轴代表学生面临的学术挑战。当学生能力很低,遇到低、中、高等的挑战时产生的情绪分别是冷漠、担忧、焦虑;当学生能力中等,遇到低、高等挑战时产生的情绪分别是厌倦和小刺激;当学生能力很高,遇到低、中、高等挑战时产生的情绪分别是放松、有操控感以及放飞……总结如表 1 所示——学习情绪对照表。

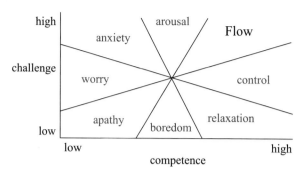

图 1　学习情绪对照

表 1　学习情绪对照表

挑战的难度系统	情绪状态		
挑战度高	焦虑	小刺激	放飞
挑战度中	担忧		有操控感
挑战度低	冷漠	厌倦	放松
	能力低	能力中	能力高

在表 1 中，小刺激、放飞、有操控感、放松是正面情绪；焦虑、担忧、冷漠、厌倦是负面情绪。传说中的放飞是我们追逐的最好状态，但是不能一下子实现，这是最终的目标。所以当学生出现了相应的状态，如担忧、冷漠等，有可能是老师给的问题难度低（当然也有学习态度不端正的问题，但本文暂且不讨论这个问题）；如果学生产生了焦虑情绪，那说明现在他所面临的挑战对于其能力来讲是偏高的，他需要从更低层次的任务做起。

以论文写作为例（课堂教学也是如此），很多学生在我的公众号后台留言问为什么会焦虑，那是因为你面临的任务对你所具有的能力而言是有很大挑战度的。那么这时候应该怎么办？将这个巨大的、具有挑战度的任务拆解，分成若干可以完成的小模块和小任务，使自己的精神处于放松、有操控感的状态。经过一段时间的积累可以再提高难度，从事一些有挑战性的工作，带来一些感官上的"小刺激"，这样循序渐进，最终达到"放飞"的状态。

总之，在和学生互动的过程中，导师通过调整"挑战的难度系数"尽量让学生保持在正面情绪的范围之内，避免出现负面的情绪，这是较为符合教育学理念的一个选择。现在回想起来，当年我和那个研究生都有问题，我给到的学术训练剂量太大了，容易引发学生负面的情绪状态。本文作为自己教学中的一个反思，同时也分享给有需要的老师和同学。毕竟每个人的状态不一样，学习这件事需要学生从实际情况出发，制订较为个性的学习计划，导师要给到较为具体、有针对性的学习任务。需要注意的是，导师和学生面临的实际情况可能会很复杂，但是这个对照表至少提供了一个观察的视角和维度，希望对大家有帮助！

No.062 低头走路也要抬头看路
—— 了解宏观和中观的教育格局才能更好地教学

上文已经介绍了中国教育宏观的历史沿革和在今天面临的挑战，本文介绍一下高校教师要在宏观教育背景下认识到自己的短板，这样才能更好地在教学这条道路上脱颖而出，形成自己标志性的教学成果。

我是法学出身的教师，一直到2017年12月才第一次真正意义上接触到正规的、以教育学为基础的教学培训，虽然自己之前的教学也一直在推进，但都是经验摸索。我在教学这条路上成长得很快，与我同时甚至在我之前走上教学道路的老师几乎都没有我出版的著作多、接受的讲座邀请多以及社会的接受度高。究其原因，是我很早就认识到教学研究的重要性，知道自己不能总是在教学实践上打转，一直不往更深入的教学研究道路上走。而且，我也经常提及，一个好的研究方向决定了一个人未来在工作上能走多远、走到什么程度，这个道理在教学领域仍然是成立的。

有很多人非常好奇，我是如何找到目前从事的教学研究方向的。其实最开始也是跟刚入门的老师一样，两眼一抹黑，什么也看不明白，分不清教学实践和教学研究，不懂课程论和教学论，更不明白如何将教学理论用于教学问题的解决。更有甚者，我根本不知道自己的教学有什么问题，中国的教育目前有什么挑战需要我来解决。我之所以在很短的时间内探索了一个研究方向并坚持写作输出，原因有两点。

其一，我是国际法专业，拥有良好的外语能力和观察国外研究进展的习惯，这是我们从事国际法研究工作的必备要求。于是，当我在教学研究这条路上遇到问题的时候，我除了看国内的研究，还本能地去查找外国文献，进入外国大学网站检索课程设置、教学大纲，去联合国教科文组织研究国际组织的政策、文件和工作重点。我与外界的沟通始终畅通，这让我很快发现了世界教育的本质、格局、未来发展趋势以及在这个大的背景之下中国教育的位置、处境和未来应该怎么办。所以，我的本专业给了我基本的学术素养训练和一个开阔、包容的研究格局。我在日常指导年轻教师开展科学研究工作的时候，发现他们从来不看外文资料，或者看得很少，对国外的东西也不关心。其实，经常从事教学观察工作的人就能发现，教学的一些相关前沿最早都是发生在发达国家，慢慢从美国等发达国家流向次发达国家如加拿大、澳大利亚，然后亚洲的国家再跟进学习，如韩国、日本等，最后中国台湾地区就开启第三批次的学习，从国外学习点东西。所以，最开始在国内搞培训的都是台湾地区的同胞，后来我们大陆开放了，也可以直接去澳大利亚甚至美国学习了，然后台湾地区对大陆的教师培训市场（很多其他领域也如此）就萎缩了。现实中是有这样一幅知识流线图的，其实在信息时代，我们没有必要依赖于二手、三手知识，我们可以自行去相关研究最发达的地方检索和学习知识。毋庸置疑的是在很多领域，我们是需要用外文去了解这些知识和信息的。但是很多老师没有这方面的意识，有这方面意识的又碍于自己的语言能力和畏难的心态迟迟没有付诸行动。其实现在翻译软件非常智能，从事外国比较研究的老师，不会太辛苦，只要有一点语言能力就可以。老师们有的更多是一种心理隔阂，不愿意跨出自己的舒适区到不熟悉的领域、空间（哪怕是互联网虚拟空间）去探索。

其二，我是科研人员出身，虽然我多次提及自己的学科由于种种原因，没有办法支撑我走太远，或者换一种说法，同样的投入在教学的领域产出比较多，在我的学科可能就会有"天花板"，但是我的科研底子是非常扎实的，我知道如何解决问题并掌握了解决问题的方法，我在自己的学科专业领域发表了大量的论文，并先后主持了两个国家社科基金项目。我将自己在科研领域中的研究方法和研究素养整体移植到教学研究领域。所以教学研究对我来说难度不是很大，我本身就是一个成熟的科研人员，只不过是在本学科的研究之外又涉足另一个学科的研究而已。方法上不存在任何障碍，只是需要补充另一个学科的相关知识。接下来，我只要看大量的课程论、教学论方面的书籍和文章就能把这个问题解决。我在日常生活中遇到的青年教师，他们存在的一个很大的挑战是，他们不是成熟的研究者，没有掌握科学研究的底层方法论和规律。也就是说，他们对于本学科的研究也很青涩,即便转移到教学研究领域后,他们的研究能力依旧不健全,并给他们带来了很大的挑战。

所以,我给年轻老师的建议是增强自己的研究能力,也就是解决问题的能力。在增强自己研究能力的基础之上,还要抬头看看其他国家的教育推进到什么程度,国际上对教育作出过哪些方向性的抉择,这样你就能很快锁定一个具有前瞻性的研究方向。当然,以上论点是构建在这样一个基础之上的,即中国目前的高等教育是世界高等教育模块中的一部分,而世界高等教育的"领头羊"是西方发达国家。目前的高等教育格局是顺应西方工业革命形成的,我国传统的教育与这一套为配合工业发展而形成的教育体系不同。但是洋务运动后期,我们不得不开始向西方学习,建立了跟他们大致一样的高等教育体系,才能参与由西方主导的工业化进程。从这个角度来看,全世界的高等教育的设立初衷、服务对象、社会功能都没有太大的差异,本质和底层逻辑都是一样的。只不过是一些国家做得好一些、领先一些、全面和细节一些,更能配合好其所在社会的需求。我们要向这些国家学习,但同时也要考虑自己的需求,学习其先进的经验,培养出适应我国国情的人才,解决我们本土教育发展面临的问题。

NO.063 教师要时刻保持危机感
——人口、科技、经济与社会!

从自然界的角度来看,没有危机感的动物都已经灭绝了,人类社会也是如此。当代教师要对其所处社会的经济、科技与人口的变化保持警觉,并感受到这个变化链条最终会传导到教育领域,进而对自己产生影响。这种影响轻则改变自己的生存环境和生存质量,重则会使自己出局。就像几十年前的大厂开疆拓土、广纳贤士,现在却不断传出裁员的消息一样,这一切都不是大厂本身能决定的,都是受外界因素影响的。

高校教师这一职业被普遍认为是"铁饭碗",属于体制内但又没有行政机关那么束缚,很自由。尤其在过去的40多年里,由于社会的需求摆在那儿,高等教育获得了长足的发展。目前,由于我们所处的时代发生了较为深刻的变化,高校教师要意识到这些变化,及时调整自己的发展策略,更好地适应时代的需求,争取不被淘汰,使职业之树常青。

(1)高校教师面临的第一个挑战是出生人口数量降低,人口对于教育的影响已经从幼儿园逐渐过渡到小学、初中甚至影响到参与高考的人数。而作为教育整个链条的最后一环,高等教育会不可避免地受到影响,这是迟早的事情。中国高校目前是对标社会经济发展的最高需求进行配置的,在数量、产能(每年1000多万大学生)、结构(层次不够丰富、分流功能较弱)方面都会遇到很大的挑战,都必须作出调整。作为高校一分子的教师也会受到这种调整的冲击,在调整的过程中,不适应发展趋势的老师必然会出局。

(2)科技的发展对于人类社会的影响是非常深刻的,目前对高等教育挑战最大的是人工智能,其对中国传统教育产生了深远的影响。如上文所述,中国的教育目前集中于知识的记忆和理解,这也是人工智能的强项。大部分人工智能通过语料库的建设都能成为既有知识的最大拥有者,那么问题就来了,人类通过高等教育学习了数年而掌握的技术知识,在人工智能面前变得一文不值。未来要想战胜人工智能,或者让人工智能为人类服务,教育要发展出能够对抗人工智能的人才培养模式,我们把它称为高等教育的转型。在这个转型的过程中,教育的主管部门肯定是倡议者和引导者,但具体工作都是由一线教师来承担的。如果一线教师不作出改变,没有洞悉科技发展对高等教育产生的威胁,那么首先被淘汰的可能就是教师自己。此外,高等教育这些年的发展也产生了很多线上课程,社会上也有很多以"知识付费"形式存在的课程。总之,现代社会似乎并不缺乏"知识",教师如何保证自己提供的"知识产品"是学生需要的,这在未来很重要。

(3)人口结构发生变化、科技持续进步对社会的影响也是深远的,全世界的经济和社会发展目前都处在一个相对低的周期中,发展速度放缓,产业结构调整,社会需求变少。但是高等教育是具有滞后性的,对经济社会的发展变化都是最后作出反应的。这反映为我们培养出来的人才在与社会的匹配度方面存在一定的问题,导致大量毕业生滞留在中间环节,迟迟不能社会化。

高校教师对上述社会变革和自身危机的察觉,与其所处的高等教育体系对社会的反应相比速度更慢。如果说上文提及的高等教育对于经济社会发展是具有滞后性的,那么处于高等教育的最微观环节的一线教师通常在教育体系已经察觉到变革趋势的情况下依旧对危机没有太多的感知。这不仅是因为高等教育是所有教育链条的最后一个环节,教育自身的问题传导到高等教育环节,需要一个漫长的过程,即便我们已经看到中小学发生变化,但这种变化来到高等教育领域还需要一段时间,还由于高校教师在高等教育中也是最后一个环节,通常国家相关部门已经开始变革,但从上到下地落实改革的政策、想法也需要一段时间,更何况有些高校教师是不关心"宏观"的政策和导向的,他们始终存在路径依赖,按照自己既有的路线墨守成规地在"发展"。

未来已来,不变是不可能的。只有早洞悉这种变化的趋势,早采取行动和规划自己,才能在未来的变革中立于不败之地,甚至有可能"弯道超车",因为在变革中往往会产生很多机遇。有些机遇在固化的社会中是难得一遇的,但它们只留给有准备的人。

NO.064 做好教学是教师的本分，人才培养是高校的最重要职能

为什么要写这篇文章呢？这有两方面原因：一方面，我们之前对教学的探讨都是将其作为一条自我实现的路径，我担心这样会让某些老师产生错误的认知——我只要不通过教学进行自我实现，就不用考虑这部分内容了。这种观点是错的，教学是教师的本分，不论是否将其作为最终自我实现也就是发展期的路径选择，教师都要做好教学。另一方面，由于现在高等教育的"指挥棒"还主要放在科研考核上，很多教师会不由自主地忽略教学的重要性，因为在很多高校，科研压力很重，而且科研是考评新教师的唯一指标，很多教师是"非升即走"的，他们也无暇顾及教学。

我曾经参与过一场教学研讨会，一位年轻教师直言不讳地指出，无论学校给我多少讲课费，我都没有精力去发展教学。因为学校只给我三年的机会发表科研成果，如果不达标，我就要拍拍屁股走人，我没有时间搞教学。在这样的背景下，尽管高校最主要的职能是人才培养，而人才培养的实现路径是教学，但是事实上，在目前的中国高校体系中，教学地位是不如科研的，学校越好，教学的地位就越低。

但是也应该看到，国家在积极努力地改变评价指标，只不过这种摸索还需要一段时间。未来，人才培养的载体——教学的功能和地位一定会获得应有的尊重。而且，不管各所学校的科研任务多么繁重，教师总要走入课堂、走上讲台，总要面对学生。对学生负责、对自己的日常教学负责也是一名教师的本分。所以，在本部分的结尾，我提示各位教师，做好教学是自己的本分，不能觉得教学不是自己的发展出路就弃之不管，使之成为自己职业生涯中的不毛之地。而且现在对教师的评价也是多维度的，其中就有学生评价，如果一门课程学生的评价总是很低，这是要出问题的；还有就是学校督导评价，这也是一个很重要的日常教学监督环节。总之，现

在对教师的日常上课行为有很多维度的监督、评价指标和路径，一线教师对此还是要重视的。

信息化的时代，很多高校上课的过程都能直播，甚至录像留痕。这一方面提供给那些没有机会学习课程的人以学习的机会，另一方面也成为检验老师的永不消逝的"证据"。这些即时生成的视频、音频将永远留在网络上，只要是对教师的教学行为进行评价或者质疑，这些资料马上就会变成"呈堂证供"。所以，从自身教学尊严维护、教学职业体面的角度来看，也需要教师严肃对待自己的教学活动。

这样，我们就将教学这部分的内容梳理完毕，希望其能帮助年轻教师对教学理论、日常教学和作为发展路径的教学有一个深刻的理解，从而优化自己的职业生涯规划，最终帮助自己走出一条属于自己的自我实现之路！

第三部分
江湖

NO.065 ▶ 教师不是活在真空中
——有人的地方就有"江湖"!

在世人眼里,高校就是一座象牙塔,某种意义上是与世隔绝的。而且高校教师群体中也流传一句话,选择高校教师这个职业就是想过与世无争的生活。总之,教师这个身份就总让人感觉与人间俗事有一定的距离,甚至人们也总愿意把人民教师想象成不食人间烟火的样子,教师自己潜意识里可能也是这样想的,要不然像"清高""不为五斗米折腰""安能摧眉折腰事权贵"……这一类的词是怎么来的呢?

但事实上,只要有人,就有江湖。对于高校教师而言,即便你不踏入社会,永远生活在高校圈内部,你也避免不了与人接触。与人接触就会有人情世故,就会有人情冷暖,就会有矛盾斗争,就会有竞争(也包含合作)。所以不要认为高校就是一块纯净的空间,远离是非、远离名利、远离斗争,高校里面的人就过着与世无争的日子,那是桃花源,不是高校。

写这篇文章的目的并不是教会大家"宫斗",以及什么阴谋论,高校也不是"后宫",反而是一个很安静的地方。本书更想指出的是,高校教师一般智商都在线,但是"情商"(或者称之为社会性)相对不足,有很多老师太"单纯",把人和人之间的关系想象成没关系,这样不利于人际交往,不利于学术交流,更不利于自我发展。我们只是想把"不谙世事"的单纯的高校教师拉回人间,从对方、群体的角度审视自己,这样才能更好地把握自己以及自己的职业生涯。更何况,现在的高校还是鼓励老师产学研用结合的,很多老师也是需要踏入社会与人交往的,这时候就要掌握一些人和人交往的规则。

实践中,我们也清晰地发现,从校门到校门的老师普遍不太善于人与人之间的交往,但是那些先走入社会后来又回到学校当老师的人普遍智商、情商都在线。并且,很多老师不太善于处理人和人之间的关系导致自己的事业发展也有一些不顺畅。从这个角度来说，了解一些与教学、科研相关的外围人际关系是会促进自己职业发展的。

总体上，对于普通教师而言，需要处理的关系有三种，即与自己之间的关系、与配偶之间的关系以及与同行之间的关系，相应地也形成了三个"江湖"，这三个"江湖"之中的关系处理不好，哪怕教师本身具有很高的科研或者教学天分，哪怕教师付出了很多辛苦和努力，可能都不会收获自己预期的结果。有时候这三种外围且具有强支撑力的关系处理不好可能会反噬自己的科研和教学，从而影响自己的职业发展。因此，本书将对这几种外围的关系进行分门别类的介绍，当然这些介绍也都是出自我个人的观察，虽然有将近 20 年的经验做支撑，但还只是一己之见，请老师们结合自己的经验有选择性地参考。之所以要把这部分列为本书的整体内容之一，是因为我在教发中心工作的时候，很多老师过来咨询的是教学之外的事情，如有关婚姻中的困惑、自己的纠结和对整个学术环境的不解，对这些问题处理不当同样会影响老师的"主营业务"。

在具体进入婚姻、个人与学术圈的分论介绍之前，我们先区分一对概念——事实判断和价值判断。事实判断是指对客观事实的认知，能够说明真相是什么。价值判断是指在事实判断基础上作出价值选择。事实判断有唯一正确的答案，价值判断没有唯一正确的答案，有的只是个人选择不同，但价值判断需要个人承担后果，这是需要强调的。比如，吸烟有害健康，这是一个客观事实，能够认识到吸烟有害健康的人在事实判断上是没有问题的。但是在认识到吸烟有害健康的基础上，有些人选择不吸烟保重身体，有些人选择吸烟享受生活。这种选择本身是个人的价值判断，没有所谓对错之分（所谓吸烟自由）。我们不能因为自己不吸烟就觉得吸烟的人不珍爱生命，我们也不能因为自己吸烟而认为不吸烟的人不懂生活。但是在公共场所抽烟影响别人是另一个问题，不能认为对别人不构成打扰，这涉及公德。其中的事实判断不是吸烟自由，而是吸烟自由不能妨碍其他人的自由，这些纷繁复杂的事实判断和价值判断要注意区分。

事实判断和价值判断是一对非常重要的概念，现实生活中人和人之间的矛盾、自我内心的纠结，要么是因为对客观事实没有正确认知，即没有作出正确的事实判断；要么就是没有意识到自己做的是价值判断，作出了选择之后不想承担结果，抱怨结果不符合自己的预期，进而感叹自己命运多舛。

　　本书在接下来要讨论的婚姻、自我和学术圈三个部分，都是从客观真实出发，提升教师对这三个领域的客观真实的认识（俗称认知），然后鼓励教师在客观真实的基础上作出符合自己意愿的价值判断，并且认识到价值判断就是要"买定离手""愿赌服输"的，不能既要又要，这不符合客观真实。如果能做到上述两点，内心基本上就会变得通透、不纠结，也减少了内耗，将精力主要放在教学和科研上。一定要记住"事实判断"和"价值判断"这对重要概念，接下来我们所有的讨论都将围绕这两个概念展开。

第三部分 江湖

婚姻篇

NO.066 婚姻是两个人及其背后势力的"江湖"
—— 要懂选择、知进退

我们先说一些有关婚姻的事实判断，一个人的婚姻状态决定他的职业状态，一个人的婚姻状态由他选择的配偶状态决定，所以选择一个什么样的配偶就决定了你过什么样的婚姻生活，你的婚姻生活就决定了你的职业状态。

举两个简单的例子，我身边有一位老师跟一位军人结婚了，跟军人结婚就要面临两地生活和独自承担家里杂活儿的局面。果然，这位老师在刚结婚的时候就是两地生活，这一点两个人刚开始还能接受。但是后来有了孩子，军人配偶也没有办法在身边帮忙照料，家里的一切都需要我认识的这位老师自己打点。平时生活还好过，一旦有老人生病、孩子生病等突发情况，日子就变得艰难了。所以选择军人做配偶，你需要对以后的生活状态做到心中有数。我还有一位同事，是一位男老师，选择了与一位在三甲医院工作的医生结婚。医生的工作异常繁忙，而且很辛苦，尽管我这位同事还想生二胎，但是一胎几乎都是这位男老师自己带出来的，二胎尽管我的这位同事能照顾，但是他的妻子竟然没有时间生。所以选择医生做配偶，尤其是三甲医院的医生，也需要对以后的生活状态做到心中有数。我们在这里并不是想说军人和医生不是好的配偶，事实上任何一种职业和身份，都有好和不好的地方，本文想强调的是，需要在充分认识到每一种职业和身份状态的事实基础之上，忠于自己，作出符合自己要求的价值选择。

一位教师发展自己的职业——教学和科研，是需要两个必备条件的：

其一是时间，而且是大块的时间。其二是心力，你不能让自己在日常生活中被消耗得心力交瘁，否则即便你有时间，也没有办法专心于自己的教学和科研工作，具体可以表现为你的配偶是否支持你的工作，是否看重你手中的工作。如果家里成员总是贬低你手中工作的价值，你自己的心力也会受到影响。在明确这两个教学和科研的必备条件之后，你需要明白，如果你的婚姻没有办法给你提供足够的时间，你就没有办法在自己的职业生涯中脱颖而出；同时，如果你的婚姻特别消耗你的心力，比如双方价值观念不同，经常在家庭内部互相消耗，你的家人不认同你的职业选择和职业前景，你从事教学和科研的心气就不会太高。

在明确了上述两个条件之后，我们来看一下教师在择偶过程中的几种选择，而这几种选择中哪些能够支撑一位教师职业发展。在这里还是强调事实判断和价值判断，如果老师们没有意识到自己在婚姻中的这几种选择，或者是在认识到这几种选择的基础之上，作出了不利于自己职业生涯的选择，那你就要尊重自己的选择，至少做到不抱怨，因为这毕竟是你当初自己作出的决定，成年人的游戏规则就是自己做的事情自己承担后果。

教师也好，其他人也好，在选择伴侣的过程中其实有三种选择——向上、适中和向下，这一点对男教师和女教师而言都是一样的。由于教师这份工作社会地位较高，还比较文雅，并且很稳定，很多人愿意把高校教师作为自己理想的配偶类型之一。当我还在上研究生的时候，就传出我们当地的某些机构的企业经理相中了某个学院的某个美女研究生。我留校的时候，这种情况比比皆是，我就曾经被中间人试图撮合跟当地的著名企业家相亲。这些圈外的人士基本上相中了高级知识分子的某些特性，在圈内也有这种情况，比如某个学科的晚辈跟这个学科中的大咖结合，这也是向上择偶的例子。不要以为这种情况只发生在女教师身上，基本上男教师一留校也会受到很多人的青睐，甚至很多领导愿意把自己的女儿托付给他们。总之，无论是在圈内还是在圈外，无论是男老师还是女老师，只要是向上选择，就意味着你处于相对低的位置。婚姻虽然是以感情作为纽带的，但是这种感情之下是讲究平衡的，只要你是向上择偶，你就需要在这段感情中多付出某些东西来使你们之间的关系达到平衡，至于你能付出的东西，无外乎三种：金钱、陪伴（又称时间或者情绪价值）以及颜值。在这种向上择偶的境遇中，处于较低位置的一方多数贡献的都是后两者。这就导致你需要花比普通人更多的时间去维系你们之间的关系。而且这种向上择偶的方式很容易让处于较低位置的人产生懈怠的情绪，尤其是女老师，一旦她们找到了一个财力非常雄厚的婆家，基本上就会把自己的职业发展排在家庭之后。男老师会好一些，有时候还可能会获得外力的支持。但需要记住，这世界是平衡的，收获和付出都是一个平衡。只能说（不是绝对），在这种选择模式下，教师的时间和心力不一定有保障，也不一定没有保障，这取决于位置较高的一方怎么想和怎么定位教师在家庭中的角色。这句话的意思是说，教师本人可能并不能决定自己是否有时间和心力从事教学与科研。

　　那些作出了适中选择的教师，基本上选择了跟自己的出身、家庭、学历等整体条件差不多的配偶，这样的选择就意味着两个人选择了一种生活方式——共同奋斗。好处就在于双方的话语权基本均衡，总体上不存在谁哄谁、谁需要过度付出情绪价值的情况。而且大家境遇相同，能够理解彼此的工作，尽量体谅对方。也就是说，在这种选择模式下，教师的时间和心力还是有一定保障的。

　　那些作出了向下选择的教师，也就是选择了跟自己出身、样貌、学历等条件有一定差距的配偶，意味着教师本人在家庭生活中占据主导地位，毕竟可能自己的收入和社会地位是家里最高的。在这种选择模式之下，配偶及配偶所在的家庭都非常清楚自己的处境和在家庭中的地位，会尽可能地配合教师，使之做好自己的教学和科研工作，以便实现家庭整体收益的最大化。所以，教师会有比较充分的时间、心力从事教学和研究工作。有时候，甚至生了孩子都不需要你太照顾。我有一位同事就是这种类型，生完孩子，婆婆直接接手，不需要其分心。

　　以上只是对各种不同类型的择偶选择模式的粗浅分析（现实生活是复杂的但又是大道相通的），但不管怎样，还是能够还原一部分客观真实。毫无疑问，教师从事教学和科学研究是需要一定的时间与心力投入的，这也是一个客观真实。事实上，每一个选择的类型都有好处和缺点，向上选择的好处在于你可能不需要怎么打拼，但你可能不会在家庭中处于C位，你自己没什么话语权；适中选择的好处在于两个人可以有商有量，但由于彼此势均力敌，遇到事情就需要互相迁就，不是你进就是我退，我们要懂得从更长远的角度维持彼此之间关系的平衡,而不要在乎一城一池的得失;向下选择的好处在于你可能会有很大的话语权,但是你身上的责任也会很重,你可能是"全村"的希望。总之,没有任何一种选择模式是完美的,也没有任何一种选择模式是不可取的,关键是你要想明白,不能选择了这种模式,还期待另一种模式的结果,否则时间长了,自己会拧巴的。总之,在选择伴侣的时候要把自己的职业生涯和发展结合起来考虑,还要理性思考,不能被感情冲昏头脑,因为婚姻也好、事业也好,对于一个人来说都是非常重要的,最好是兼顾而不是偏废。

需要指出的是,本文所提及的向上、适中和向下选择配偶,这个配偶是广义的,不是仅指你的配偶那一个"人",还包括他(她)的"家庭",婚姻是两个家庭的平衡。本书之所以把婚姻称作一个江湖,也是因为婚姻不仅涉及的人多、关系复杂,而且事件也层出不穷,没有一点智慧,是很难把婚姻关系搞定的。我一直认为能把婚姻关系处理好的人,是有智慧的人。

NO.067 ▶ 婚姻的本质
——买定离手，愿赌服输！

本文依旧是一篇关于事实判断和价值判断的文章，在婚姻生活里，我们很多人做了价值判断，却总是抱怨生活不如意，不接受自己选择的结果，这是婚姻矛盾和个人痛苦的根源。我给大家讲一个小故事来说明这一点。

一位朋友向我抱怨，说自己的老公在关键时候指望不上。我一听差点没噎着，她家先生是出了名的配合，指哪儿打哪儿，怎么还能落得一个指望不上的名声呢？我这个朋友是典型的大女主，用好听一点的话说就是上得厅堂、下得厨房，用东北话说就是炕上炕下一把好笤帚，指挥全家人一往无前，把日子过得烟火气十足。但怎么还这样了呢？朋友跟我解释说，有一天她心脏不舒服，打电话叫老公把她送到医院。但她可能没遭遇过这种情况，有点儿心里没底，老公也按她的指示把她送去医院了，检查过程中依然是我这个朋友全程指挥，老公全程照办。结果，检查完没事，朋友出了医院坐在马路牙子上就开哭，意思是自己有病了还得自己张罗，老公虽然是全程陪伴，但是没有挥斥方遒、指点江山的气概，不由得感叹自己的命运，有点儿委屈。老公也不明白这是怎么回事，看到媳妇哭也坐在马路牙子上陪着哭。

听完后，我笑得不行，差点儿没岔气儿。我跟朋友说：“你这叫身在福中不知福，这老公就不错了，你还想怎样。”朋友说：“希望有一个顶天立地的汉子，既可遮风挡雨，又可随意差遣。”我说：“你做梦吧，不可能，你这老公就不错了，本本分分，赚得也不少，成天围着你和孩子转。”我给朋友说了几条理由。

（1）你是个大女主，平时就是你说了算，你老公打配合，这种模式已经形成且固定，你不要期待这种在平常让你得心应手的模式，到你生病（况且你也没什么毛病）的时候就自动调整成你老公是大男主，你可以变成小鸟依人的模式。你我本质上都是鸵鸟（大女主），鸵鸟依不了人，懂吗？家庭相处的模式都是在日常生活中形成的，无论变换什么生活场景，都不会改变太多，你需要对这种情况做到心中有数。

（2）这个老公也是你自己选的，理论上选择老公就几条思路，选择大男主，你得听人家的，但你这种性格估计够呛。选择自己做大女主，那么男生必然是包容型、顺从型和配合型的，那你也就别期待这样的男生在某个特殊时期突然光环加身变成叱咤风云的男一号，不可能啊。本质上，这是不可能两全的，你选择了包容顺从和配合型男生就要有心理准备。买定离手，愿赌服输！

（3）你再想想你为什么会找一个这样的配合型男生？还不是因为本质上你是一个强势的女性，这样的女性，强势而有事业心的男士是看不上的，他们一般只喜欢不惹事、别给男人找麻烦的女性，他们也不需要女性赚太多钱，女性只需要脾气好，再长得漂亮点就行了。也只有包容顺从和配合型的男人内心才渴望有一个大女主来驾驭自己的生活。如果你不信就换个男人试试，根本过不了。我给你提个醒，就你这种性格，再换 860 个男朋友，基本上也是这种类型的，不会有别的类型，因为别的类型两天就打散伙儿了，根本过不下去。

（4）最重要的一点是，我们应充分意识到，这件事情的根本原因在你（我这个朋友）身上。你不能在平时为了让自己有掌控感，就要求别人都配合你，此时你做一只鸵鸟，而遇到特殊情况，你想做一只小鸟的时候，别人（你老公）就得配合你变成超人，这不可能。所以，这件事情是你自己人格分裂造成的，跟你老公没有关系。

说完以上四点之后，朋友不服气地怼了我两句："我毕竟是个女人啊，我也需要别人照顾。""是，你说得都对！"我回答道，"但是自古忠孝都是难两全的，婚姻也是这样，你不能啥都想要，想当大女主，还想小鸟依人，这个很难。要不然，你以为为啥生活中有那么多矛盾，不都是既要又要还要造成的吗？男人，能满足一种需求就行了，不能要求太多！"

NO.068 ▶ 兔子不吃窝边草,尽量不要找同行

这个话题想强调的是伴侣最好不是你的同行,不要生活在你的工作圈子里,否则一旦你们的婚姻崩盘,绝大部分人是处理不好后婚姻时代两个人之间的关系的。具体到高校教师,我建议你至少(尽可能,不是绝对,只是建议)不要在一个学院找。我在读本科的时候,我们班曾经有几个班对,后来他们都陆续结婚了。当然他们有一直过得很好的,婚姻关系很稳定。但是有一对很不幸,分开了,这就导致有一方甚至双方都不能活跃在班级的群聊里,他们就像消失了一样,永远被隔绝在班集体之外,班级里永远不会流传着他们的传说。同理,在工作岗位上也是如此。我所在的单位(最小单位——学院,大单位有时候连人都认不全)也有几对同事夫妻,后来闹了别扭,男女双方都离职了。

至于为什么离婚之后不能共处于一个学院,甚至是一个单位,原因很简单。一方面,双方关系恶劣的时候必然伴随着吵闹,吵闹的时候人都是不理智的,会把情绪和是非带到关系之外的人群之中,有些人还喜欢让领导做主,这就必然会把家务事闹得人尽皆知。那我们试想一下,我们还怎样在一个知道你所有隐私的工作单位继续生存?另一方面,即便在分开的过程中大家都很克制和理性,我们试想一下,在同一个单位,两个人曾经那么亲密无间,分开后又形同陌路,无论是对自己还是对别人,想要维持一个正常局面,都是一个挑战。

这种例子不在少数,鉴于现代社会对婚姻的观念已经发生根本性的变化,人们普遍强调自身的感受,并且随着收入的增高,婚姻所具有的节约生活成本的功能也越来越不重要,婚姻的稳定性其实没有那么高。同理,在同一个单位也尽量不要培养关系过于亲密的朋友,同一个单位的人避免不了地会有一些利益竞争和利益的交集,这时候最好连普通朋友都不要做,更何况是亲密的朋友,你期待的理想的亲密无间的朋友关系,是没有

办法在这种有利益交叉的环境中产生的。

我上面强调的是有竞争关系的情况,我们单位每年都会留新人,这些新人之间明里暗里地相互竞争也就罢了,他们的导师也会因为自己所留下的学生表现得优、良、中、差而相互竞争。这是人之常情,毕竟大家都不能免俗,空间又比较有限,彼此存在竞争的时候是很难产生真正的友情(亲情)的。

在这种情况下,如果我们有一个非常要好的朋友,与其他人相比,他就掌握了我们更多的私人信息和个人想法,一旦关系不好或者处于竞争状态的时候,我们能保证他始终处于理性和公正的状态,不去损害我们的利益吗?

以上探讨只是建立在对人性中某些负面因素进行剖析的基础上,我们不排除有一些人品行、修为都非常好,两个人在一起的时候和睦相处,两个人分开的时候还能彬彬有礼。但这种情况比较少,大多数人还是一地鸡毛的。而且在现代社会,每个人都希望有自己的空间,即便是面对配偶和其他家人的时候,也希望有自己的空间,要不然就不会有那么多下班之后要在车里听一会儿音乐、抽一根烟才上楼回家的人。双方都在一个单位,即便在关系很好、很稳定的情况下也会让人觉得自己的空间感不足。

NO.069 你的配偶是什么类型的
——能助你成长的配偶段位最高！

配偶也就分那么几种类型，对你好的和对你不好的，但什么是好值得商榷。有的配偶的好体现为对你嘘寒问暖，竭尽所能地让你生活的环境变得舒适。有的配偶的好体现为对你无欲无求，让你随心所欲地过着"自己想要的"生活。有的配偶的好体现为对你大方阔绰，让你在物质生活上从来没有短缺。但有的配偶的好则体现为助力你的事业，使你不断获得成长。

究竟哪一种配偶是你认为的好，取决于你对人生的定义，也就是你的人生观。如果你这一生都认为自己应该过着不劳而获或者少劳多获的日子，那你可能需要的是能给你提供物质支持的配偶。如果你这一生认为自己都应该被宠着、惯着、陪着，那你需要的可能是嘘寒问暖型的配偶。但如果你已经选择高校教师作为你的终身职业，这个职业本身是要求你成长的，而且这个职业要想走出来是非常辛苦的，人在遇到困难的时候很容易退缩，尤其是女性，她们天然地愿意回归家庭的怀抱，从此就地躺平，躺在温暖的港湾中不思进取。这时候配偶的意见就非常重要，如果配偶是助力你成长型的，他还会激励你继续走出去，并为你的事业发展提供帮助和支持。如果你的配偶是阻碍你成长型的，他可能会说：不想干就不干吧，怎么舒服就怎么来，或者家里又不缺钱，也不需要你太辛苦。

那么人生的真相是什么呢？任何方面的成功，也不能取代你个人的成功。无论是男人还是女人，在现代社会都是有一个生态位的。如果没有把自己的工作做好，不仅意味着会与社会、工作环境和同事脱节，还意味着丧失了一条自我发现和自我实现的非常重要的路径。人遇到困难很容易退缩，还会给自己找借口，常见的借口无外乎这份工作不适合我、我不喜欢从事科研、我的家庭需要我、我分不开身、我家里不缺我这份工资……但这些在工作岗位上停滞不前或退缩下来的人，一遇到当年的同学，参加同学会或者听闻某个先进同事的事迹，内心都避免不了失衡。马斯洛曾经将个人的需求分成五个层次，这是广为世人熟知的需求理论。其中最高的层次就是自我实现，这是隐藏在人类的基因和骨子里的，任你怎么否认，你都有这方面的需求。如果你作出了与人类的需求相违背的选择，生命中一定有某个时刻甚至有很多时刻会让你品尝到什么是后悔、什么是失落、什么是自己当时年轻不懂事。

回到教师的职业生涯探讨这个话题，一个真正能够在自己的职业上发光发亮的人，是需要克服很多困难并付出艰苦卓绝的努力的。虽然我在上文提及过，高校中有研一代、研二代和研三代的区别，但这种差别并不足以定格你和别人之间的差距。其实在成长道路中，起点并不是决定性的因素，决定你能否持续走下去并最终获得成功的核心要素是你是否具有迫切自我实现的意愿。在最开始或者是年轻的时候，人都是胸怀大志的，但是走着走着遇到了很多坎坷和困难，就将这种心气丢失了。或者是这种心气被慢慢磨损，致使很多人放弃了人类的最终极目标——自我实现。所以一个人成长道路上的绊脚石，很大程度上是自己勇气和毅力的丢失，而在事业发展生死攸关的时刻，你身边的人，尤其是你的配偶就特别重要。

如果你的配偶在你抱怨和给自己找逃避借口的时候跟你说，不愿意干就回家，不遭那份罪，那你可能真的就收拾收拾打包回家，放弃在事业上的打拼了。但如果你的配偶在你抱怨和想逃避的时候跟你说，人间正道是沧桑，咬咬牙坚持过了这道坎，你就成长了，那你就有可能在你的事业发展上又克服一个困难。我曾经见过一对夫妇，他们的生活充满了拧巴。女方抱怨男方把自己困在家里，经年累月，自己花了大量的时间在家务上。男方回应说是女方当时觉得困难，自己也不想为难她才让她回归家庭的，结果还是被埋怨。其实这种情况的发生都是不了解人性底层的需求导致的。人天生慕强，总是活在自己的优越感里。如果在事业上没有成功打拼出来，这个人通常是没有什么优越感的。他在人前是胆怯的，是心虚的，是缺乏自信的，哪怕其他条件很好，他也是没有底气的，因为他的主流圈层不带他玩，他也融不进去，而且他还是主动因为"畏难"放弃的，这是一种非常糟糕的生命体验，希望我的读者们能尽早地认识到人性的本质，不要在关键的环节作出错误的选择。

从另一个角度来说，一位助力另一半成长的配偶也会遭受抱怨，但他们多半会收获一个比较不错的结果。以我个人为例，我家先生是绝对助力成长型配偶，他本身也是在高校从事管理工作，对高校教师的发展和职业路径非常清晰，再加上从事行政管理工作见多识广，他也会把这种比较深刻的观察感悟带回家里并将其应用于我的职业生涯指导之中。我曾经遇到过两次职业生涯危机，第一次想离职，第二次想"躺平"，都被我家先生无情地阻止了。当时，作为一个连续生了两个孩子处于人生艰难时期的女人，我对他的行为非常不理解，觉得他不够体谅和接纳我。但是，由于我家先生不允许我"躺平"，我只能咬牙继续往前走，使得我在生了两个孩子的情况下还破格晋升为教授，一直咬牙坚持也收获了一份比较不错的结果。从内心的角度来说，活到今天这个岁数，我很感激他并且认为他是正确的。但是，这个过程是很艰辛的，我会在后面《高校教师的工作是很辛苦的——对抗不了人性的弱点就不要期待自己能出头！》一文中详细阐述。

NO.070 ▶ 有时候家庭和事业之间的冲突是一个伪命题

一位许久不见的朋友向我抱怨，她最近的状态非常不好，她感觉家庭对她的拖累太多了，以至于干扰了她的生活状态、影响了她的事业发展，导致她现在心理甚至都出现了一些问题。在了解到其实她家里只有一个上幼儿园的孩子（抚养孩子的过程中，幼儿园阶段是最轻松的环节）之后，我便问她，你觉得哪里消耗你那么多精力呢？朋友举起手机向我展示了手机中的六个闹铃，都是关于孩子的，每一天总是被家里的事情围绕着，感觉很累。然后我问她，你的职业目标是什么？她说想成为一名优秀的会计师。我继续问她，你每天会为你的目标做一些什么样的努力？朋友说，按部就班地处理一些事务性的工作。我问她，你没有职业规划吗？就是那种三年要做成什么样子，五年要做成什么样子，为了达到这个样子你每天都要做什么努力和学习，这个计划有吗？朋友摇摇头说没有。聊到这里，我大概知道坐在我对面的这位朋友的问题出在哪里了。

男性也好，女性也好，在现在这个社会都是需要事业的，即都需要职业身份，这对女性尤其如此。职业能够给女性一定的经济基础和保障，最主要还能帮助女性拥有一份独立的心态。一份被做好了的事业，更能够给女性自信和满足感。这里一定要注意区分事业和事务，事业是有目标的，是需要有行动计划的，而具体的事务则没有目标感，也没有规划性，只是被外界的节奏推着走，从而给你带来了一些所谓"工作"。这种工作是不会给你带来满足感的，说到底只是你谋生的一个工具，而现代人不仅要谋生，还要在工作中获得满足感和成就感，这就需要你思考怎样把你的事务性工作变成你的事业。这是非常考验个人能力的一个问题，它需要你有非常清晰并且切合实际的目标，并要求你具有把这个目标变成每天的工作计划的能力。绝大部分人的工作只有事务没有事业，但是他们总是误把事务当成事业，并且还不切实际地期待这些事务给自己带来职业的满足感，只能说，这是一种美好的期待，但并不现实。

我们在上文说了事务和事业之间的区别，如果一个人想要从工作中获得成就感和满足感，就要学会发展自己的事业，这个事业的发展可能比你想象中困难。你必须清晰地了解你是什么样的人，你想要什么样的职业状态，为了达到这样一种职业状态要几个步骤，每个步骤需要你付出什么样的努力和学习什么样的知识。如果没有这样清晰的认识，多半你会永远陷在事务的泥潭中而不自知，反而憧憬着自己手中的事务变成一份事业。在这种目标和方法的错误中，你不断地迷失自己，甚至否定自己，于是你的状态越来越差。

一个职业女性是很不容易的，她同时需要承担很多家庭方面的工作，但是职业女性之所以被称为职业女性，是你必须意识到并将家庭中的某些事情从自己身上剥离掉，把不需要你亲自做的一些事情列举出来并且外包出去（或者放弃），这样你就会释放出一些空间。然后你利用释放出来的这些空间，每天力所能及地做一些帮助你实现事业目标的具体工作，日拱一卒，什么样的目标都是可以实现的。例如，哪怕一天拿出一个小时，即使是碎片的一个小时，你也可以完成一篇专业文献的阅读，一个月就是30篇，一年就是365篇。这对于任何一个专业人士来讲都是一份十分惊人的积累，但是关键的问题在于你是否意识到你需要这样做并切实地在你的日常生活中把它贯彻下去。很多时候人们对于事业的无力感是因为他们并没有一个能够支撑他们伟大事业目标的具体实施计划，他们甚至也区分不开事业和事务之间的区别，然后便单纯地将这一份来自事业发展的不顺利归结为家庭的拖累。从严格意义上来讲，我不同意这样的观点。我们用一个极端点的例子，假设你没有家庭或者没要孩子，你的事业就会自然而然地成功吗？所以我们需要做的不是抱怨，而是认清事物的本质，学会在家庭生活中释放自己的空间，学会每日在自己事业目标的指导下实现能力的精进，而不是把家庭当作你事业无力感的借口，来掩盖自己事实上在事业发展方面的无能为力。

我有两个孩子，经常会有很多同事、朋友向我咨询如何平衡事业和家庭。我必须承认家庭这个部分我获得了其他家庭成员的支撑，但更主要的是，我很清晰地知道自己在事业上想要做什么以及怎样做。否则即便获得了很多空闲的时间，而这些时间可能也会以另一种方式被浪费和占据掉。

那些认为家庭会影响事业发展的人,需要审视一下自己是否在事业发展上有足够清晰的思路。如果没有,你的家庭恐怕是在给你"背锅"。所谓家庭拖累,有时其实是你没有清晰的职业规划的借口!

NO.071 社会地位决定家庭地位
——没有什么男权和女权，只有强权和弱权

本文要解决的问题是，在我的工作中，总是遇到一些想半路"躺平"的老师，尤其是女老师，总想着回归家庭、享受生活。真相是你享受不了。你逃避了事业打拼的苦，还会遇到其他问题带来的苦涩。

家庭是一个没有硝烟的战场，表面上是讲感情的，也都是拿感情说事的，但是掀开这层包装纸，底层全是柴米油盐、一地鸡毛。照顾好家庭光有感情不行，还得有经济基础。而且有人的地方就会有江湖，江湖会把人分成三六九等。就像在学校，教授永远碾压副教授，如乘坐的交通工具等级标准、住宿条件好坏、劳务报酬高低、开会座次……与在家庭里一样，总是讲究个谁对家庭贡献大。按理说，贡献不分工种、不分大小，只要有贡献就应该被承认。但是现实中不是这样，洗衣服、做饭、收拾家、照顾孩子等被认为附加值比较低，即便消耗了大量的无差别人类劳动，也得不到太高的认可。相反，养家、赚钱、在工作中取得了成绩反哺到家庭里就会被高看一眼（特别过分的人还会说是我养活了全家）。说到底，在商品经济社会中，一切都有标签，一切都有定价。而在这个定价之中，你的社会价值和商业价值显然决定了你的家庭价值。

现代人愿意鼓吹男女平等，甚至有些女性愿意强调"女权"。这些口号都不重要，法律也保障了人的基本权利，但请注意，法律只是底线，上不封顶，在底线之上，你能获得多少社会尊重和认可都是靠个人努力的。我们经常愿意用"身价"来形容一位老板，其实在高校中老师们也有身价，在家庭中家庭成员也有身价。我们要切实地意识到很多时候家庭中的事情不是完全讲感情就能解决的，情感是一个奢侈品，是要在满足一定的物质和心理需求基础上才能讲求的东西。

我在这方面是有切身体会的，我在结婚之前父亲就去世了，从某种程度上来说，我没有娘家。我婆家是一个大家族，只有一个孩子。我那时候年轻，对这些人和人之间的事情认识得并不清楚。结婚之后，我发现自己在一个大家族中形单影只、孤军奋战。这里说的"奋战"倒不是什么惨绝人寰的斗争，只是在日常生活中我的话语权不高，先生和他的家庭无论是在人数上还是在气势上都超过我。最开始我不适应，慢慢也就学会了在这个家庭中自己不发言，有什么事情让先生出面解决，因为以我在家庭中的地位解决不了问题。但是这种情况随着我的教授职称晋完和名气越来越大而发生了改变，家里人慢慢开始听取我的意见，也会自觉不自觉地配合我的工作，考虑我的想法和感受。之前想要抽出点时间写作总是感觉愧对家人，现在我出差，家人会很善解人意地告诉我不用担心家里，都会照顾好的。这种转变让我深刻地意识到，这就是现实，无关人品，人天生就是趋利避害的，就是会亲近和看重那些能给自己带来某种价值的人，远离和忽视那些不能给自己带来价值或者价值感低的人。

所以，不要觉得在事业发展遇阻的情况下回归家庭就是一个很好的选择，家会是一个避风港。不会的，只要是有人的地方就一定会有矛盾和斗争，而解决所有困难的唯一不变法宝就是让自己强大。也许你会产生疑惑——是家庭靠不住吗？家庭在对外的时候能保持一致，因为你们是利益共同体。但在家庭内部，利益也是可以再继续细分的，分割到最小的个人身上时，每个人都有自己不同的想法进而产生矛盾和冲突，这是正常的。

也许你还会问，那事业一直不成功怎么办？教师这个职业很有意思，还是很尊重个人的努力程度的。这句话怎么理解？如果你在体制内，你的上升之路可能不主要取决于自己，更多取决于天时、地利、人和，自己的努力不起决定性作用。当然，你得努力。但是在高校，科研主要是自己的事，只要你能搞出点东西，申请到高级别项目，其实职业路径可以大部分把握在自己的手里。这一点我在律师行业也深有感触，律师也是一个外在限制不算太多、对个人努力程度认可度比较高的职业。也就是说，在这个行业里，个人的努力和职业发展的关联度为70%～80%。教师也是如此，还是比较尊重个人努力的。当然，在努力的过程中会遇到各种各样的问题，这也是正常的。

总之，本文想强调的是，老师们尤其是女老师还是要想尽一切办法在职业发展的道路中突围出来,不要一遇到困难就想着回归家庭或者"躺平"。即使我们回归到家庭里了,也会有家庭的问题需要解决,也不是一帆风顺的。但是,如果你是一个有"身价"的人,无论什么时候你都有议价能力,别人得考虑你的意见。而你的身价从哪里来?如果不是富二代什么的,身价基本就是从职业中来。

NO.072 ▶ 事业再成功，如果教育孩子不成功也白扯？
—— 成功的事业本身也是对孩子的教育，不要把两者对立起来

身边总有人把工作和对孩子的教育对立起来，你一跟他说论文得写、项目得申报……他就跟你说没时间，得照顾孩子。照顾孩子是需要花费时间，但我们都心知肚明，你不用一天 24 小时都照顾孩子，你也有大把的时间在刷手机。就像不运动的人不是没时间，而是缺乏面对问题和坚持的勇气。不做论文和项目，也是同理。于是在这种情况下，你就会把孩子当成挡箭牌，让孩子给你背"黑锅"。

这种做法的不好之处在于，久而久之你自己都相信了是孩子耽误你上进，你就会把你的成本和时间都折算在孩子头上，对孩子提出不合理的要求和产生不合理的期待。你做不到的事情，你反而每天强迫孩子做。于是，家里鸡飞狗跳、剑拔弩张。在孩子小的时候你还能控制局面，等到孩子大了，有了独立思考的能力，他不仅会明确指出你不能控制他、要求他按照你的意志行事，还会抨击你自己都一事无成凭什么要他来接受你的想法满足你的期待。

但本文也不想着重强调这些，而是想强调事业和孩子本身不是对立的，在拿孩子当挡箭牌的时候，人们在底层存在一个认识的误区，就是这两者天然是对立的关系，其实不然。教育是多方面的，很早的时候古人就指出，身教重于言教。你每天对孩子比比画画、唠唠叨叨，还不如按部就班把自己应该做的事情做完、做好，这本身就是一种教育，要强过很多语言上的博弈、争辩。

事业成功的父母本身就具有很大的话语权，孩子是会察言观色的，他能观察到别人对自己父母的态度是尊重、鄙视还是无视。拥有一个能受到别人认可的父母，孩子本身不仅会增强自信，还会不自觉地向父母学习。

尽管，有些时候你会觉得这孩子怎么不像我呢？我小的时候，可不像我的孩子这样……但是随着时间的推移，越是到关键的时候，你越是会发现这个孩子的底层都是你身上的特质。你对事物有独立的判断，孩子就不会盲从；你有事业心，孩子基本上也不太会依靠别人；你热爱学习，哪怕孩子想偷懒，也知道你不会放任他"躺平"。总之，你的事业观、人生观、格局、工作态度、对事物判断的底层逻辑是被深深镌刻在孩子的基因里的，孩子小的时候可能表达得不明显，待青春期之后，孩子身上会逐步显示出你的特征和生命的痕迹。孩子就是一张白纸，大人就是在他周围的可以被模仿的对象，你什么样，他就什么样。如果你觉得他目前不像你，那么有两种可能：一是你对自己不了解，他本质就是像你而你不自知；二是他还小，还没有到能向外表达且让你察觉的时候。

　　大人身上好的方面能被孩子学习，坏的方面同样。如果你发现孩子身上有一些弱点，那可能还是源自身边人，你做事缺乏决断，期待他能挥斥方遒；你喜欢半途而废，期待他能坚韧持久、迎难而上，这些根本就不可能。

　　总之，事业有成的父母在教育孩子方面是有天然优势的。首先，这种类型的父母本身就是人们认可和尊重的对象，孩子也是如此，孩子对这种类型的父母的接纳度会高一些。其次，这种类型的父母本身权威感要高一些，孩子成长的过程就是不断认识客观真相的过程，在认识的过程中一定会存在偏差，需要有人纠正。权威感高一些的父母跟孩子博弈的成本相对低一些，容易获得孩子的信赖。最后，这种类型的父母本身的日常管理、工作安排、事业心、人生观对孩子都是一种无形的滋养，这也是教育的一部分。

　　也许会有人说，那也有一些事业很成功的人教育子女不成功，我们要排除一种情况，就是中国人很多情况下是不教育子女的，通常事业很成功的人都在外面跑事业，不太关注家里，尤其是孩子的教育。这是另一种极端的情况，对孩子也是不好的。本文想要讨论的情况是能够把事业和对孩子的陪伴与引导结合起来，任何只关注单方面的情况都不会获得良好的结果。孩子肯定是需要陪伴、教育和引导的，是需要花大量心思的。如果你只是一个自己比较成功但是不管孩子的家长，这种类型也是失败的。我们想要强调的是不能因为陪伴了孩子而偏废了自己的事业，更不能拿孩子当自己事业受挫的借口。而且，孩子如果培养顺利的话，18岁就要离开我们上大学，那时候如果你的工作和事业都不行，连个转移注意力的替代品都没有，那你怎么办呢？你是会迷失自己的。人这一生都要先照顾好自己的生活、事业之后再照顾别人。也就是说，这一生最重要的人是自己，别人都是生命中的过客，迟早都要离开的。到那个时候，你会发现支撑自己的只有自己的一些东西，包括事业、工作、爱好……而你把自己的前半生都奉献给孩子，当人家与你渐行渐远的时候，你的生命又有什么依托呢？现代社会，工作和事业对男人、女人都是一样重要的。

NO.073 ▶ 中产阶层到底能留给子女什么
—— 更多是无形的东西

首先,我不太愿意使用中产阶层这个表述,但是也没有比它更广为人知且贴切的词来形容这篇文章的主题,那就暂且用着。其次,中国的中产阶层崛起的路径和其他国家有一些差别,标准也有一些变化,我更愿意加一个"新"字来区别。简单定义一下新中产阶层,他们是伴随着中国工业化、城市化以及现代化过程成长起来的一批具有较高学历,能够享受中国快速发展带来的红利并迅速致富(只是脱离了原来的偏农耕生活)的一拨人。他们小的时候生活并不宽裕,甚至还在农村,但是在成长过程中由于做对了一些事情,搭上了国家这一阶段的经济发展快车,很快完成了城市化和阶层的跨越。这个阶层的跨越只是相对于他们之前的原生家庭而言,新中产阶层就是这么一群人。

之前跟一位朋友(中产)对话,内容大概涉及对子女人生的规划和操持。这位父亲希望孩子能选择跟他一样的专业,将来可以利用自己的行业优势助力孩子的成长和发展,但是孩子不愿意,因此产生了矛盾。我其实很钦佩这类父母,不遗余力地培养孩子,为孩子操碎了心,尽量为孩子规划得非常长远,并希望孩子尽量在自己的规划和掌控之中。这在我的身边是一种常态。相对而言,我就不太着调,对孩子的教育虽然也算尽心尽力,但是基本属于因上努力、果上随缘,并没有想着自己要操持孩子的每个环节。

如果孩子选择了我的专业和我所处的行业,我是觉得我很熟悉,能给他们指导。孩子的成长一定是"自己努力+资源整合"的结果,父母是资源整合中最为有力的一个环节,确实能给孩子提供不少的支撑。退一万步,如果孩子不选择我的专业和我所处的行业,我也能找到从事他喜欢的专业的人尽量给他指导和建议,至于能帮到孩子多少,不清楚,因为很多事情不受掌控。事实上，人生能规划的事情不超过5%，不能规划的是大多数，也正是这些千变万化、不期而遇的生活（无论是欣喜还是挑战），才是人生阅历和魅力的来源。

但是也没有必要把这些支撑看得太重要，因为中产阶层能传承给孩子的有形的东西并不多。我经常宽慰我身边那些想把子女安排得妥妥帖帖的人，他们自带控制感但也会因为生活时常脱离控制而感到些许焦虑。中产阶层能留给孩子的并不多，这是现实决定的。中产阶层是靠智力、靠贡献脑力获得自己的阶层属性和社会认同的，这与某些阶层不一样。有产阶层家族里有很多东西是需要传承的，他们家里可能真的有矿。而中产阶层其实是没有矿的，他们其实是生活在上一个阶层构建的社会架构、制度和经济空间内，依靠给这一阶层打工或者提供服务才能生存的。中产阶层想要完成向上一阶层的跨越几乎没有可能，这种跨越可能比通过高考使一个农村的孩子变为中产阶层更难。深刻意识到中产的阶层属性后，其实心里就平静很多了。

社会运行一旦受到一定的挑战，最先被牺牲的也是中产，因为中产不像无产者那么贫困，而且一旦经济不好，无产者真的没有收入，是没办法动的；而中产的上一阶层能避险的方式很多，只有一个词语专属于中产——中产返贫。这就是你看到最近几年贫富分化又严重了一些的原因。有些人的总资产在扩大，其余人的资产在缩水。在其余人中，那些失业的、低收入的人不可能再为社会分担风险，能分担的大多数是中产。各地方发放的消费券，通货膨胀成本最终的买单者（最主要的部分）其实也是中产。

中产的孩子大部分也就是个中产，差别就是收入偏高还是收入偏低，但是基本的调调就在那里了。对于中产的孩子，我们能留给他们更多的是对自己的了解、对社会的认知以及对规律的把握。无论怎么安排和规划，只能在5%的空间里实现可控（前提是孩子还能接受你的规划，否则连这个比例都达不到），其余不可控的空间，中产阶层其实应该通过帮助孩子完成自我成长、增强孩子自身的能力来进行"控制"。与其帮助孩子规划这、安排那，你还不如告诉孩子几条规则：①能被安排与规划的事情其实只是宏观和极少数的。②生活中的大部分事物是不可控的，是会变化的，一个常识是这世界不变的只有变化。③能够应对这不断变化的世界和未来的生活，只能是个人的成长。父母能起到的作用，尤其是新中产，我个人认为是很少的，如果有些父母还为自己替孩子安排了工作而沾沾自喜，从教育学的角度来看，他可能也扼杀了一个有趣和能够创造各种可能的灵魂。④个人的成长包括很多方面。首先，了解自己，无比深刻和每时每刻对自己进行反思；其次，确立自己的主体地位，要有独立的人格，能够按照自己对世界的正确理解、对自我的正确理解主宰自己的生活，并在这个独立的认知基础上完成对每个具体事项的决策（自己决策，自己承担结果）；最后，深刻洞察社会的变化，把自己放在更广阔的空间里思考。总之，只有思考，只有对事物本质的洞察，只有对自我人生的清醒认识才能帮助孩子走得更远一些。

其实，写这篇文章没有别的什么意思，只是分享自己的教育观念。因上努力，果上随缘。人生最后落到哪儿，一半是命，一半是运，结合中产这个特殊群体，更应该让孩子成为他自己，成为一个放在哪里都可以独立生长的种子，中产阶层最应该照顾好的是自己。中产能留给子女的更多的是无形的东西。

NO.074 ▶ 永远接纳，永远不把孩子推到对立面
——一边滴血一边做好朋友

本文比较沉重，主要回应以下几个认识误区：①知识分子的孩子就应该天生学习好；②孩子学习不好就是孩子的问题；③我们跟老师是一条战线的，要采用跟老师一致的做法来对待孩子。以上经历均来自我本人，现在将曾经困扰我的一些问题跟大家分享，我现在已经转变想法，核心就是——先接受，再想办法。

先看第一点，我曾经跟我们学校心理中心的老师交往很紧密，他们跟我说过，老师咨询最多的问题是为什么自己家孩子学习不好，他们很难接受。通常，高校教师学习都还不错，越好的学校越是如此。有时候院士也为教育自己家孩子感到头疼，教授和博导头疼家庭教育的更不在少数。曾经网上有一篇帖子点击量非常大——《我"985"博导，我的孩子是学渣》。关于这件事情，我曾经也天真地认为我的孩子学习应该不成问题，但是我现在改变了这种看法。我有两个孩子，二宝还小，还看不出来学习方面的问题，学习推进得还很顺利。大宝从小就比较排斥学习，到了初中更是如此，有一阵子还休学。我一度也很困惑，后来在我从事教学研究之后，我得出了以下几个结论：首先，我们之所以能成为大学老师，是一个偶然事件，不能认为我们冲破了层层考核，我们的孩子天然也能如此。其次，我们的孩子虽然是我们的孩子，但也是独立的个体，这个个体有很多自己的特性，也就是偏好，他的偏好可能跟父母不同。比如我家大宝喜欢画画，也很有天分，但我和她爹谁都没有，她弟也没有。最后，现在的教育跟我们30多年前的教育是不一样的，现在的教育就是很"卷"，很多不合理的竞争把孩子折磨得够呛。所以，我接受了我的孩子现在这种状态，转而去发掘她身上其他可以被我培养的优点，来进行特定专项培养。

再看第二点，学习不好是孩子的问题吗？也不见得，因为现在体制

之内的教育，比如九年制义务教育只能提供一种模式，在这种模式之下，教育必然会产生优等生、中等生和相对差一点的学生。这不是孩子的问题，而是有些孩子不能用这种模式评价。换句话说，现有的体制教育是一种无论对待什么类型的孩子都采用单一方式的教育模式，必然会有人不适应。不适应不能天然地觉得是孩子的问题，有可能是他跟这种教育模式不相匹配。而且，中国目前的教育还存在大量刷题、刷知识点的机械的培养方式，这对于我们那一代人可能还奏效，但是对于一出生就生活在电脑、游戏、短视频时代的小孩来说，就过于枯燥和不好玩了，这些因素都得考虑。我们之所以会对孩子在体制内学习不好感到焦虑，是因为我们除了这种培养模式和教育孩子模式，没有其他的模式，我们太依赖这种模式了，格局打开之后，就会慢慢地找到其他的培养模式。

再看最后一点，在孩子跟不上体制内教育的情况下，老师有时候就会批评孩子，家长通常都是站在老师一侧也把责任推到孩子身上，久而久之，孩子就会感到孤立无援，不仅会觉得学习没有意思，而且连家里都会觉得很陌生。我的孩子在对学习产生抵触心理的时候，我也是站在大多数父母和老师一边，总是觉得她学习态度不端正、学习意志不坚定。后来孩子一上学就出现肚子疼、恶心等生理反应，我们才意识到情况不对劲，及时调整了策略。这时候其实班主任的态度还是希望孩子能坚持和克服，但是我和家里人慢慢意识到孩子可能真的有问题没有被我们识别到，所以果断地休学，然后陪伴她、逐渐接纳她，慢慢帮她树立对学习的正确的观念和对生活的合理的观点。有时候，孩子的老师会觉得我们对孩子过于宽容和友好。一方面，知识分子的家庭肯定对孩子都是相对民主的，孩子是被尊重的。另一方面，我也跟孩子的老师长谈了一次，表达的核心意思是，作为家长我必须做孩子的朋友，我不能把她推到对立面去。作为老师可以批评孩子、指责孩子，因为孩子确实在体制之内的表现是不尽如人意的。但是老师带领一个班，不是所有孩子都能走出来，尽管他希望所有的孩子都有出息，但现实是一个班级总有优等生、中等生和差生。老师能接受班里其中一个孩子走不出来，所以当老师把孩子推到自己的对立面的时候，老师是能承担这种结果的，但是作为父母的我们不能，我们可能只有这一个孩子，把孩子推到对立面的后果是很严重的。所以在那时，我做了一个决定，尽管我接受现状也很困难，我也希望我的孩子能适应体制内的教育并且在体制内出类拔萃,但是我决定接受现状,先接纳孩子,果断作出休学的决定,然后每天陪孩子——陪孩子学习,陪她度过这一段比较艰难的时期。后来,孩子的心态慢慢好转,又回到了学校(我们是所在学校所有休学的孩子中唯一回到学校的个例),虽然成绩依然不太理想,但是总体上还挺好的,在逐步常态化。

此外,鉴于体制内的教育注定会有一部分人是不适应的(具体表现为成绩不会太好),而且现代社会人工智能的出现也对传统的教育提出了一定的挑战,未来如果孩子有一个特长也是很有前景的。本文的目的就是想跟读者们分享,不要把自己的孩子想象成跟自己一样,都是善于体制内学习的;如果不善于体制内学习也不见得是孩子的问题;做父母和做老师不一样,老师其实能承受孩子走不出来的后果,但是父母承受不了,因为就这一个孩子,必须培养出来,否则影响老年生活。具体的操作方法就是要接纳孩子,遇到问题不要指责孩子,不要放弃,要积极想办法。只要你不放弃,孩子就躺不平。某种意义上,孩子和父母之间也是一场博弈,博弈最终胜利的一方一定是在智慧和耐性上都占优势的一方。

NO.075 不要抱怨配偶，他（她）改变你就得改变
——婚姻是一场势均力敌的较量

本文想要表达的意思是，在配偶一方有可取之处，能满足婚姻基本要求的时候，要学会接纳和认可，而不是抱怨。此处所指不包括那些配偶有致命的、突破底线的行为。为什么要写这篇文章，是因为我在日常工作的时候，总是能遇到各种各样的老师，他们（大多数是女老师）有时候会提及自己的配偶，表达对自己配偶的不满意。首先，我的态度是如果不是特别亲密的关系，不要提及私人生活，这一点本身就不够尊重自己的配偶和婚姻生活。毕竟，婚姻状态是一件很私人的事情。其次，抱怨自己配偶的人要先反思自己，反思自己是不是对别人和现实生活有了不切实际的期待，有时候观念一转变就能发现其实身边的配偶挺好的，是最适合自己的。

我给大家举个例子，曾经有一个老师无意中跟我提及她先生不怎么上进，倒是很会照顾家庭，我笑着说，这就是一个很不错的男人了，你还想怎么着？她很不认同我的想法，但当时也没有过于争辩，今天把这件事情的本质详细拆解出来，供大家认识生活的本质，不要对生活有不合理的幻想，这样才能守住自己的婚姻并在婚姻中体会到幸福。

配偶（从婚姻另一方角度来看）基本上分为两种类型：顾家的和顾事业的。顾家的不太顾得上事业，顾事业的不太顾得上家庭。也就是说，通常从一方的角度来看，自己的配偶都是一头好、一头不太好，这是客观事实（尽管自己的配偶本身会认为自己已经处理和平衡得很好了，这是另一件事，不要跟我们现在讨论的事情混淆）。在这个客观事实基础上，你可以基于自身的需要进行选择，如果你希望伴侣能够陪伴你多一些，贡献更多的情绪价值，那你就要选择顾家的；如果你希望伴侣能够给予你更多的物质生活，贡献更多的金钱价值，那你就要选择顾事业的。所以，理论上

就这两种选择，你不能既要又要。

那些选择了顾家型的伴侣又抱怨其不上进的，或者选择了顾事业型的伴侣又抱怨其不顾家的，本质上是忽略了一个事实——只能在另一个人身上选择你需要的主流价值，别人不可能具备你所需要的全部价值。这是我们今天想要讨论的第一点，事实判断是伴侣就分为两种类型；价值判断是你需要基于自己的需求从中选择一种伴侣，选择了就不能抱怨，因为价值判断的原则就是自己对自己的选择负责（不接受质疑，期待两者兼得的人需要对自己是谁以及对方是谁做进一步了解）。

退一万步讲，即便你对伴侣的抱怨（背后往往意味着更高层次的要求）你的伴侣听进去了并积极改变、付诸行动，最后你会发现，你的伴侣真的改变了，但你又会有新的烦恼。因为他改变了，你们的婚姻关系就不平衡了，他必然会对你提出更高的要求，要求你也随之作出改变。不要忘了，婚姻关系本质上就是一场势均力敌的较量。当你要打破一种平衡、建立一种新平衡的时候，不可能只有一方作出改变，而另一方坐享其成。当你的伴侣被你激励成功、转换类型之后，他的价值观和婚姻观也会随之改变，他也许不再能忍受你还处在原地踏步的状态。那时候他再反过来抱怨或者激励你作出改变，你能吗？

本文所探讨的情况是有前提的，即一段夫妻关系从客观上评价还是挺好的，只不过，夫妻中有一方对这段关系不太满意进而提出了新的要求。对配偶提出要求无可厚非，但提出要求之前要思考本文提出来的两个问题。第一，你是否存在以下情况：明明自己选择了陪伴型配偶却要求他（她）给予你更多的金钱支撑？明明选择了事业型配偶却要求他（她）给予你更多的情绪价值？如果是，这个问题的原因不在配偶身上，而在你身上。你需要明白，也许他（她）已经很努力地去权衡这两方面了，只是你对对方有不太合理的期待。这时候只要调低自己的预期，回归到婚姻关系的本质，就能重新看到对方身上的闪光点。这涉及婚姻关系的第一条本质：鱼和熊掌不可兼得，要知足常乐，而且这个伴侣是你自己选的，理论上自己应当负责和承担后果。第二，你是否考虑过，一旦你的配偶按照你所提出的要求作出了改变，他（她）可能会反过来要求你也改变。这涉及婚姻关系的第二条本质：婚姻关系本质上是一场势均力敌的较量。到时候，你的处境可能还不如现在。

写这篇文章倒不是不让夫妻互相激励,我们鼓励共同上进型的夫妻关系,但也要结合实际情况,不要违背客观规律,不要在伴侣是块"铁"的时候总是恨铁不成钢,也不要轻易去打破两人之间的平衡,如果非要打破,你要把上述两点考虑清楚。总之,本书一直提倡的都是积极、上进的人生观,我们要尊重客观事实。

自我篇

NO.076 无论什么困难都只能通过改变自己来解决
——摆平自己的人才是高手！

你有困扰吗？你和别人说话的时候总是抱怨吗？如果是，那么很不幸，你没有认识到生命的本质——抱怨无用且代表着无能。生活中，每个人都活得不容易，都会遇到困难，但是为什么你会抱怨？一旦你做出抱怨这种行为，就意味着你认为责任不在你，而是在客观条件、在别人、在周遭……否则你不会抱怨。真相却是你抱怨的这些人、事、物都不会改变，无论遇到什么困难，你只能通过改变自己来解决。

比如你摊上了一个格局特别小的领导，他改不了，你只能改变自己，要么让自己忍耐力变强接受他，要么让自己能力变强离开他。看到了吗？你改变不了他，你只能改变自己。你的配偶或者老妈特别喜欢唠叨，特别喜欢干涉你的事情，你改变不了他们，而且他们也会拒绝被你改变并会用他们的苦恼和情感绑架你。你怎么办？你只能改变自己，要么接受，要么远离，抱怨没用。

你们单位晋级条件很高，多数人都抱怨现在生存条件不好，搞得大家都很内卷，你怎么办？抱怨没用，有那些工夫还不如想想自己能有什么解决的办法，是脚踏实地继续努力还是认命。认命就是自己的选择，别抱怨，别整得跟祥林嫂似的。你跟评完职称的人抱怨，他们只会象征性地安抚你一下，随声附和你让你心里舒服，但心里的想法一定是你不够努力。你跟没评完职称的人抱怨，大家可能会跟你感同身受，但是不要忘了，这时候你们的行为也就只是抱团取暖，没有什么实际的用处，真正务实的作风就是回去努力，想办法解决职称问题。

第三部分 江湖

且不说这个世界上没有什么真正的感同身受，你的抱怨多半会让人觉得你其实就是没能力解决问题。更多的情况下，抱怨代表着你的"错误归因"，你把改变境遇、解决困难的愿望寄托在他人身上，寄托在环境改变上，寄托在别人理解上，你自己冷静下来想想，这可能吗？也许原因真的在于别人和外界环境，但是对不起，这些你都改变不了，解决方案在自己身上。

从本质上来说，你之所以抱怨是因为你不想改变自己，是因为改变自己很困难，那你为什么期待别人能改变呢？为什么期待周遭的事情能改变呢？你除了对自己下手没有任何办法。为什么说人的一生是一场修炼？修炼的不是别人而正是自己，虽然我们会有爱人、孩子、朋友、同事等一些人，但是我们与周围这些人、事、物的相处最终取决于自己和自己相处成什么样子。

从现在开始就要学会反思，观察自己在日常生活中的表现。要认识到每个人在人生中都会遇到困难，这是正常的。不同的就是每个人遇到困难是如何处理的。低段位的人都是通过抱怨解决的（不是解决困难本身，只是解决自己的情绪），抱怨渗透出来的潜台词就是：这都是别人的问题、都是别人的错，需要别人改变才能解决。还是那句话，原因可能是在别人身上，但是客观事实是，人上一百，形形色色，你不能要求所有人、所有事都符合你的意图（违反法律和突破底线的行为不在本文讨论范围之内，那时候你该报警就报警、该检举揭发就检举揭发）。接下来你能做的只有价值判断，即在尊重客观事实的基础上选择继续抱怨别人，天真地期待别人和外在环境改变，还是意识到抱怨没用，把注意力放在提升自己和改变自己上，这是两种截然不同的人生（使用的依旧是我们上文提及的事实判断和价值判断理论）。如果你选择前者，持续抱怨而不从改变自己下手，那么我可以很负责任地告诉你，问题永远不会得到解决。你身边的人也不会永远理解你（事实上，没有谁能真正理解谁，都是表面上的人情世故，照顾你情绪而已），而你会持续抱怨外在因素，并且沉浸在外因素不会改变和你的问题持续得不到解决所带来的个人痛苦之中无法自拔，就此消沉。但如果你选择后者，停止从外在寻找解决问题的答案，专注于自身的成长，随着你对外在事物的不断理解，有些之前理解不了的事情你就都能理解了，比如就是有一些比较烦人的同事，你不能要求所有同事都是可爱的。有些困难随着你的自我成长已经不是个问题了。比如你跳槽了,之前的恶劣的生存环境已经约束不了你;比如你文章和项目积累够了,职称评上了,你就不会再觉得这是压在你头上的大山了。

但这个过程特别不容易,正因为改变自己是世界上最难的事,多数人都做不到拿自己开刀,雕琢自己以适应外在,所以多数人在这个世界上都注定是平庸无为且充满困扰的。真正通透的人都是从自己身上寻找解决方案,通过改变自己来使自己更好地和外在和谐相处。高校教师也不例外,在职业生涯中会遇到各种各样的挑战,抱怨是没有用的,看看自己能做什么改变境遇才是最明智的选择。先搞定自己,通过搞定自己再搞定外在生存环境和挑战的人才是最高段位的。

NO.077 ▶ 高校教师的工作是很辛苦的
——对抗不了人性的弱点就不要期待自己能出头！

经常有人误解高校教师的工作是很清闲的，有课上课，没课就看看书、搞点写作，空余时间很多，还有寒暑假。我就总是遭遇这样的误解，我所在的小区和周围市场里的摊贩老板就总是问我："你没有工作吗？为什么不上班？"起初我还跟他们解释，后来有一位住在我家楼下的大爷在听闻我是一名高校教师，平时不坐班之后，固执地认为：你们的工作可真清闲，这工资可真好赚。从那以后我就再也不解释了，我就说我没工作，来回应他们心底的期待。

其实，高校教师的工作是很辛苦的，不仅因为入门门槛高，还因为入门之后要持续地学习和成长。现在的高校招聘教师的条件都很高，基本要求研究生以上的学历。好一点的高校甚至要求有博士后的经历和海外留学的背景。一般人读完博士就已经接近30岁了，可以说为了成为高校教师需要学习20多年。这还不算完，入职之后你还需要持续地努力，因为这是一份与知识相关的工作，你不能持续生产新知识，你就会面临被淘汰的风险和局面。

生成新知识肯定离不开思考和写作，这两项工作是最耗人的，非常耗费脑力。普通人宁愿消耗自己的体力也不愿意动脑思考，从大脑的构造来看，它虽然很小，只有1000多克的重量，但大脑只要一运转，就会消耗人体20%以上的能量，所谓烧脑并不是一个传说或者笑谈，而是切切实实存在的生理现象。不仅如此，不同的工作需要大脑投入的专注程度是不一样的，比如你可以边开车边听歌，或者边开车边跟别人聊天，那是因为开车的时候只需要大脑60%左右的专注度，但是写作不行，这项工作需要大脑95%以上的专注度。当你写作的时候，不要说跟别人聊天，就连听轻音乐都不行，有时候身边有人喘气你都会受打扰，影响你的注意力。这就是高校教师这份工作潜藏的对大脑的高要求，但是很多人不明白，只是觉得高校教师不用坐班，平时读读写写的日子很好过，其实不是这样的。

  除此之外，写作以及以写作为载体的知识生产活动周期非常长，过程非常坎坷。从一个链条化的过程来看，为了能够写作或者从事知识生产活动，首先我们要进行大量的摄入工作，我们不得不面临的一种情况是，现代社会的既有知识非常丰富，要想在既有知识的基础上生产和创造新知识需要先把既有知识消化和理解了，然后再结合实践的需求通过科学的方法生产新知识。既有知识的量越多，人类基础学习的时间就越长。基础打完之后，还要进行漫长的实践探索，然后通过研究才能生产新知识，这个过程少则几年、多则几十年。很多人大器晚成就是因为其生产知识的周期非常长。在这漫长的生产周期中，最考验人的就是心态和耐力。如果心态先崩了，不能正确面对研究工作，那么这名教师的职业生涯也就停在了半路。虽然对科研困难度具有充分的心理准备，但是耐力不足或者持续力不够，三天打鱼，两天晒网，结果也不会太好。总之，科研工作是一个长期主义者才能从事的工作，存在任何心态上的立竿见影和意志力上的不能日拱一卒都很难走出来。

  在解答老师咨询的过程中，我经常遇到老师对自己的科研和工作感到焦虑与困惑。他们通常都期待一个很美好的结果，却忽略了科研工作的美好结果对脑力有极高的要求，对教师是否是长期主义者也是一个巨大的考验。我常说科研是孤独的，你要想成功，就必须能对抗人性中负面因素对你的侵蚀和影响。比如急于求成的心态、懒散的工作作风、迟迟不能将一件事情付诸行动以及不能日复一日地坚持等，都是负面因素。在教师成长的过程中，意志有一点松懈，身体有一点懒惰，心态有一点不端正，都会反映在结果上。如果你想要在教师职业生涯中脱颖而出，那就时刻提醒自己这是一份苦差事，你必须跟让你舒适的状态反着来，你才有可能成功。如果你吃不了这份苦，那么你至少可以放平心态，认识到是自己不想付出那么多所以也不能要求结果，而不是抱怨自己怀才不遇、遇人不淑或者环境不好。其实，从本质上来看，每一份工作想要走出来都差不多，都很辛苦。只不过高校教师这份工作对脑力要求更高一点，想要走出来就更辛苦一点。

NO.078 人分三种，你是哪种
——聪明人、普通人和蠢笨的人！

在自我篇这部分，本书主要的任务就是帮助各位老师或者读者认识到自己是一个什么类型的人，养成反思性人格和自我观察的习惯。本文讨论的是人分三种，你是哪一种？从学习方式来讲，人就分成三种：聪明人、普通人和蠢笨的人。

聪明人是指那些可以从别人的经历和故事中学习到知识的人，很多事情他们不用亲身经历就能知道后果，能把别人的知识和经验很容易地转化成自己人生经验和知识的一部分。这种人成长得特别快，用一句流行的话来形容就是，聪明人的身上加了"buff"，这个"buff"是别人经过数十年学习得出来的知识和经验。但是聪明人很少，因为要想通过别人的经历学习到自己人生所需要的经验，这个人本身就需要非常"open"，除了"open"还需要善于观察别人和明辨是非，因为你不能不分好坏，什么都学。

普通人是指那些很难从别人的经历和故事中学习到知识的人，但是他们可以从自己的经历和阅历中学习到知识，俗称长记性。这种人不太能听进去别人的建议，他们凡事都要亲力亲为，自己有了一定的经历之后才能感受到别人说的是真的还是假的。有时候他们甚至还会后悔，因为一件事情，可能很早就有人提醒过他们，但是他们不信邪，非要自己尝试和经历才能形成自己独特的人生经验。世界上普通人还是很多的，而且普通人也很难能可贵，他们至少愿意成长，只不过从别人身上汲取的成长养分比较少，从自己失败的经历和经验中汲取到的人生经验比较多。在这里要强调一种情况，聪明人和普通人之间的差别为：是通过学习别人的经验还是亲力亲为来总结经验。这只发生在成熟的生活领域，也即人们对这件事情是有定论的。聪明人很快就能认识到这是个事实，无须自己再验证，就可以接受；普通人通常认识不到这是一个事实，坚持自己要尝试，以自己的失败来验证自己认识的错误。如果我们面对一个不成熟的领域，没有任何成熟的经验可以借鉴，这时候无论是聪明人还是普通人想要闯出来都必须伸手一试。举一个简单的例子，我们小的时候家里都是用柴火锅做饭，锅很热，经常有烫伤孩子的事情发生。从小，父母就告诉我们离锅远一点，否则容易被烫伤。这时候你会发现，有的小孩子就很听话，每次都绕开锅走。有的小孩子就听不进去，直到被烫伤一次，以后也学会了绕开锅走。这就是两种不同的学习模式，虽然不能通过一个事件判断出孩子是哪种类型，但是如果一个人总是需要自己试探之后才能学习到一个客观真相，那他肯定是学习意义上的普通人。

蠢笨的人是指无论通过别人的经验还是自己的经验，都没有办法学会尊重客观事实、没办法获得成长的人。东北话形容这种人吃一百个豆不嫌腥，或者被一块石头绊倒两次。这种人常在同一件事情上反复受挫，但是从来不反思自己的问题，也不总结经验，反而把问题都归结在别人身上。这是一种拒绝成长的人，他在潜意识里就不想通过改变自己来改变自己的境遇和解决遇到的问题。也许当你看到这段文字的时候，你会觉得这种人确实很愚蠢，他不应该出现在高校教师这个群体中。但是事实上，我在高校圈里经常见到这类人。他们通常的表现就是抱怨，抱怨评职称的标准太高、抱怨自己的领导难为自己、抱怨自己的学校平台低、抱怨自己的出身差。他们用日复一日的抱怨来回避他们在职称晋级、人际关系处理、外在处境等方面遇到的一系列问题，这些问题反复出现并且以痛苦的方式提示他们应该作出改变，但是他们偏偏不愿意改变自己，只是期待自己的抱怨有一天能奏效，帮助他们脱离苦海。

NO.079 ▶ 痛苦是智慧不够的表现
——注意接收痛苦传递的信号

随着年纪增大，这几年我有了一个变化——情绪稳定。其实，我是一个很感性的人，任何一个擅长写作并且愿意写作的人都是很敏感的人。敏感的人其实很容易痛苦，因为敏感，他能感受到很多别人感受不到的痛苦，别人都没反应的情况下，敏感的人可能已经快崩溃了。但正因为能感受到别人感受不到的痛苦，他才能写出催人泪下的文字。敏感的人体会快乐的程度也要比别人高很多，所以能写出激昂的文字。敏感的人能准确感知别人的内心情感，所以能写出很多令人共情的文字。所以，敏感的人控制情绪很困难，这是我的感受，同时我在跟别人交流的过程中也获得了类似的观点。敏感带来的情绪过度起伏其实对自己是一种消耗，比如我最开始做公众号的时候，很在意别人对我文章和观点的评论（现在已经脱敏了），经常反复咀嚼这种痛苦，所以情绪控制对我来说挺难的。但现在，感觉好很多，能控制住了，很平静！

我是怎么做到的呢？我研究了痛苦的根源，发现痛苦在于潜意识不愿意接受现实，不接受现实就会产生自我和现实的对抗与冲突，最后的结果只能是自己痛苦，因为现实是不会改变的。比如，我觉得我的婚姻就应该是×××样的，老公既能独当一面，有魄力、有担当，又温柔如水，待我体贴。事实上，这不可能，你必须接受有魄力、有担当的男人（俗称做大事的），就不可能在小事上太注重细节；在细节上做得好的男人，就不可能有太大的格局。人的专注度就那些，跨度不可能那么大，要求男人在宏大格局和细致体贴中穿梭自如，那是不可能的。杜绝了这个念想，自己突然悟了，放弃对另一半的执着，你就把自己从婚姻的痛苦中解脱出来了。

有一名新入职的青椒跟我谈科研压力，现在的高校也确实是为了科研产出一直"催产"年轻人（我想了想，没用"压榨"这个词），这名"青椒"很痛苦，一方面有科研指标压着，另一方面还有同行的监视和比较，自己发了一篇文章，隔几天见到一同留校的其他"青椒"就会被问到，看到你又发了一篇×××，哎，看到你又中了一个项目×××，临走的时候还会留一句"知网见"。氛围感简直拉得满满的，让人感到特别压抑。我笑了一笑说，我特别理解你，也知道在这种情况下我对你说什么都没有太大的帮助，毕竟压力就在这儿摆着。但是，人可以通过自我调节来缓解压力，毕竟这样做会让自己好受一点。

我有过两次转型，在这两次转型中都要失去一些东西，但同时也能获得一些东西，这是需要智慧和生活积淀的。我现在用文字描述这个过程可能很轻松，但是实际的过程是很痛苦的。正因为我想避免痛苦，我才不断地思考，才走出了今天这条比较独特的职业之路。我出身于法学，2016年被评为教授和博导，然后就面临后教授时代的发展问题。当时面临两个选择：其一是继续做学科，其二是换赛道。继续做学科，我想了一下我做不出来，不但由于我们学科多年没有什么新理论产生，最近的国际局势也导致研究困难，也由于我们学科很拥挤，我这个学科的人很长寿，开会时主席台上坐着的基本上是70岁以上的人，没到这岁数你熬不到坐在主席台上。像我们这种小年轻只配坐在下面倒数几排，当然也跟自己不怎么在学科上精进有关系，自己实在不喜欢宏大的事物，想要研究一点有操作性的、接地气的东西。于是我转型到教学，写了好多书，很快就普及开了，这就是转型。这种转型就意味着你要放弃原来的赛道，放弃沿着原来那条赛道走下去能给你带来的一些虚名。这是我第一次转型，说起来很轻松，但思考的过程很痛苦，好在都已经过去了，自己也比较庆幸作出了这个选择。第二次转型是我放弃了继续在体制之内获得什么名分和"帽子"的想法，尽管我身边比我晋职称慢的、比我年轻的人都有了所谓什么"帽子"。我想了一下，如果我为这些继续打拼，就意味着我还要受到这个规则的束缚，每年一考评，你必须得把你时间花在别人想让你做的事情上，而不是你自己想做的事情上。所以，我用我对体制内一些名誉、"帽子"、评价等级的放弃换取了今天的学术自由，想写什么写什么，人不可能什么都拥有，拥有一样就行了。如果我两样都执着，那我就会痛苦。

人的一生肯定会遇到各种各样的问题，有些会给自己带来困扰和苦恼。但是高质量的人生体验就是要用头脑和智慧帮自己避免与摆脱这些痛苦。有时候，痛苦是一种信号，它的出现是提醒你智慧库存不足，你需要提升智慧才能把痛苦消除。这个智慧就是要不断地让自己逼近真相，逼自己作出选择和取舍，你不可能什么都要、都拥有，人的一生转瞬即逝，人的能力也微不足道，要不断地思考，协调好自己的欲望和能力之间的关系，最终使自己认可自己，进而达到一种自我的平衡状态，才能体会到生命的美好。

我们用波斯诗人鲁米的话结束对这部分的探讨吧——你感受到的痛苦是信使，倾听他们带来的信息。

NO.080 要做时间的朋友
——你不能期待"立竿见影"

我自己在学校是给学生开设基础阅读和写作课程的,通常在我的课程上,学生能够学习到什么是深度阅读以及阅读对抽象、概括、分析、综合、比较、分类等基本技能的要求。在这门课上,学生一方面很有收获,也会很开心,他们学习到了关于阅读和写作的新知识与技能。另一方面,他们也会很困惑,尤其在快要结课的时候,他们经常跑过来问我:"老师,我按照您教的方法自己阅读的时候总是不能达到在课堂上跟您学习的效果,我该怎么办?""这门课快结课了,以后再也没有人带我们阅读了,我自己阅读的效果并不好。"这种类似的对话背后隐藏着一种观念,学生认为只要学了我的课程,他们就应该很快掌握深度阅读的技能,他们就应该在没有我指导的情况下也能熟练且顺畅地进行深度阅读。每当遇到这样的问题,我都会耐心地跟学生解释:"我比你们大将近20岁,我比你们多练习了20年,才达到今天的状态,你们不能期待只通过一学期(32学时)课程的学习就掌握这个需要在实践中不断练习的技能。"阅读跟开车一样,过了基本理论关之后,还得过实操的关。你需要在大量且不间断的阅读训练中提升自己的阅读能力,而不是期待学完了马上会。这种心态说好听一点是急于求成,说不好听一点就是急功近利。而我们的工作都需要一段时间的沉淀和练习,我们要学会做时间的朋友。

上述道理对老师也一样适用,我们从事的工作,比学生的阅读训练和学术训练更难,更是一个需要长期投入才能在后期见到效果的活儿,我们对此要有清晰的认知。我在解答老师咨询的时候经常遇到充满焦虑的老师,他们会跟我反馈说已经按照我的方法坚持了一个月却没有见到什么效果,所以心里就没有底儿并对此产生了很大的怀疑,进而考虑是否有持续坚持的必要。我对于这些老师的建议也是做时间的朋友,不能期待很快就见到结果。

人类有一个毛病就是急于求成，他们期待能尽快看到他们想要的结果。但越是美好的事物，越是需要你付出艰苦卓绝的努力才能获得。这是为了获得结果必须付出的代价，在漫长的时间里日拱一卒地坚持自律，逐渐接近那个期待中的目标。在这个过程中，那些短期主义者，不能日复一日坚持的人最终被淘汰，这也意味着能够无限接近美好目标的人注定是少数。所以，当你总觉得自己已经很努力但是还没有达到期待中的状态或者收获预期中的结果时，你应该告诫自己，还没到时候，还需要继续沉下心努力。当然，这样做的前提是你的方向是正确的，方法也是能够导向最终目标的。只要这两个前提具备，剩下的一切只能交给时间，你还要学会在这个漫长的成长过程中按住自己，每当自己产生怀疑、不坚定的时候，就要说服自己继续坚持，要能沉得住气——一件事情是否能成功，取决于你有多相信自己和多能坚持！那些既不相信自己又不能坚持的人，不仅做不了时间的朋友，还做不了自己的朋友。

NO.081 ▶ 不要把自己推到对立面去，要做自己的好朋友
——什么是真正地爱自己

　　总是有很多人愿意批判自己，愿意自责，最终导致自己都看不上自己。在我指导研究生的过程中，很多学生都会出现自我否定的情况，尤其是在他们没有写好论文和遇到困难的情况下，随着长时间的自我否定和所处困境持续没有得到改善，这些学生还会陷入失眠和焦虑的境地。同样，在我解答老师咨询的过程中，很多老师也会出现自我否定、自我批判的情况。起因是自己的教学科研没有处理好，家里的事务也没有料理好，孩子生病又是一个情绪失控的诱因。如果长期处于自我否定的状态，这名老师的精神状态是堪忧的。

　　上述情况涉及如何和自己相处，尤其是困难摆在眼前的时候。我们虽然认为自我反思是必需的，即深刻地分析困难产生的原因和自己在应对困难方面存在的不足，这一定是剖析自我和把自己存在的问题摆出来的过程。高校教师在自我反思方面都具备比较强的能力，长期的学习和职业本身赋予他们的强自尊很容易让他们认识到自己身上存在的问题，他们从心底里也承认是自己把事情弄糟的，是自己没有处理好事情。

　　之前的自我剖析过程都是正常的，也是必需的，接下来怎么处理就体现了一个人的格局、胸怀和跟自己的关系。很多人在认清自己责任和问题的基础之上，就把自己推到了对立面，每天批判自己、责怪自己，从而陷入深深的自责中，发展到最后就是自我否定。这是一种非常普遍但不明智的做法，甚至可以说这种人对自己存在某种意义上的精神虐待，对自己不够好，我把这种行为称为不爱自己。因为能够自我否定的人，他的潜意识通常认为，我只能接受一个完美的、不犯错误的、能把事情处理得很好的自己，当我不能达到自己想象中的标准时，我就要对自己进行批判。

但真相是什么？是的，我们在这里再一次讨论客观真实，再一次地逼迫我们做事实判断。真相是没有人是完美的，哪怕你潜意识里期待自己应该是完美的。在这个真相（事实判断）的基础之上，人的段位就取决于他如何做价值判断：一种是把自己推到对立面上狠狠地进行批判；一种是把自己拉回到自己的怀抱，接纳、包容自己，并鼓励自己以后改正错误、不断完善。

前一种选择的结果，我们已经很清晰地看到了，一个不能接纳自己的人最终会陷入自我否定的内耗中，不仅是事无补，而且会把自己弄得异常疲惫。他们要么失眠、健忘，要么焦虑和情绪失控。总之，精神状态是非常不好的。明智的选择是把自己当成朋友，当成一个虽然会犯错误，但是也会持续成长、不断完善的个体。这个个体在不断成长的过程中，要学会接纳自己的错误，包容那个笨拙的、不太熟练的、处理不好事情的，甚至是情绪失控的自己，要学会安抚他、把他拽到正常的轨道上来，而不是在他濒临崩溃的时候临门一脚把他踢向深渊。

一个真正爱自己的人不是在自己身上花多少钱、买多少化妆品、每天打扮得光鲜亮丽再出门、吃穿用度都要上乘。现代人普遍把爱自己等同于给自己消费，这在日子过得顺风顺水的时候你体察不到；一旦遇到生活的挑战，你陷入困境的时候就能体会到，一个真正爱自己的人，一定不舍得把自己推到对立面去，而是在反思之后能够把自己打捞上来、拯救出来，使自己回归到正常的轨道和生活中去，从而帮助自己完成一次蝶变。

写这篇文章的目的是想跟老师们分享，人这一生注定是会遇到很多问题的，只要是问题就是对我们的挑战，我们就有可能处理得好，也有可能处理得不好。处理不好问题其实是一种很正常的情况。但是有人尤其是知识分子从小学习好，对自己要求高，不能接受自己处理不好问题，不允许自己的婚姻、家庭、育儿、事业失控。这是一种偏执的心态，导致其容易在遇到问题的时候把自己推到对立面去批判，久久不能接纳和原谅自己。这样的人会陷入非常大的自我消耗中，后果非常严重。我们需要时刻提醒自己：真正地爱自己或者是高段位地爱自己，是打心眼儿里接受自己，无论好坏，并时刻准备拯救自己，直到一个更好的自己出现。

NO.082 人生迷茫是常态
——但只有在奔跑中才能寻找到方向

我每年会参与很多学校社科基金申报的辅导工作,总会有老师向我咨询科研和项目申报的事情,最近有一位老师总是在联系我,问我这个能不能做、那个能不能做。大的方向我们还可以把握,但细致的东西其实得做起来看看才知道能做什么。科学研究是这样的,绝大多数情况下,我们需要先把文献都读完,做完文献综述后才能发现问题在哪里(在这个阶段才知道能不能做)。很多时候别人能做的只是大概指明一个方向,其余在这个方向里就需要自己去探索,在探索的过程中找到自己要做的东西。这是一个规律,也符合科学研究的本质。所以,我一般会跟老师说×××方向可以做,但具体做什么恐怕你得阅读起来,你得操练起来才行。如果什么都没有做就跑过来跟我探讨,恐怕都是纸上谈兵。说这一点,其实是想告诉老师们,很多时候我们的研究是一个试错的过程,在一片丛林中不断地摸索研究的出路。而不是像某些人想象的那样,不经过摸索就有一条出路等着我来做。真正有意义的题目或者选题其实都是阅尽千帆摸索出来的,是不可能在事先就确定的。

以上还是在学术写作中,在生活中也是如此。人生的道路大概分为常规道路和个性化道路。常规道路如一些规定动作,上小学、上中学、读大学、工作、结婚……这些是常规的,但还有一些个性化的,比如自我实现的方式、自我实现的路径以及自我实现的场域,这些是没有参考答案的,你只能自己摸索。很多学生有困惑,他们也会问我,将来我从事这个工作怎么样?我想尝试那个工作怎么样?我能从事文学创作吗?我能从事自媒体运营吗?没什么能还是不能,关键是事物运行的规律是你想做什么,你得先做才知道能不能做,以及在这个领域中怎么做、以什么方式做。有很多老师也会问我,我要参加创新大赛吗?我要参加此次项目申报吗?我能走教学这条路吗？我能……针对这种状况，我能给的建议就是，要先做起来，每天按部就班地阅读、整理和积累，在做的过程中就会慢慢找到规律，找到这里面的关系和构造，进而找到自己可以深入进去的点。而不是每天坐在那里就是想，光想是没有结果的。结果在做的过程中才有可能出现。所以，先跑起来，然后在奔跑的过程中寻找方向。

  为什么写这篇文章呢？身边的许多同事在事业上遇到了困惑，可能也想突破自己却不知道目标在哪里，以及如何下手。对于这样的状况，其实我也遇到过，想是想不明白的，只能是做起来，边做边观察、边思考。就比如 2017 年，我也很困惑，在痛苦地思考是否转型以及如何转型的问题。但是想了很久也没有太好的思路，那就继续推进手中的工作，尤其是写公众号，写着写着就会有读者留言、反馈，写着写着就发现了很多问题，于是就围绕这些问题继续深耕。其实在六年前，我也不知道今天会从事教育研究，也不知道公众号能做几天，也不知道自己会变成今天这样。而且目前我也面临困惑，想是想不出来应该怎么办的，只有顺应现在的趋势，把手上能做的工作做好，剩下的就是风来听风、雨来听雨！总之，你需要先跑起来，在奔跑中寻找方向。根本不存在想象中的可以在做之前就能把一切都确定好，然后你按部就班就能做成的事情。想是没有用的，在做中想才会慢慢有答案。日拱一卒，日后便会万水千山。

NO.083 时间不是管理出来的
——能管理出来的只有自己的人生

我有两个孩子,我在 37 岁那年成功晋级教授和博士生导师,我拥有一个 30 万人关注的公众号和另一个作者爬树鱼更新了近 700 篇文章,目前正在写作的这本书是我的第 13 本专著。此外,我还有一份行政的工作需要做。我的生活每天都忙碌而又充实,在上课、做讲座、看书、写作中度过。我还要跟我的孩子互动,最为主要的是还要运动,因为我清醒地意识到,身体是我一切工作的战略资源。

人们对我的工作、生活状态有着截然不同的两种看法:一些人认为我是高压力、高强度的高校女教师的代表,过着非常紧迫和悲惨的生活,他们很同情我;另一些人认为我自律、充满活力,过着繁忙、充实而又充满意义的生活。我同时收到过以上两类问候——同情关怀和赞许钦佩。于我而言,这些都无所谓,我知道自己在做什么,也知道我为什么要做这些,甚至知道五年之内的每一天该做什么,因为我对未来的自己有一幅清晰的画像。

每天白天要上课、做讲座、沟通以及处理一些随机的事情,很少有大块的时间用来写作和思考。所以,我习惯早晨 4:00 起床,在 6:00 之前将自己需要完成的自身成长的工作做完,基本就是写书、阅读、总结、写帖或者完成一些白天无法完成的工作。6:00 之后我就会进入忙碌有序的生活和工作节奏中,洗漱、吃早饭、送娃上学、上班、处理一堆杂事……所以,4:00—6:00 是我的黄金的、固定的学习时间,这段时间我很珍惜,这也是我迄今为止在工作上不怎么欠债的原因,我有一段属于自己的时间,当然这意味着我可能每天晚上 10 点之前必须休息,因为人需要至少六小时的睡眠时间。白天也不闲着,我在处理各种事情的时候总是在观察人、观察各种现象,这些都会成为我大脑中的素材,会持续为我的写作提供灵感。如果说我的学习时间只有早晨那两个小时的话，其实不太准确，我一整天都在学习，写作的构思部分都是日常生活中的灵感积累，大脑时刻注意收集与我的研究领域相关的素材并且放在相应的区域存储起来。只不过这种成长是别人看不见的，但是自己知道，这是质变之前的量变，非常重要。

一天早晨，两个朋友发信息问我怎么管理时间，尤其是在非常**繁忙**、各种事务性的工作充斥着日常生活的情况下，甚至还有人问我 to do list 和番茄哪个软件好用。对于这个问题，我的答案是，我不管理时间，我管理的是自己和自己要做的事情。人的一天都是 24 小时，除了睡觉、吃饭和处理一些杂事，每个人剩余的时间其实都差不多。你也没办法伸手问时间要时间，你只能在有限的时间内想清楚自己要做什么。与其说管理的是时间，还不如说管理的是你要做的事情。这是一个很大的人生智慧，人需要学会筛选和取舍，我也在不断地学习和练习中，但让我庆幸的是，我有了这种意识！

很多人认为自己的生活忙乱无序，或者无法开展一项更为重要的工作，是因为没有时间或者时间没有被有序管理，其实这种说法我是不太认同的，虽然时间需要管理，但是比管理时间更为重要的事情是意识到管理时间的本质是管理自己。由于职业原因，我会接触很多人，各种年龄段的都有，但凡跟我说自己很苦恼，没有时间做这个，没有时间做那个，其本质都不是时间的问题，而是别的原因。

最主要的原因是很多人对自己的未来没有一幅非常清晰的画像，或者是愿景。没有目标，人就没有动力，那么在本可以为目标打拼的时间段里却漫无目的地刷了手机、逛了淘宝，甚至就是待着且觉得生活无意义。还有一些人虽然对自己的未来充满愿景，但是路径不清晰，也就是他对自己如何从现在走到未来目标的路径、方法、作业方式都不清晰，导致目标虽然摆在那，自己却没什么动力去实现。最后一种人是目标清晰，路径也清晰，但是缺乏意志力，不爱行动。据我观察就是这么几种原因，但有意思的是，很多人无视这些本质性的原因，把这些都归结为时间不够用，认为这是一件时间管理的事情。其实不然，这是一件自我管理的事情。

一旦没有清晰的自我认识、自我目标设定、路径选择，人们在日常生活中就会表现为不知道哪些事情是重要的、哪些事情是可以放弃的、哪些事情是可以浅尝辄止的、哪些事情需要做到竭尽全力,也就是拿捏不好分寸。这些拿捏不好分寸的事情就会吞噬你的时间、吞噬你的生活,最后将你淹没在一些琐事中,而你心中那件能够带给你成就感、充实感和意义感的事情你想都没有时间想,就更不要说做了。

怎么解决这个问题?其实,人是需要跟生活、跟世界进行深度互动和思考的。这需要动脑子,但是动脑子好辛苦,很多人不喜欢,于是就任由事务性的工作充斥自己的日常生活、烦琐的小事吞噬自己的意志。能把自己解救出来的只有深度思考,别无他法。所以,这跟时间管理没什么关系,主要是学会管理自己。

NO.084 顶级的自我管理
——不允许别人撕扯自己

我有两个孩子、一堆事、一堆讲座、一堆课、一堆学生，还有一堆书要写……我还是有时间看书而且必须看书（以我的讲座速度和频次，如果不看书，很快就觉得自己被掏空了）；我有时间写作，甚至是大部头写作；我有时间接送孩子，除非极特殊情况；我甚至还能忙里偷闲地想想自己的旧衣服怎么能搭配出新的花样……很多人觉得我的生活必须是呼哧带喘、脚打后脑勺的状态，其实也没有，挺平静，挺有节奏和规律的。最近许多人问我怎么能处理这么多事情还不太混乱，状态也还挺好的。我想了想，可能有几条原因，也写出来供大家参考一下。

（1）我不太允许自己纠结。内心的纠结会消耗自己很多能量，你看似坐在那里什么也没干，但是内心的波涛汹涌、犹豫不决能把你累死。参透了这一条，我决定不让自己纠结。我没有选择困难，能力允许都拿下，能力不允许就断舍离。尽量不要在这种小事情上消耗自己的决断力。

（2）我不太做我不擅长的工作，我习惯将它们外包。所以我的PPT、我的公众号后台都是编编替我打理的，我只负责写。所以运营一个30万人关注的公众号并没有成为我的负担，而是让我感到很快乐的事情。我对自己的内在很敏感，拒绝一切消耗自己的事情，如果我察觉到我有一点纠结，那么一个外在的声音马上会提示自己——你在消耗自己，这件事情要么甩出去交给擅长的人处理，要么放下，它不属于你。我特别喜欢用钱去处理问题，赚钱就是为了让自己能够安心处理好自己擅长的事情，要不努力赚钱干什么？这是商业社会的本质和规律！我没有能力事必躬亲，也没有必要什么都会。我一直认为什么木桶原理不适合我，我的短板没有得到发展，我只是将我的长板做到我能做到的最好状态，其他我照顾不了的，断舍离了！

（3）这条最重要，头两条是针对事的，这一条是针对人的。不要不好意思，要学会拒绝，不能让别人撕扯你。事情不太会主动侵扰你，如果你不去招惹它的话，但是人就不这样了，有些人会主动联络你，在工作中也会有很多人跟你产生联系，围绕这些联系就会产生很多事情，这就是考验自己底线的时候。比如有些人见你是学法的，就会让你审合同……我会审合同，而且非常擅长审合同，但那是我的事，你的合同是你的事，跟我没有半毛钱关系，姐也不当律师，不给谁审那些破玩意儿。即便当律师，也得你支付劳动报酬＋我看你顺眼我才给你干活儿，其余，你省省。我的一条总原则是：我有非常明确的边界，跨越这个边界，我会说不。这条边界是由我的工作职责、我的个人感受以及我在这件事情中的重要程度来决定的。

先说工作职责，如果一件事情是我的工作范围之内的，我会很有担当，比如必须给学生上好课，必须给学生充分的指导，所以每年我都会给学生安排训练营，让自己花半个月左右的时间和学生天天待在一起，没人强制，但这是我对工作的理解。再说我的个人感受，我基本不应酬，但偶尔跟闺蜜、工作的伙伴们出去聚一下，我没有被裹挟，我很开心地作出这样的决定并且享受这个过程。我没有因为别人让我参加一个场合，自己明明不开心还又顾及面子，所以弄得自己内在纠结，这不是我的状态，如果是这样，我就会很快拒绝。所以，但凡接到一个邀请，不涉及职责的，我都会问自己，想去吗？不想去就拒绝，不要考虑什么里子、面子，自己的感受最重要，其他的人之所以是外人，就是因为他们都是不重要的人，自己才最重要。所以这方面，我非常干脆。对，我会时刻照顾好自己的感受，这也是我外在状态很好的原因，因为我为自己活，为了让自己活得好，我也能够做到拒绝别人。最后，说一下自己在一件事情中的重要程度。一件事情需不需要做，还与我们在这件事情中的重要程度有关系。到了我这个年龄，我已经能够悟出很多事情，一个哪怕很重要的场合，你不是主角，你也就不用去了。雪中送炭的事情我会去做，排除万难我也会，但是锦上添花的事情我就不做了，我不是谁的花，谁也不是我的锦。尽管我不是什么重要人物，但我是自己最重要的人。所以当你缺人、需要我鼎力相助的时候，我一定到场，不负信任。当我对你可有可无，你需要我烘托气氛增加人气时，那对不住，我不干这活儿。我会用这些时间继续看书、写作。学会把自己看成自己生命中最重要的人,掌握住自己的人生节奏,而不是让别人带节奏。

因为上述这些观念,估计很多人觉得我不好相处,其实也挺好的,少了很多打扰。就连学生问问题,我都会说得很清楚:"请你想清楚这个问题自己能不能解决,你的小伙伴能不能解决,你自己通过研究能不能解决……如果都不能,你来问我;如果能,不要来问我。"一来这能节省自己很多时间;二来这锻炼了学生自己解决问题的能力,不要养成凡事过度依赖老师而不先动脑思考的习惯。

就这样,靠着精准界定自己的核心业务,按部就班管理自己的生活,毫不犹豫拒绝不合理的人和事,就能保全自己大部分的时间和精力。

NO.085 拥有实力之前不要期待被重视

教师虽然生活在"象牙塔"中,但也不意味着与世隔绝,还是要与外界发生关系。在与任何人交往的过程中,我们要尊重人际交往的本质——交换。这里的交换对象可以是有形的东西,也可以是无形的东西。总之,从人类的本性来看,人们不会为毫无意义的东西采取行动,一旦付诸行动,一定是为了获取或者交换另一种东西。这里不要狭隘地把交换理解浅薄了,误以为是不正当的行为。这是从人类底层的本质上分析这件事情,人世间没有无缘无故的爱,也没有无缘无故的恨,所有东西都有原因。哪怕是一个大公无私的人,经常从事慈善工作,他交换的也是一种无形的认可——一种乐善好施的人设。不讲交换的人是不尊重人性的,但也有例外,比如得道高僧,但他们基本不生活在俗世,这样的人很少。

大多数人还是要为生计打算,要为自己想要得到的最终结果打拼,打拼就是有目的的人类行为,通过系统地付出来换取自己想要的东西。交代完讨论的背景,我们回到今天讨论的主题——拥有实力之前不要谈交易,因为你对别人而言是没有交换价值的。我们很多人在意识中都期待一种兄友弟恭、温良谦让的工作环境和人际关系,当没有利益勾连的时候,这种情况很容易发生,但是在涉及利益勾连的时候,双方的行为在本质上要遵循交换的原则,这种交换如我上文所说,包括有形的和无形的。当然,这只是一种看问题的角度,但我们今天仅从这个角度讨论问题。

那么问题就来了,如果你把人际关系想象得过于单纯,没有考虑到人类活动底层中有一层本质——交换,那么你可能会在人际关系中受阻,你会得不到你想要的东西,或者你会对某个人的态度和行为百思不得其解。一旦你在人际关系中不顺畅,你就不能在一个更大的环境中获取你想要得到的东西,那本质问题不是出现在对方或者大环境上,应该是你还没有实力进入这个层面的交换中。你能做的就是回去增强实力,否则你都没有跟行业大咖对话的资格。你不会被人看到，更不会被人给予机会。

学术界虽然相比于其他领域会纯粹一些，但是每个人的时间都有限，机会也都很有限，机会一定会给到最优秀的那个人，如果你的实力和积累不够，你是不可能被给予机会的。比如参加学术会议，提交论文的人就比没提交论文的人更容易被看到；名校的人就比非名校的人更容易被关注到；资历深的人就比资历浅的人更容易被推到前台；有代表性学术成果的人就比没有代表性学术成果的人更受重视。学术界也是论资排辈的，也是有等级的，否则为什么要有教授和副教授之分、高级职称和中级职称之别？

写这篇文章主要是因为在实践中看到了一些教师，他们在实力还没有积攒够的时候就想出去闯荡江湖，这种闯荡注定其在比较低的层面打拼，混不到真正的大场合。但是，这些老师往往意识不到自己交往的圈层上不去的原因在于自身实力不够，反而总是抱怨自己怀才不遇，殊不知真正的问题是自己并不是自己想象中的那个"才"。如果用一句话来概括就是，如果你现在没有拿到自己想要的结果，基本上是因为火候不到。真正的怀才不遇不是很多，相反对自己有过高估计的人却有很多。

NO.086 ▶ 什么是成功？幸福感是怎么来的

跟圈中的一位老友谈起了个人发展的问题，他说我其实很可惜，按我的资质如果不选择做一名老师，而是做一名企业高管、律师，目测收入和影响力都会比现在高很多、大很多。我笑一笑，不置可否。还有些人认为，我在高校圈里算是混得比较好的，他们戏称我为"人生赢家"。尽管我不太在意别人怎么去评价我，我也不介意别人认为我这一生是充满遗憾还是小有收获，我还是希望把我对这个问题的底层思考分享出去。

这个问题本质上涉及什么是成功，伴随而来的就是你是否具有幸福感。首先，成功这个定义对我来说是多元的，尽管从世俗意义上可能会有很多人认为名利是一种判断标准。我其实做过一段时间律师，那时候的业务拓展和收入还都挺理想的，但我还是毅然决然地放弃了这个职业，原因是我发现自己不适合这个职业。尽管我离去的时候，很多业内的朋友都劝我三思，因为在他们看来，我极有可能成长为一个在律师业内非常有影响力、收入非常可观的知名律师。但是只有我知道自己不适合这个职业。我这个人极度注重自我感受，不愿为其他人贡献情绪价值，哪怕对方支付相当可观的对价，我也干不了服务业。而律师在中国本质上就是服务业，从行业的本质来讲，社会地位不高。我们服务的对象也少有那些素质极高的人，并且他们作为甲方天然带有的那种优越感让我在从事这个职业的时候，时常会觉得不舒服。这段律师从业经历让我认识到自己的一些特性：①我是一个让自己舒服大于让别人舒服的人；②我希望我能站着把钱赚了，而不是趴着或者是跪着；③钱对我来说，可能在价值排序中不是最重要的，自尊和自我感受更重要一些。如果说还有一点，那可能就是自己更愿意跟自己相处，而不太愿意跟别人相处。当然这是好听一点的说法，不好听的也可以表述成内心不够强大，包容不了多样化、千差万别的群体。所以我毅然决然地回到高校做老师，教师这个职业有一点是非常让人羡慕的，就是没有太复杂的人际关系，只需要处理好自己和自己的关系就可以，除此之外，社会地位也很高，唯一不太好的就是收入非常有限。但是我觉得这个职业适合我，我不用再为客户的情绪买单，为事实上无法根本满足的客户需求感觉到焦虑、失眠甚至是脱发。所以我觉得还好，我挺喜欢现在的生活状态，我没有成为一个知名的律师，也没有那么多收入，但是我的内心非常平静。

　　至于我在高校圈目前的状态，也是我经过深思熟虑慎重作出的选择和决策。老实说，我自己的国际法专业不太适合我，它离我的日常生活远且充满了其他因素的利益博弈，甚至不是一个纯粹的法律学科（至少我是这样认为的），我在这个学科中始终没有找到自己的"燃点"，于是我慢慢地转向了更具有实际操作性、看得见摸得着的具体事物——教学研究，竟在这里找到了自己特别愿意倾注精力、时间和热情的研究方向——批判性思维及其场景化。认同我的人会说我聪明、睿智、善于决策；不认同我的人会说我不务正业或不务专业。那又能怎么样呢？这世界上最大的成功其实是实现自洽——自己和自己和平相处，并且自己能够接纳并认同自己。至少在高校范围之内的转型和精力的再分配让我认识到自己是一个什么样的人：①我更喜欢具体事物，因为能看得见、摸得着，而不喜欢抽象的甚至靠想象的事物；②我喜欢具象的研究，喜欢可以被看见、被测量、被观察到的研究对象，不喜欢模糊的、无法测量的、看不到的甚至很主观的研究事物；③在做自己喜欢的事情的时候，能够找到自己的心流，这种感觉非常幸福，今天它让你很辛苦，但是你精神上依然富足和充满获得感。所以，所谓成功可能就是你找到了一件你喜欢做的事情，所谓幸福感就是你认可你现在做的事情，并能够在这个过程中实现自洽。

　　所谓成功、幸福感，它的根源在于你怎样界定你的成功，这是一个很个性化的东西，尽管世俗有着比较强势的标准，但那是世俗观点，与我无关。而幸福感，就是你在做着你想做的事情，并在这件事情中实现了自我认同。当然要做到这些，其实并不容易，因为寻找到你想要做的事情，并且在做这件事情的过程中还要获得自我认同，这是非常难的，它包含你对自我的探索和认知。我在每一段人生经历中都不是单纯地去经历这个经历，而是在这个经历中去观察自己是一个什么样的人，什么是我能接受的，什么又是我即便失去所有也要捍卫的；什么是自己擅长的，什么是自己不擅长的……所以，要想真正地认识到什么是成功且获得成功和幸福感，本质上依旧是哲学最关心的问题——know yourself！在《投名状》这部电影中，李连杰饰演的庞青云就认为他的任务不是解决自己的生存问题，而是解决全体百姓的生存问题。所以他在本可以平步青云、前景一片大好的情况下请求慈禧免除百姓三年的赋税，引发朝廷不满，最后被诛杀。做这种选择的时候，庞青云是知道自己在做什么的，他只有这么做才能实现自己的理想。可能从世人的眼光来看，他都可以平步青云、得到朝廷的重视了，但是在他的人生哲学中，官场、朝廷都比不得百姓在他心目中的重要性，甚至不惜为此赴死。所以，你说成功是什么？成功就是因人而异，求仁得仁。《黄帝内经》中有一句话我很喜欢——各从其欲，皆得所愿！这个世界上本来就不存在什么固定的成功标准或者范本，只要自洽就是成功。最后，祝愿所有的人都能认识自己、找到自己，尽量避免在浮世中迷失……

NO.087 在能改变的事情上"死磕到底",在不能改变的事情上"原地躺平"

我的公众号叫作"女教授跟生活的死磕",这个名字经常会给别人带来困扰,让人误以为我总是跟很多事情死磕,进而产生了质疑——死磕好吗?其实不是这样的,我不是这么执拗的人,我也是会"躺平"的。对于这个问题的深度剖析涉及对事情所作的取舍,什么是我们需要取的,什么是我们需要舍的。

人世间的事分成两种,一种是可以改变的,另一种是不可以改变的。那么对于可以改变且必须改变的事情,我是选择死磕的。所以,为了改变自己的出身、实现阶级跃迁,我选择努力学习。为了持续增值、头脑充盈,我选择终身学习。为了能够有工资之外的"斜杠"收入,抵御风险,我选择写书赚取稿费……这些是可以改变的事情,也是对于我个人成长来说必须面对的事情,所以我选择死磕,哪怕需要我长年累月地看书、写作,积劳成疾带来颈椎、腰椎的病痛。给我看病的医生就经常警告我,不能这么伏案工作,否则健康会受影响。我瞅瞅他说,你能跟一个下矿井的工人说,你不能下井因为会有生命危险吗……没办法,这是工作。只不过,我会尽量通过运动、按摩和治疗去减缓这个过程中的生理痛苦,放弃是不可能的,也是不现实的。这种思考问题的方式背后隐含的逻辑是,每个人都能在不以付出健康作为代价的情况下获得生存资料。这怎么可能,那些"996"、创业、打拼的人难道不知道爱惜自己的身体吗?有时候工作性质其实是需要你付出一定的健康成本的,或者睡眠,或者颈肩疼痛,或者生命安全系数……如此而已。不存在那种不需要你付出身体劳动就能够轻松驾驭生活的工作,好吗?

对于不可以改变的事情,那就算了,我就地"躺平"了。改变不了的事情还要执拗,那就是跟自己过不去。比如经常会有人到我的后台谩骂,甚至还在公众平台上"黑"我。起初我还挺在意的,后来发现,这事改变不了。于是我就"躺平"了,接受了。人上一百,形形色色。这件事我改变不了,那我只能选择让自己接受,然后置之不理。同理,我年轻的时候特别爱掰扯,跟家里人、身边人掰扯。年纪大了才发现,没必要。很多人是没有办法被改变的,你也没有权利改变他们。我们能做的就是选择那些跟自己同频共振的人在一起。至于那些还需要与其掰扯的人就算了,不在一起玩耍不就得了吗……为什么非得搅和在一起呢?

虽然上述道理很容易懂,能改变的就死磕,不能改变的就"躺平",但是实际上还有一个重要的前提——你需要判断什么事情对你而言是可以改变且必须改变的,什么事情是不能改变也不必改变的。这种判断是有难度的,属于个人价值判断的范畴,每个人需要结合自己的实际情况且非常了解自己才能判断出来。比如,我就接受不了自己胖,希望自己无论在什么年龄阶段,体重的浮动都控制在 5 千克以内,目标是婚前婚后的衣服都是一个尺码,所以我就得运动控制体重。那么控制体重就是一件对我而言能够改变且必须改变的事情。可是对于我的大宝,好吃最重要,体重不重要。当然不排除她以后也会变……再如,应酬对我来说是一件不能接受的事情,我很讨厌应酬,觉得浪费时间和表情。那么我决定不改变,我就"躺平",接受这个特质,然后学会拒绝。当然也会失去一部分关系,那就没办法了。我选择在任何事情上让自己先开心和高兴,至于别人高不高兴,不那么重要,至少没有自己高兴重要。这件事也是一件对我而言难以改变的事情,那就接受……

写这篇文章的目的是想跟大家分享这样的观点——善取不如善舍,分辨出哪些是自己应该做且可以做的事情,努力做;分辨出哪些是自己无法做到且不应当较劲的事情,直接放弃,这样不仅可以节省时间和精力,最主要的是可以从底层避免精神内耗。

第三部分　江湖

NO.088 ▶ 把有限的时间放在无限的自我提升上来
—— 我不是谁的花，谁也不是我的锦

写这篇文章的原因是我发现有很多年轻教师喜欢把时间和精力花在别处，比如与别人交往，或者围绕某个处室打转儿，干一些辅助性杂活儿。这点我是极不赞成的，我本人几乎没有什么社交，主要的时间都花在看书、写作上，偶尔出去做报告，其余时间都不会为别人打工。参加任何活动我都是先判断自己的位置，如果是给别人当衬托，那我没兴趣，我宁愿把这时间花在写作和自我提升上。如果这项活动没我不行，那我必须去，一方面是帮对方一个忙，另一方面也是展示自己的专业性。其余的活动，我基本不参加。很多人可能不同意我的观点，认为搞好人际关系很重要，人际关系是很重要，但它没重要到让你放弃提升自己的核心能力。我从以下几个方面分析一下。

（1）人身上有两种能力 A 和 B，A 是指你的专业能力，B 是指你的社会交往能力，即马克思所说的社会性。我们要考虑一点就是，如果你不是富二代以及家里没有什么矿，你将来大概率是需要依靠 A 即你的专业能力吃饭的，我身边的人基本上是靠专业能力吃饭的。有 A 没有 B，你是可以活的；有 B 没有 A，你是活不了的，因为你没有核心竞争力。基本上在大学里生存的老师、企业里的工程师和技术流都是有 A 的，甚至只有 A。相信我，你只有 A 是可以生存的，但只有 B 是生存不了的，这样的人在社会上就是依靠整合资源生存，俗称掮客，这种人太多了，不差你这一个，而且混得好的是自带资源的，不是你这种人。

（2）同时具备 A 和 B 两种能力固然很好，但绝大多数年轻教师 A 能力是不足的，甚至是非常初级的，而对于高校教师而言，A 能力是需要终身成长的能力，没有尽头。我为什么作出这样的判断？我太了解中国的教育和中国的大学生了。年轻教师都是从大学生走过来的，他们以为自己有了专业,就有了专业知识,有了专业知识就有了解决问题的能力,这是不可能的。事实上中国的教育目前只能给学生(尽管后来变成老师)一套专业知识体系,绝大多数受教育者是没有接受过解决问题能力方面的训练的,这部分需要自学,这是一个非常难且消耗大的训练过程,最好在学校完成,在社会上没有条件,而且会有很多琐事分散精力。同时,教师即便是掌握了一定的 A,也要将精力放在写文章、申请项目等跟知识生产相关的活动上。所以,将时间和精力都花在提升 A 上面,不要在 B 上面浪费时间和精力,否则将得不偿失。只有这些训练,如思维训练、解决问题能力训练、运用知识能力训练才是长你功力的,其他都是无用功。

(3)必须认识到人最宝贵的是时间,将时间花在提升自己的核心能力上,而不是放在别人身上、附属于什么机构,更不要认为这些工作说起来很好听、展现了自己的×××社会交往能力,这些都是虚的。一句话,与核心能力提升有关的事情做,与核心能力提升无关的事情不做。不要做这种得不偿失的事情!当你的专业能力登峰造极,具有非常核心的竞争优势的时候,你所看重的那些资源都会"不请自来",到时候再在那些场合中磨合你的社会性是最合适的,在你什么都不是的情况下,你不需要社会性,你需要让自己变得有本事,有专业本事!

(4)普及一个"不可能三角"理论,它是指人不可能兼顾睡眠、专业能力以及社交三个方面。在这三个方面中,你必须舍弃一个方面,才能成就另两个方面。如果一个人没有牺牲睡眠和社交其中的一项,他的专业能力是不会太精深的。如果一个人没有牺牲社交,他还有较好的专业能力,那他牺牲的一定是睡眠。那些专业能力好又能保证睡眠的人,一定是牺牲了社交,我就是这种人。但是,我看到周围大多数教师的通病是宁愿牺牲专业能力深化发展,也要出去社交,这是一个不明智的选择。同理,很多人看到我有很多代表性著作且每年都有专著出版,就猜测我牺牲了睡眠。其实我牺牲的不是睡眠,而是无效社交。高校教师应该谨记——没有精深的专业能力,所有的社交都是无效的,甚至被别人当韭菜割了。

这世界上,只有时间是非常宝贵的且对所有人都公平,人和人之所以不一样,原因之一是对时间的观念、分配和管理不一样。只有将有限的时间花在无限的自我能力提升上,才是实现教师自身可持续发展的唯一路径,切不可将时间胡乱花在无关的人或事上,否则只是白白浪费时间。也许有的老师会说,那我有时候也不好意思拒绝。那就需要明白另一个道理——雪中送炭的事情做,锦上添花的事情不做,因为有你没你都不影响人家是块锦,把你当成花的人也并没有把你放在很重要的位置上。这一方面说明你资历可能不够,那就回去修炼自己的能力。另一方面,如果你的能力够,对方没给到你相应的尊重,那你就更不要去了,一个人只有看重自己、看重自己未来的发展,才有可能最终达成自我实现的目标。所以,宁从一块炭做起,毕竟那里是你的主场。依附于别人的人的命运会被别人摆布而不是掌握在自己手中,也不会拥有自己想要的结果。

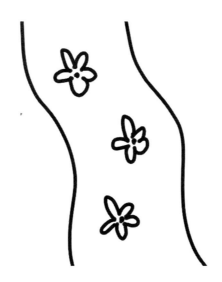

NO.089 人生的绝大部分苦恼来自"求而不得"
——处理好能力和欲望之间的关系！

我身边的年轻教师活得通透的不多，一方面是因为他们本身阅历太浅，没经历过太多的人和事；另一方面，他们对自己的生活体悟不深，也就是思考不到位，即便被生活蹂躏过，也始终思考不到问题的本质，因此还是不成熟。那么什么是成熟呢？其表现是什么呢？不成熟的原因是什么呢？我们今天来探讨这个话题。

不成熟有一个表现就是一个人被问题困扰，始终没想通，得不到解决，进而使得这个问题长期存在且慢慢变成人生的苦恼。这种人通常怨气很重，你跟他说任何话题他都会把话题转移到他的痛苦上来，或者即便不说自己的痛苦，也会对很多事物表现得很丧气，这时候你就会发现他身上有很多负能量。总之，不成熟的表现就是长期有困扰不得解脱、爱抱怨、负能量，甚至有一些三观不正（就是对事物的看法不正确）。

我们来看一下人为什么会痛苦，痛苦其实是一种结果（暂且称之为C），这种结果是由某个问题（暂且称之为A）引发的。但是光有问题（A）还不能直接导致痛苦，痛苦是你对于A的看法或者解决方案（暂且称之为B）引发的。我们重新复述一下，你现在面临一个问题A，为了解决这个问题你采取了B（既可以是看法，也可以是解决方案），导致了结果C。也即，痛苦是由A+B=C引发的。你如果不想承担痛苦C，A改变不了，A是客观存在，你只能通过改变B把C这个你不想承担的后果改变了。如果你不从B下手，C就一直存在，因为A改变不了。所以，痛苦C基本上是由人们对待问题的看法和解决方案B导致的，只能从B下手解决。如果你不愿意从B下手解决，那么C会一直存在，这就是痛苦的根源。

现实中，从B下手就意味着要改变自己，改变自己对问题A的看法，变革自己对 A 的解决路径和方案，从而才能避免 C，但改变自己是最难的。我们先通过一个例子看一下，我身边有一个正在读博士的青年教师，他的论文一直写不出来，每次见到我都抱怨，说现在工作忙，他还需要上课，没时间写论文。但是一年一年过去了，没有东西，眼瞅都博士五年级了，现在压力很大，每次见到我都是这套说辞，并且每次都寻求我的帮助和指导。其实我能说的都已经说了，只是他还是不停地跟我联系和诉苦。我们来看一下这里面的 A、B、C，这位青年教师面临的问题 A 是博士论文写作，他的解决方案 B 是抱怨，抱怨自己课多，每次都寄希望于我的指导。现在他很痛苦，即拥有了 C。这里面 A 博士论文写作的压力是没办法改变的，他只能改变解决方案 B 才能了结痛苦 C。事实上我也经常跟他说，博士论文的写作需要大量的阅读和积累，需要日拱一卒地坚持阅读和思考，输入即积累的量够了之后，才会有输出（写作）。但该青年教师并没有每天踏实地阅读和积累，反而以自己课多没时间作为理由，逃避自己应该做的事情。每次回到学校都寻求别人的帮助，但要知道，论文写作过程中的阅读、积累和最终的输出，别人是替代不了的。别人能告诉他的就是写作的规律和督促他日拱一卒地精进，但是他本人不愿意接纳这样的解决方案。

上述例子发生在学术领域，还有很多类似的情况发生在生活领域，比如我们在上文婚姻篇中提及的对配偶不切实际的要求导致的痛苦。这种痛苦的消除，需要通过我们改变对婚姻关系的看法来实现。但是如上文所述，改变自己是最难的，或者可以说将问题的原因归结于自身都是很困难的。处在困境中的人，他们首先并不认为导致这个问题的原因在于自身，即便认识到是自身的原因，也不愿意付出努力去改变 B。所以，我们可以用一句话来概括上文的核心观点，人类的痛苦基本上源于自身的欲望得不到满足——求而不得。比如上文所提及的学术和婚姻中的例子，前者希望自己能够获得博士学位，但是他为此匹配的解决方案，并不能达到这个目的，求而不得；后者希望自己能够获得理想的配偶，但实际生活中这种配偶并不存在，这种需求一定也是落空的。

求而不得就会导致痛苦，避免痛苦的关键在于自己。我们接下来讨论一下，自己应当怎么做才能避免陷于痛苦之中。上文已经提及问题 A 是客观存在的，你只能通过改变 B 才能避免痛苦 C。这就需要行为人首先反思自己，认识到痛苦只能通过改变自己，也就是改变 B 才能避免。那如何改变 B 呢？困境中的人要在尊重客观事实的基础之上选择放弃或者精进（只有这两种选择），当然这个过程并不容易，因为很多人嘴上选择了放弃但并不是真的放弃，他总是心有不甘，导致其仍然处于痛苦 C 中。所以我们所说的放弃，是一种真正从内心觉察到自己的能力、时间、家庭、精力之后经过利弊权衡作出的价值判断，一旦作出这种判断，就全然接受并不后悔，从而实现内心的平静，摆脱痛苦。

另一种方式是迎难而上、持续精进，如果一个人反复地跟自己对话之后，发现自己不能放弃，比如他必须获得上文所提及的博士学位，那他必须持续精进自己的专业能力，而不是逮谁跟谁抱怨，或者将解决问题的路径寄托在他人身上（比如总是找人指导）。这种解决方式也难以奏效，因为它需要人们改变自己的观念且付出艰苦卓绝的努力。

总之，痛苦的原因绝大部分是求而不得，解决问题的方式无外乎在尊重客观事实的基础之上作出放弃或者持续努力两种价值判断。任何一种判断都是值得尊重的，只要它是行为人内心作出的真实选择且行为人能坦然接受此种选择带来的后果。比如选择放弃的人，他因此收获了时间和从事其他活动的可能，那些在相同问题上没有选择放弃的人没有权利用自己的选择去衡量别人的放弃。比如选择精进的人，他有可能最后收获了他想要的结果，却为此付出了大量的时间、精力、体力，但他不能为此抱怨，更不能因此而鄙视那些选择放弃的人。

总之，人生是一种选择，在同一层面上，只要不违反法律和道德，选择没有好坏之分。《黄帝内经》中有一句话说得非常好——各从其欲，皆得所愿。但要想作出忠于自我的选择，需要人们非常了解自己并在能力和欲望之间作出平衡。我身边有的老师天生体弱，最终职称就停留在初级，他自己心态平和，这也没什么。我身边有的老师身体虽不强壮，但目标极其宏大并愿意为此继续消耗自己的身体，这是他自己的选择，只要他内心清楚自己所作的选择，并为自己的选择承担结果就不会有痛苦。一个成功的人，只能用自洽来描述，因为只有这个标准对每个人都适用。如果你追求金钱，总是有人比你富有；如果你追求地位，总是有人比你位高权重；如果你追求被别人认可，没有一个人只有正面评价、没有负面评价。所以，人这一生要能跟自己和谐相处——自洽。自洽就是要避免痛苦，要认识自己，要在自己的能力和欲望之间进行平衡与选择。该求的求，求就努力；不该求的不求，绝不贪恋，干脆放弃。这样的人生才不会痛苦，愿诸君早日修炼成功，脱离苦海！

NO.090 ▶ 最好的心理医生是一个事业有成的自己

虽然我们在上一篇文章中提及了人要学会处理自己的能力和欲望之间的关系，可以选择放弃或精进，每一种选择无所谓好坏，都是值得尊重的。但是我们今天要探讨另一条人性底层的规律——人都是慕强的，人是活在自己的优越感里的，要想做到真正的放弃其实是很难的，能做到的只是少数。

通常在现实中，我们能够看到一些人，他们口头上说自己放弃了，但是内心并没有接受，所以产生了一种纠结的状态。这些人跟上一篇文章提到的那些张口就抱怨的人不一样，他们多半是表面上装作无所谓的样子，非常明确地表示自己已经放弃了，但是实际上内心非常纠结，并没有真正放弃。每当想起这个问题的时候，内心总是非常煎熬。这种情况对个人的伤害非常大，也属于内耗的范围。究其根本在于本人并不认可放弃的选项，但是又不肯面对，只能自欺欺人，长此以往就会出现一些心理问题。

之所以出现这种情况，是因为人类底层的设置中有一个机制——追求积极以及卓越感。老话讲谁还不要个"好"。基本上人们都愿意求得一个积极、健康、正向、阳光的结果，拒绝一个消极、负面、阴暗的结果。况且，人类这种动物很有意思，在一起都是要比较的，有时候比较的东西比较物质化，比如收入、穿戴、开什么车；有时候比较的是一种无形的东西，比如学习好、上进、职称、学历……总之，绝大部分人都是活在一种有形或者无形的比较之中的，只不过比较的东西不同。

这种人类底层的运作规律有时候很难被打破。从这个意义上来说，人类社会中的很多激励机制利用的也是人类的这条底层运作规律。只要生活在一定的范围中，就不可避免地进行比较。在高校中，正教授一般比副教授感觉好一些，副教授一般比讲师感觉好一些，这对绝大多数人都是适用的。

那么问题来了，那些表面上说自己放弃了，但是实际上内心并不接受这种结果，经常会在半夜醒来且感到抑郁的人，其实应该正视我们上文提及的人性中的本质和规律，认识到这一点之后，就不要让自己在两种相反的张力中被拉扯，还是要面对最真实的自己。所以，本文基本观点还是主张大家面对现实、勇往直前，通过自己的努力来遇见一个更好的自己，只有那个期待中的结果摆在面前才能疗愈自己内在的、别人看不到的纠结和郁闷。哪怕只是阶段性的小结果摆在面前，对自己的士气也是一种激励，老话说得好——人逢喜事精神爽，生活中那些让人期待的美好事物是能够愉悦我们的身心的。然后在多个小胜利的基础上再接再厉，逐步达到自己理想的状态。一个事业有成的自己就是最好的心理医生，能疗愈内心绝大部分的意难平。

学 术 圈

NO.091 ▶ 学术是个圈，大圈套小圈
——你所有的荣辱均来自于此！

对于科研工作者而言，学术圈不仅是一个每天挂在嘴边的名词，还是一个内涵相当深刻、功能相当强大的群体。甚至不客气地说，其在某种程度上决定了我们的命运。学术圈的构成非常复杂，分为以下几种类型。

首先，根据研究方向和所属细分学科，可将学术圈分为小同行学术圈和大同行学术圈，但总体都没有跳出你所在的细分学科。比如我的研究方向是国际私法，我平时所在的学会（学术圈）就是国际私法学会，这是我的小同行，在这之下还可以继续细分，但是并没有太多必要。国际私法属于三级学科，在此之上还有二级学科国际法，所以，国际法学会是我所在的大同行学术圈。

其次，根据所处的平台，可将学术圈分为学院学术圈、学校学术圈以及地域学术圈等。比如我在某著名高校的法学院工作，我所在的学院就是我的学院学术圈，它决定我最微观的学术氛围和平台托举力；我所在的学校就是我的学校学术圈，它决定我相对中观的学术氛围和平台托举力；同样，地域学术圈就是我所在的地区的较为宏观的学术圈。

最后，根据所处的学科和非学科，可将学术圈分为本圈和破圈。本圈就是指你所从事的学科研究所在的学术圈，既可以包括上文所指的小同行学术圈和大同行学术圈，还可以包括你所在学院的学术圈、学校学术圈以及地域学术圈。破圈是指你来到了不属于你学科所属的学术圈并享有一定的学术声誉。

划分完学术圈的几种类型之后，我们需要明确的就是学术圈的功能。学术圈的一个重要功能就是学术评价，比如你写一篇论文需要盲审，基本上是你的小同行学术圈在评价，由这些人来决定你的论文是否能够被发表在特定期刊上；比如你申报一个国家级的项目，基本上是你的小同行学术圈或者大同行学术圈进行评议，由这些人决定你的研究是否能获得特定项目的资助。如果你申报的不是国家级项目而是某地域的项目，或者想要发表的不是全国范围内的著名期刊而是某地域的刊物，这时候可能被调动的是地域学术圈和学校学术圈。总之，与科研相关的各类学术活动，包括但不限于论文、项目、成果、获奖、人才称号等都需要通过同行评议来完成，这个同行就是我们上文所说的不同类型的学术圈。至于调动的是何种类型的学术圈，这取决于你所从事的科研活动的性质、等级和覆盖面。

学术圈的另一个功能就是学术交流。不可否认的是，不同的学术团体通过举办不同的学术会议，将该领域的研究者都聚集在一起，让大家有机会互相学习，了解学科的最新动态和进展。当然最为重要的是学术圈是个圈，是一个能让人产生学术归属感的地方（当然也可能不能让你产生学术归属感）。在学术会议中认识这圈中都有什么样的人也是很重要的，是这些人实现着学术圈的功能。我们在之前的文章中已经介绍学术会议的三种功能，在这里就不过多描述了。

最后一件需要明白的事是你在学术圈中是什么位置。第一个判断的标准是能否破圈。很少有学者能够破圈，他们几乎一辈子待在自己的学科所属圈内，外行对他们的成绩几乎一无所知，哪怕他们在圈中还是小有名气。但也有一些学者能够破圈，比如罗翔，他就成功地吸引了来自四面八方的关注。这与他做刑法科普的工作有关，因为越是专业和深奥的理论，受众面就越小，但越是把专业的理论跟日常生活结合，受众面就会越大——在学科和社会的交界处，"鱼"是最多的。从我个人的成长经历来看，我也属于破圈成功的人，我的本圈是法学圈，但现在因为从事批判性思维和通识写作方面的研究，成功地来到了高校圈，可以对接任何一个专业和学科。

第二个判断自己在学术圈中位置的角度是你所在的平台，你的学院圈是一种什么状态，学校圈又是一个什么等级，你所属地域又是什么情况？你在这些圈层中是一个名不见经传的小人物，还是对整个地域都有影响的大咖。比如我们有一位特别出名的老师，他人很聪明，在业内被称为"东北王"。这就说明在东北他是非常有分量的人物，他的影响超出了他所在的学院、学校,甚至在全国都有影响,只不过在东北地域他是老大。

最后一个判断自己在学术圈中位置的角度是自己的小同行和大同行,你要深刻了解你属于哪一个小同行学术圈,对大同行学术圈有没有产生影响。经过上述三轮判断之后,作为一名个体研究员的你,应该很清楚自己在学术圈中的位置。对于绝大多数青年教师而言,他们基本上局限在自己的小同行学术圈(有的甚至都没有入圈)、学院所属学术圈(也有可能没入学院的学术圈,比如那些长期不从事科学研究的人就会游离在这个圈之外)中,更谈不上破圈。

写作本篇文章的目的是想帮助青年教师了解学术圈的构成和主要功能,在学术行业混,一定会涉及学术评价,而学术评价基本是由各种学术圈来完成的。它承认你,你就拥有相应的荣誉;它不承认你,你就会遭遇职业生涯的挫败。对于一些身处偏远学校和学院托举力不够的研究者来说,想要融入学术圈并在圈中拥有一定的位置是相对困难的,他们要么是通过加强努力、提升自己的能力来获取学术圈的认可,要么是通过到更大的平台获得学术圈的更多认同。总之,搞学术不仅是自己的事,还是圈内的事,不能两耳不闻窗外事,一心只读圣贤书。而且,明确了各个学术圈分类、了解了自己在学术圈中所处的位置,也能更好地认识自我和给自己设定未来的打拼路线。毕竟,当一回老师,谁都希望自己最后能在圈内赫赫有名、引人注目!

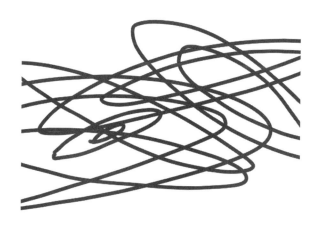

NO.092 学术圈里的前浪、中浪和后浪
——你是哪一浪以及学术人的成长节奏!

学术圈从纵向上看是有不同的代际的，总体上我们可以将学术圈里的人分成三个代际，分别是前浪、中浪和后浪，不同的代际不但有明确的划分标准，而且生存空间和发展策略也完全不同，这是跟上一篇文章不同的观察角度，但总体上都是帮助年轻教师从更为宏观的角度看清楚自己所处的学术圈的样态。

如果延续我们在科研部分对学术人生存期和发展期的划分标准，前浪处于发展后期，他们度过了发展期中最艰难的开疆拓土的阶段，享有一定的知名度和学术影响力，自己本身就是行走的学术资源，身边也聚集着与自己资源和能力相匹配的其他前浪。如果用一个单词来形容他们的话，就是 developed。总体而言，前浪们的学术目标基本实现。中浪处于发展初期，他们基本上刚被评上教授职称没多久，解决了生存问题，接下来就是提高自己的江湖地位、扩大自己的学术影响。中浪一般以前浪为榜样，希望自己能够拥有前浪的名望和学术地位。但是与前浪不同，中浪处于发展期，他们的职业目标还没有实现。如果用一个单词来形容他们的话，就是 developing。后浪是指处于生存期的教师，他们尚不涉及发展问题，摆在他们眼前最重要的任务就是解决职称问题，没有职称在学术圈不涉及发展问题（尽管有些人不承认，但副教授和讲师没什么江湖地位，也谈不上江湖地位）。

从纵向上看，学术圈可以粗略地划分为这几个代际，以上是静态描述，接下来介绍一下动态变化。总体上，代际是要向前移动且要实现更替的。后浪最终会变成中浪，中浪的目标是变成前浪（理论上），这样不断地向前移动完成了代际更替，也完成了学术圈一轮又一轮的更新和

传承。但是，更替遇到了一个问题，即前浪的学术生命周期与中浪和后浪的成长周期并不一致，导致大量中浪滞留在中部上升不了，后浪也不停地加入中浪的队伍，使得中浪这支队伍目前特别拥挤，当然，后浪的日子也不好过。我用简单的语言描述一下，高校的这些前浪学术生命一般都很长，资深教授或者院士都是终身制的，而且本着人可以退休，但是荣誉和学术不退休的宗旨，大会、小会以及学术圈的各种活动中经常能够看到年过60的大咖在以年轻人的战斗力继续战斗着。如果你是医生（比如医学院），60岁还手握大量的患者资源（他们退休了也可以返聘），没办法传递到中浪手中；如果你是学者，60岁还可以到处演讲和担任杂志的主编。那么问题就来了，中浪已经成长起来了，理论上可以接替前浪（接班），但是由于前浪们的学术生命周期（生命不息，战斗不止）与中浪的成长周期（一般来讲，从讲师到教授需要10年，快一点的通过破格不需要10年，慢一点的15年也会解决，15年解决不了的就可能终身都解决不了）并不一致，当中浪们成长起来的时候，前浪们还没有退出江湖，还在C位唱主角。

举个例子，最近我发现很多商学院、医学院、法学院以及文学院的教授都开辟了自己的短视频阵地。有些人不理解，认为他们不务正业，但要想理解这个问题并不难。这些人利用新媒体只为获取流量，流量是什么？就是他们的客户，就是他们的江湖……那么为什么需要利用短视频或者新媒体来聚集流量呢？因为传统的获取流量的方法已经不行了，或者说市场已经被瓜分殆尽了（被前浪占据着），需要用新的手段来开发新的流量，或者叫作市场。

通常在互联网或者新媒体上折腾的知识分子属于一个行业的"中浪"，他们前有"前浪"、后有"后浪"。中浪的特征是刚完成原始积累，迫切需要发展的机会，即解决了生存问题现在要谋求发展。后浪生存问题还没有解决，而前浪的生存问题早在十几年前就解决了，前浪是不需要上新媒体的，原因在于"前浪"要发展的时候，他们所面临的还是一片"蓝海"，未完全竞争，未完全开发，市场没有被占满，他们很快就利用窗口期占据了大量或者一定的市场份额，他们不愁知名度，不愁流量（这就好像房价起来之前，你趁机买了一堆房子坐等升值，而"中浪"进入房地产市场的时候房价已经起来了)。比如一个声名在外的老医师——"前浪",每天找他看病的人都排不上号,甚至排到半年之后,黄牛都搞不到号,这样的人没有时间也没有欲望了解什么是新媒体。他自己的社会资源、客户资源太好了。但是,这个领域中的后起之秀——"中浪"在完成原始积累之后需要发展,但此时,"中浪"们发现客户都被"前浪"占据着,用原始的方法等待客户那简直就是守株待兔,"中浪"们不满意这种情况,于是开始选择在互联网上直播、发短视频来重新聚集一波新的流量。这就是底层逻辑。这在医疗行业特别明显,如果你不信邪,你就上网去看,医生的个人IP(互联网协议)多数都是事业有成但是声名还没有远播的"中浪"医生。因为"后浪"医生在忙着晋职称,在忙着练手(动手术得练手),"前浪"医生在忙着看病做手术,只有"中浪"需要考虑怎么能扩大影响力、扩大客户群体,而短视频就自然进入他们的视线。

学术领域也是这样,大佬们通常在窗口期就占据了资源(学术资源),带着一帮徒子徒孙打下了江山,但是大佬还不老啊,而且有些行业大佬到了七八十岁那更是宝啊,国宝级别的。但是他后面的徒子徒孙怎么办?只能堆着,学术市场就那么大,一茬一茬人的成长周期和大佬的衰退周期不一样,所以就得另觅他法。而互联网就给这些"中浪"提供了一个聚集流量的新舞台,供其挖掘新的客户资源。从这个角度来说,技术创新也会带来竞争格局的转换,这是件好事。事实上,大部分领域都是这种状态,除非一些新兴的行业、赛道,否则都面临这些问题。老的还没有退出,小的已经成长起来了,不做大市场就得转换赛道,新入职的教师、医生……可能都需要把这件事情想明白。

写这篇文章没有任何不尊重"前浪""中浪"和"后浪"的意思,只是希望教师能够认识到,现代意义上的学术圈从19世纪洋务运动开始到现在已经积累一定的规模,不再是一片"蓝海"了,很多传统的资源集中在头部和"前浪"手中,"中浪"们迫切需要发展的路径,"后浪"们不久之后也会加入寻求个人发展的大军,未来只有那些能够觅得有潜力的研究方向的人、懂得利用"杠杆"的人(如新媒体),才可能在比较拥挤的学术圈中脱颖而出。

NO.093 ▶ 要向高认知的人学习

——高认知的人都是什么样的？只说事实，不说评价

我们身处学术圈，避免不了跟别人打交道，人的精力都是有限的，本书的写作目的就是分享我们应该多跟什么样的人打交道，这样的人通常有什么样的特质。总体而言就是向上社交（注意不是向权贵社交），向比你高明的人学习。都说人和人最大的差别是认知，那什么是认知？高认知的人都是什么样的？

克里希那穆提曾经说过——人类智慧的最高形式就是不带评价的观察，这句话也能解释什么是高认知的人，你应该多跟什么样的人学习和对话。高认知其实是一个判断标准，这个人说的是事实还是他的主观评价。如果是事实，这个事实又是有很高维度的，那这个人一般认知很高，通常他给你的建议应该是一个好的建议。如果一个人总是说一些自己的主观判断且总是用自己的主观判断来衡量别人，那这种人属于认知维度比较低的人，他说什么你都不必介意。用一句话来说，就是高人一般说的都是客观事实，他们不进行主观评价；低认知的人总是说一些自己以为的主观评价和判断，却不自知。

举个例子，如果有人说我，你天天写作，过得那么辛苦，人生苦短，不值得。其实这就是一种主观判断，别人穿什么、吃什么、选择什么样的生活方式，理论上是他们自己的事情，跟别人没有关系，尤其是在别人怡然自得、安之若素的情况下，你更没有必要指指点点。要知道你有选择逛街shopping、躺平追剧的快乐，对于很多人来说，打拼、修炼、写作也是一种快乐。你不能认为自己刷短视频是快乐的，别人写作就是痛苦的，更不能说别人吃苦就是不爱自己。关于这件事情的客观事实是：让自己放松是爱自己，让自己追求梦想也是爱自己；让自己遍尝美食是爱自己，让自

己节食控制体重也是爱自己。所以，高认知的人从来不用自己的价值选择去评价别人的价值选择，他们只会洞穿背后的真相——每个人都有自己的不同选择，各从其欲、皆得所愿，君子和而不同就好。

但现实中可能不会有这么多理性的人，经常会有人对我说，包括我的母亲活着的时候也总是让我每天不要花太多时间在写作上，要学会躺平，要放松。其实我挺放松的，我写作的时候就特别放松。2022年年底，母亲去世，我始终没办法调整好自己，很难从她去世的阴影中走出来。思考了半个月之后，我决定开始写作，写一本书。花了将近两个月的时间，书写完了，我也走出来了。搁笔的那一刻，我觉得生命真是特别有趣，母亲生前是最反对我每天伏案的，我们为此经常闹矛盾，但最后我是用写作来疗愈自己的。还有很多人认为我过着近乎苦行僧般的生活，其实不是，我喜欢一个人待着，跟写作待在一起，这让我很舒服。

用上述的例子就是想说明，高认知的人一般不说自己的主观观点，也不会对别人指指点点，站在高位去评价别人。他们要么不说话，要么说的就是客观事实。所谓认知就是认识客观真实的能力，客观真实能让我们摆脱"自以为是"（也就是自我中心主义）。年轻教师刚踏入职场很容易看不清职业发展、学术研究、人际交往等的本质（不少中年教师也存在这些问题），这时候多向认知比你高、能够说出困扰你的问题的真相（客观真实）的人讨教，你成长得就会比别人快一些。正所谓读万卷书不如行万里路，行万里路不如高手指路。尽量不要跟认知低的人纠缠在一起，他们往往不会从客观的角度去分析一个问题，往往带着强烈的主观情绪来做判断，他们不仅会搞乱自己的人生，还会搅乱你的气场。

NO.094 ▶ 即便别人真的很讨厌，抱怨也解决不了问题

——胸怀都是被委屈撑大的！

朋友跟我抱怨，说自己被领导找谈话，起因是不知道谁在领导面前打了个小报告。虽然后来证明我的这个朋友是被冤枉的，这事也就这么不了了之，我的朋友却一直没有放下，始终耿耿于怀，找机会就跟我抱怨两句。起初，我并没有注意到他的负面情绪，以为他就是跟我陈述一下事实，排遣一下心中的小愤慨。随着他重复的次数多了，我就意识到他的认识出了问题。于是，我们就进行了一场灵魂的对话。

我问他："你是不是觉得这个人很讨厌，尽管你不知道他是谁。"朋友回答是的，并且一直感叹为什么世界上会有这样的人。我跟朋友说，我给你讲一件我经历的事情。我在几年前一直和某个同事的关系不是特别好，最糟糕的是他还是我的领导，那时候的我年轻气盛，总是觉得别人在打击我，于是内心时常生出很多怨恨，自己的情绪也总是负面的。可是这几年我不这样看待问题。经过时间的洗礼，我发现人都是有局限的，这种局限甚至不能用缺点来描述，我更愿意将其形容为每个人的特点。每个人的特点就是生物自身的属性，他可能一辈子都是这样子，改变不了。其实别人看我们也是这样，比如我这个人就比较有个性，很多事情不愿意妥协。如果作为我的同事，他把这个看成我的缺点，他就会抱怨。但如果作为我身边的人，只是把这个看成我的特点，并且选择在接受我的特点的范围内跟我合作，他就不会有困扰。所以在遇到类似我认为对我不友好的人时，我倾向于认为这是每个人为人处世的特点导致的，并认为大千世界无奇不有，我们是没有办法、也没有权利要求别人按照我们期待的方式和我们相处、对待我们的。对于这些不能改变的事情，我们只能调整自己，把自己的接纳度变高和格局变大，很多事情就不是事儿了。

第三部分　江湖

　　同样对于我的朋友而言，且不说他并不知道是谁在领导面前打了个小报告，而且这个小报告又没给他带来实质性的损害。即便他知道了是谁，又即便是这个报告给他带来了一些实质性的损害，恐怕明智的人也只能选择让这件事过去，对于这些既存的事实、发生过的事情和无法改变的周遭的形形色色的人，一个人只能选择放大自己的格局才能活得更好，而不是一直将这些事情放在心里，跟他们天天较劲。

　　认知心理学有一个公式（在上文提及过），外在的客观事实是 A；我们对外在客观事实的认识是 B；A+B 就构成了我们的个人感受 C。在 A、B、C 中，A 是不能改变的，C 有两种常规状态——好、坏，也就是个人感受要么好、要么坏。而 C 是好、是坏，不取决于 A 而仅仅取决于 B。所以你看，从认知心理学这个理论来看，它告诉我们两件事情：第一，客观事实无法改变；第二，要想获得好的心情，只能改变我们对客观事实的认识。也就是说，要想获得好的 C，就只能提升自己的 B。你也可以不按照认知心理学的这条规律进行日常的自我指导，但结果只能是自己纠结，不开心。所以遇到什么事情我们还是得从 B 着手，那些将注意力放在 A 上的小伙伴恐怕是没有办法让自己解脱的。人活一世，如果总是心情不好，是不是很吃亏呢……让过去过去吧，事情翻篇了，自己的胸襟也就开阔了。

从"青椒"到名师：给高校教师的100条建议

NO.095 ▶ 什么是好的建议？什么又是"搭讪艺术家"（PUA）
——要有独立思考的能力！

　　有一次（也是唯一一次，以后都拒绝）我接受一个社会培训机构的邀请，给1000多人培训，这项工作确实很有挑战，因为人上一百就形形色色，更何况已经上千了。上课过程中就有几位老师，明显感觉其思维不在线，往回拉很费劲，关注点经常跑偏，比如讨论老师的口音、评论老师的发型，甚至还说不喜欢老师的衣服，对于这些人，我通常都是不理会的。课后，主办方老师说有一位老师想跟我反馈上课的意见，我问了一下得知正是上课时那几位中的一位。于是我说，太晚了（已经晚上10点了），以后再说。结果那位老师竟然通过主办方指责我不能接受意见。主办方老师建议我听一听。我的反馈是，不必了。如果这位老师想退课，请主办方老师协助一下。我不是什么人的意见都听，如果我想听意见，一定也会通过问卷、座谈等方式且找到能够提供意见的人，这样泛泛且我通过上课略有理解的"特殊学员"就算了。同时我也跟主办方交代两件事情：其一，我对课程内容负责，同时也对课程效果负责。当晚的满意率已经为90%以上，至于三两个人的意见也许属于众口难调、属于抬杠、属于挑刺，无论属于什么，我都懒得理会了。我从来没打算让这1000多号人都认为我好。其二，做社会培训机构的，要学会拒绝一些学员，因为他们不是来听课的，而是来搅局的（尽管他们自己不这么认为），不应该把这些压力转移给专家。我就是一个赚课时费的人，属于个人收入，而中介机构是赚营业所得，一些乱七八糟的学员应该是由中介应付而不是由我来应付。当然这一切的前提是我的讲课内容是没有问题的。这样，中介也就没再说什么，直接给了学员回复，学员当然是气愤地离席了，那又怎样？

　　熟悉我的人都知道我有时候"虚怀若谷"，有时候"油盐不进"，这是因为我接触的人不同，有些人能够给你真正的意见，这时候你一定要听，能够给你启发。有些人并不能够给你真正的意见，这些人只能让你徒增烦恼，没必要理会他们。那么，什么样的人能够给你好的意见，什么样的人只是想要在你这儿发泄情绪或者 PUA 你呢？本文就分享一下其中的判断标准，这个标准也是批判性思维的标准，它帮我减少了很多不必要的接触和无效社交。

一个人能否给出好的意见取决于两个方面：①他是否具有专业知识，或者在给出建议的领域是否有丰富的积累且权威。②他是否逻辑严谨。如果你通过接触，发现他试图评价你，让你接受他所谓的观点，这样的人根本不具备上述两点，那么你大概率就可以屏蔽他，该干吗干吗去，没必要将时间浪费在这种人身上。有些人根本就不具备专业知识，也不具备某领域的丰富经验，他纯粹就是根据自己的主观想象、爱好、偏好、好恶来作出评价，说的都不是客观事实，这种人一定不要理他，因为他已经完全陷入主观世界无法自拔。在中国，每年都会冒出很多民间科学家，声称他们推翻了爱因斯坦的相对论。还有很多人声称发明了永动机，打破了能量守恒定律。现代的科学发展已经不可能存在有人无师自通的情况，普通的"民间科学家"在没有受过专业训练的情况下根本不可能具备上述能力，纯粹是忽悠。

同样，在社会科学领域，有很多人，包括我身边的人特别愿意谈论国际局势，什么中美贸易摩擦、普京、特朗普……我从不参与，作为一个国际法学科出身的人，我深知，如果想对这么复杂的国际局势作出判断，不仅要懂专业的国际关系理论，最主要的是要获得足够的信息。而足够且正确的信息实在太难获得了，不仅是因为有些信息我们这个层面接触不到，还因为有些信息的真伪无法辨别。所以，正因为我是从事这个领域的，发表言论就会更加谨慎。大宝问我为什么小区里的大爷们特别爱谈这些事，我说："因为你如果问他们什么是函数、导数、数列、向量等数学问题，他们可能真的知道自己是不会的——数学不会就是不会。"围绕数学话题进行日常聊天的门槛特别高，所以，没听过谁在茶余饭后谈数学问题的。但是像国际局势等话题的进入门槛特别低，所以很多人都觉得自己可以说两句。但是要对这一类话题进行"专业"评论，其实门槛特别高，原因就是我上面说的两点：①要具备专业知识+丰富而正确的信息；②要懂推理，要讲逻辑。如果你仔细听大爷们的聊天，你会发现他们通常直接给结论，没有推理过程。我举这个例子不是想说普通老百姓不能谈论这些事情，我是想表达他们的谈论属于日常谈论，不是学术探讨，日常谈论不用负责，学术探讨必须严谨。区分一下，别把笑谈当认真，也别把学术当儿戏。

还有很多人都不具备专业知识和对客观事实的认知能力，他们就是为了发泄情绪，表达自己的主观好恶。主观好恶这个东西只能是自己约束自己，约束不了别人的。你不能因为你喜欢白色，别人就都得喜欢白色；不能因为你不吃肉，就说所有吃肉的人都是没有爱心、不爱护环境的（前一阵子好像有两个明星因为这事踩了雷，被大众批评得体无完肤）。所以，你不必对每个人的意见都认真，更不必反复拿过来揣摩，甚至还因为别人对你的负面评价进行自我的心理折磨。很多人并不知道自己不知道；很多人并不知道自己说的并不是"事实"，而只是"某种有待商榷的观点"；很多人就是想找一个负面情绪的垃圾桶，急于向你倾泻。人活着都不容易，要想让自己的人生清爽一点，没有那么多嘈杂的声音，有一项能力就是甄别谁是"情绪"人，拒做这些人的"垃圾桶"。

本文的写作目的就是分享对于别人建议的鉴别标准，帮助青年教师提升辨别能力，使自己免受不相干人的"意见"的影响。说到这里，真心佩服苏格拉底，他的那句"我知我不知！"振聋发聩、启迪智慧，然而可惜的是很少有人能领悟！

NO.096 理性助人，尊重他人命运
——不要轻易给建议

首先声明一下，本文并不是提倡大家不要"乐于助人"，而是要讲究策略，不要轻易地对别人的生活指指点点，即便是给出建议，也要考虑时机和方式。不要在别人没有需求的时候就按照自己的"想象"去"帮助"别人，我们应在别人有需求且乐于接受的时候再给出建议。而尊重他人命运是指尊重他人的成长过程和节奏，有的建议给得太早，效果反而不会太好。所以，本文强调的是，当你发现别人有问题的时候，你首先需要考虑这个问题是不是真的问题（是不是你认为他有问题）；其次，他虽有问题（确实从客观角度来看是个问题，不是你认为他有问题），但他是不是需要你的帮助以及能不能接受你的帮助；最后，要注意给建议的方式和时机。

首先，你需要明确一下别人是否有你想象中的问题。比如我经常听到别人痛心疾首地劝我说：你不要再熬夜写作了，否则对身体不好。其实我并不熬夜，我每天写作的时长非常有限。但是人们总是把我的写作想象成是通过熬夜和消耗身体完成的，通常我也不反驳，因为人们总是按照他们自己想象中的别人的样子，给别人提意见，我要是反驳的话，还需要解释半天，还不如默默接受别人的"好意"。但其实反过来，如果我们站在对方的立场，在给别人意见的时候就要考虑一下，我们是否真正了解别人，别人是否真正需要我们的意见。反正在我的日常生活中，总能听到别人给我各种各样的意见，但其实我知道他们说得并不对。比如有人建议我做 PPT 的时候使用微软雅黑字体，说我使用的宋体太丑了，但其实使用雅黑这种字体在很多场合下有侵权风险，作为常年做大型的、全国范围的讲座的人来说，宋体是最安全的选择。而从对方的角度来讲，他并不能考虑我的实际情况就匆忙给出了建议。

其次，你对别人的情况是了解的，你对别人存在的问题也是清楚的，你也知道，如果他接受了你的建议，他所面临的问题就会得到解决。但即便在这种情况下，你仍然需要考虑一个问题就是对方能否接受你的建议。有时候对方因为认知不到位，理解不了你的建议，哪怕你的建议是正确的。有时候对方因为面子等其他的因素，即便他知道你说的是对的，他也不愿意接受。所以，我们最好是在别人有需求的时候，或者他求助于你的时候，你再给出建议。否则你的建议，一方面不会得到对方的重视，另一方面有可能被别人误解为是对其生活的干涉。

最后，即便是别人找到你征求意见的时候，你也要仔细地辨别他是不是真的在询问你的意见。有些人在你这儿以寻求意见的名义，但其实是向你诉苦和求得认同，这类人需要的不是真相，而只是需要你作为他的倾诉对象。我就曾经多次遇到过这样的情况，因为我运营一个公众号，小有名气，再加上在教发中心从事教师指导工作多年，很多老师愿意向我"请教"问题。但是我经常发现，有些老师并不是真正想问我问题，他们只是打着问问题的幌子向我诉说他们的苦恼，有的甚至是甜蜜的苦恼。而我当时没有什么经验，还真的以为这些老师是向我征求意见的。我很实在地在客观事实的基础上把我对问题的看法毫无保留地摆在他们面前，结果发现有的老师很失望，最极端的一次是有一位老师竟然生气了，说我不理解他，说我好为人师。尽管我确认，我自己说的是客观真实。这种事情发生多了之后，我意识到有些人虽然向你征求意见，但其实就连他们自己都不知道，他们只是寻求心理安慰。还有一种类型的人，他们是真正向你征求意见的人，是希望能够获得你帮助的人。即便在这种情况下，你也需要反复地跟他确认——你是真的需要意见吗？那我就斗胆说几条，供你参考。在这种情况下再说出你的意见可能效果就比较好。

写这篇文章的目的是想提醒大家，盲目朴素的热心肠并不会使问题得到解决和营造良好的人际关系。每个人面临的情况不一样，对真相的理解（认知）也不一样，即便你知道正确的答案，也要在合适的时机，以合适的方式，向合适的人表达，否则就会适得其反。学术圈更是如此，这里面都是绝顶聪明的人（至少学习很好，自以为很聪明），聪明的人就更难接受别人的建议,再加上人类天生的自我中心主义,真正能做到开放、兼容和接纳的人是非常少的。

NO.097 ▸ 不要求理解和认同
——人类的悲欢并不相同，有利益纠葛的背景下更是如此！

所有老师（尤其是青年教师）在成长的过程中都会遇到很多问题，有问题就会有苦恼，问题解决不了或者结果不如意，就会意难平。青年教师由于人生阅历不深，对人生的感悟和反思尚浅，并不能意识到人生有问题是一种常态。想要解决苦恼或者意难平，最重要的方式是通过反思自己，提升认知和扩大格局，而不是向别人倾诉、诉苦和抱怨。本文的写作目的就是想跟青年教师分享一条为人处世的经验——不说。无论你遇到什么苦闷的问题，心中遭遇了多么大的意难平和委屈，甚至是不理解，都不要轻易跟外人表达，因为这个世界上没有什么真正的感同身受。一个人只要没有感同就没有身受，即便一个人跟你有一样的经历，因为处理问题的方式和他所处的位置、看问题的角度不同，我可以很负责任地跟你说，他并不见得懂你的悲喜。所以你的诉苦、抱怨在很多人看来，不仅不会获得认同，反而会引发很多负面的、你意想不到的效果（通常对方也不会告诉你）。我们有时候围绕家庭的困扰与家庭成员交流和向他们倾诉都不容易获得理解，更别说在工作中遇到问题向同事倾诉，进而寻求认同或者理解，那是一件更为困难的事情，因为大家（你和你的同事）都在一个学术圈（也是利益分配圈），你们之间一直隐含着潜在的利益分配，如果你觉得你们之间的关系尚可，那是因为潜在的利益之争还没有暴露出来，所以跟同事不能诉苦和抱怨。

也许有些人会不同意上述观点，认为同事之间尽管不能发展出太亲密的关系，但是可以进行日常交往和寒暄，这样不会有太大问题。但是，你把自己的问题和困扰暴露出来就会有问题。你暴露出你的问题，就相当于暴露出你的弱点（或者短板），我在之前的文章中曾经提及过，你有问题

第三部分　江湖

就证明你处于困扰中，至少目前你没有能力把这个困扰消除。至于你为什么没有把这个困扰消除掉，绝大部分是个人因素。比如你的职称问题迟迟没有解决，你这次晋级失败，都会导致你的情绪波动，进而你会向别人抱怨。其实你最应该反思的是，你的职称问题为什么没有解决？为什么别人能解决，而你没有解决？一味地抱怨环境是没有用的。此外，在晋级的过程中，遭遇1～2次失败是非常正常的事情，因为这件事情想不开而四处宣泄受挫的情绪不是一个明智的选择。所以，在职场中你遇到的困扰只是你的困扰，不见得是别人的困扰。这时候，如果你把你的困扰分享给没有这方面困扰的人，对方虽然表面会说一些附和的话，实际上内心并不会认同。因为他已经从你的境遇和困顿中走出来了，并且知道你所谓抱怨只是情绪上的，真正的原因在自己身上，或者是由于你不够努力，或者是由于你认知不够，把一件稀松平常的事情当成天大的事情渲染成自己的悲苦遭遇。所以你看，把你的苦恼和抱怨分享给没有相同困扰的人，得到的实际结果并不是理解，而是他在内心中对你的更加不认同。

　　也许有些老师会说，不能理解别人的人都是没有同理心的人。你可以这样认为，但是一定要记住胜利者是不会同情失败者的，他们只会认为失败者之所以失败是因为无能。而且，别人没有理解和认同你的义务，他从你的困境中走出来了，他知道你的困境其实只能依靠自己解决，跟别人抱怨没有用，很容易就能看出你的段位在他之下。跟这种人诉苦的结果就是给他留下了你能力不足的印象。也许你会反驳，你说我曾经获得过某些人的理解和认同，好吧，那也许是同情，不是理解和认同。总之，在高手面前抱怨，他要么认为你能力不足，要么只会同情你，不会产生你所谓的认同和理解。

　　也许有的老师会问，那我找跟我有同样遭遇的人去倾诉，会不会被理解和认同呢？也许会有你期望中的"被理解"和"被认同"，但这种"理解"和"认同"本质上是一种"抱团取暖"，是一群都拥有相同困扰却没有能力把自己从困扰中解救出去的人的集体口嗨，本质上并不解决任何问题，只能暂时缓解痛苦，起到精神按摩的作用。当你脱离了这个取暖的环境，回到家独自静坐的时候，你仍然会陷入自己的困扰之中。

　　亚里士多德曾经说过：人天生求理解。向外寻求理解和认同是人类的一种通常行为，也就是说这是人性，大多数人都有这种不理智的倾向。但这种倾向是朴素和自然的，不是经过思考和理性的。经过反思，你会发现你的诉苦和抱怨在没有类似痛苦的人面前，会让他们觉得一定是你能力不够导致的；在有类似痛苦的人面前只是抱团取暖，并没有真正的理解和认同。如果你能够尽早地认识到这个问题的本质，不再向外寻求理解和认同，而是向内寻求解决问题的方法，你才有可能真正解决你的困扰。

还是上文提及的那个观点，人与人之间很难有真正的理解和认同。一个家庭内部都充满了各种不理解、沟通不畅、无法交流、互相埋怨，你又怎么能够期待跟你有潜在利益之争的同行真正理解和认同你呢？痛苦本身就是敲门砖，是用来提醒你存在可以提升的空间的信号。你需要做的是捕捉这个信号并反复地琢磨，向内对话、向内寻求解决方案，而不是反复咀嚼痛苦，向别人倾诉痛苦去获得同情。所以，尽量在别人面前展现一个情绪稳定、没有抱怨、性情平和的你，这样会带来不少加分。

NO.098 ▶ 远离低认知人对自己的打扰

——只有保持一定的疏离感，才能求得生活的平静！

人要学会捍卫自己的界限，避免别人过度打扰，这是我工作了很久之后才总结出的一条生活定律。由于生活、自身际遇以及学习经历等因素，人和人的想法肯定是不一样的，能力水平、见识认知都有差别，这是很正常的。我们不能决定我们在漫长的人生旅程中会遇到什么样的人，我们只能保证在遇到的这些人中选择跟自己认知相同的人产生联系，而不是什么人都让他进入我们的生命中。我有两条为人处世的准则：其一，我不会打扰别人，我对自己的要求是做好自己的事情，尽量守住群己边界，不越界，不给别人添麻烦；其二，我不允许别人过度打扰我，我会守住我的底线，不让别人越界，不让别人扰乱我的生活。活到40多岁，我充分认识到人的一生会遇到很多人，不应该是遇到谁就跟谁硬相处，哪怕是磨合得伤痕累累也不放弃，而是不合适的就要远离，打扰自己的人就要果断将其从生命中删除。人最节省能量的生存方式就是只跟认知和自己在一个层面的人打交道，果断止损，不去浪费时间、精力和情绪。所以，生命中有些人其实是不必拉扯的，甚至要刻意保持距离，避免自己过度投入导致生活节奏被打乱。

某学校邀请我线上讲座，由于某种原因，当天只能派一个不知道是年轻不懂事（云联络也不知道真人什么样）还是年纪不轻养尊处优的人跟我对接和调试设备。我理解的调试设备是我懂，她也懂，我们在认知相同的情况下试一下设备、软件、声音、画面等是否流畅。结果我发现该女士不懂，其间有很多问题，不停地问我。讲真，作为一个文科生能从我的角度操作这么复杂的直播软件（特殊教学软件）已经是尽到自己的本分了，我也没有能力让这位女士明白为什么她不懂。我建议她联系客服专员，但是她联系的结果依旧是不会,还给出了另一个特别荒唐的方案。于是,我一整天都在不停地受到这位女士的"骚扰",弄得我很烦。最后我提出两点要求来避免这位女士的"打扰":①我不搞技术,不要总问我;②自己把自己的事情处理好再来和别人对接,不要想到什么就找别人试一下,试不成功再想怎么回事,别人没有义务配合你,我的本分就是负责讲座,不负责跟你磨合。后来这位女士按我的说法去找到软件开发公司学习了一下,然后我们才对接成功。并且这位女士费尽九牛二虎之力地向我解释了失败的原因,特别低级——该女士没有登录。这让我觉得我一整天都不舒服,而且是无法言说的那种无力感。于是我果断跟主办方说我不要跟这位女士继续合作了,请主办方要么换人跟我继续对接,要么停止合作。我也果断地将这人删除,我的生命和时间不打算浪费在这种人身上。这种人自己拒绝成长,没有做好自己的本分,用自己的无知骚扰别人,我没有兴趣配合。

为了让学生能够跟我在写作上处于同一认知层面,我和爬树鱼写了700篇帖子,很多问题都有答案,说得很清楚。我还写了三本关于写作的书,每个学生都发一本。我明确跟学生说,如果是事实类问题,请在书中和帖子里自己找答案,自己学习。如果是我讲过的东西,不要来问我。可即便强调了这么多遍,还是有学生问我一些基本的事实,无论你讲过一遍还是几遍,无论你的书中和帖子中明晃晃地写得多么清楚。这种情况下,我都是拒绝回答的,还会很严厉地告诉他们,这个问题我已经写了,也让大家看了,我不回答这种低级的只需要记忆就能解决的事实问题(就是知识点),我只回答思考过程中产生的关于分析、评价方面的问题。这种基本事实,用一点时间和仔细阅读就能弄清楚,凭什么当成爱提问的优秀品质来骚扰导师呢?这只能证明,我们的学生连书都懒得看,连基本的动脑思考都不愿意,就知道张嘴问。由于我特别阐明了我的立场,所以我的学生从不问我这些基本信息,他们都是通过自学掌握,因为他们知道一旦问就有可能暴露自己惰于学习的事实。对于学生,我也经常告诉他们,我做好我应该做的事,你们做好你们应该做的事,如果你们没有做好你们的本分,反而期待很多事情通过我的努力解决,比如写不好文章期待我给你改好,没有看好文献找不到问题期待我给你一个,这些在我身上都不可能发生。都是成年人,都为自己的选择承担结果就行。我只负责告诉你真相是什么，至于你能不能成长，看造化，看你个人。我只能做好我能做的事情，我没有痴心妄想让所有学生都能学有所成，因为这件事情不仅取决于我的努力，还取决于他们的努力。你不做好该做的事情，我怎么做都是没有用的。我拒绝各种道德、情感和学术绑架，跟我说什么"我毕不了业，老师你也是有责任的"……我没有任何心理负担，你需要考虑的是为什么有些人能毕业，而你不能。

最近，给学生组织开题，效果很不好，一看就是文献检索和综述做得都不好。我问他们有没有按照书的指引按部就班地开展写作，他们说没有。没有合格的文献检索，也没有文献综述，怎么会有问题？开什么题？于是我拒绝开题，让学生提交文献目录。老实讲，文献目录都不应该是老师控制的环节，如果一个学生连文献检索都需要别人监督，那你写论文是为了什么？就是为了混毕业吧，我教不好这样的学生，因为他压根儿就没想着通过写作训练提升自己的能力。整个开题所答非所问，问题、论证、框架都一塌糊涂。我果断中止，从最开始的环节重新做。同时设置题库，对学生的论文写作基本知识进行考核，考核没过的不要找我来谈开题。连论文写作是个什么东西都不知道，你能跟我谈吗？我说的你能懂吗？根本不处于同一认知层面，纯粹是浪费我的时间。当学生告诉我：我就只能写成这样了，我不改了。我说好，你自己承担结果就行，后续有盲审、答辩、再审、抽审……你能承担结果就行。本质上这是你的事，我只负责指导，我什么结果都能接受，我没有圣母心，我能接受这世上人分三六九等，我能接受有些人生来就是垫底的，我拯救不了所有人，我只能做我的本分，其余你自便！

很多人批评我，好听一点的说我要求严格，不好听的说什么都有。但是我无愧于心，我说的、做的都是依照客观事实，如果我把握不住这条底线，我的人生、时间、精力就会被身边的人以及学生无情地撕扯。我是教师不假，我也是一名学者没错，但我拒绝别人肆意对教师这个职业过度解读进而给我施加道德、学术和情感绑架；教师这个职业要奉献自己没错，但是也要分对象，对于那些能够严格要求自己、能够做好自己本分的学生我们义不容辞，对于那些自己该做的事情都没做好，反过来过度捆绑老师或者同事的人，最好的办法就是远离。

NO.099 ▶ 不要关心别人怎么活，更不要窥探
——把注意力放在自己身上！

有一天，某位同事向我打听一个人，我说我不了解。她反问我，你们每天都在一个部门上班，为什么你不了解？我说因为我不关心别人怎么活，也没时间管别人的事。接着，她又委托我向别人打探一下，其实目的就是了解某人最近在干什么，好像获得了一个很大的资助，又参与了很多很高端的活动，跟某些省部级"大领导"走得很近。我一口回绝，并告诉她，我不关心别人怎么活，也不会窥探别人的生活，我奉劝你也这样，否则一天到晚盯着别人，不仅累，还容易迷失自己，人的主要精力应当放在对自己人生的思考上，而不是盯着别人做什么，为别人的失败感到欢欣雀跃，为别人的成功感到妒火中烧……

老实讲，很多时候会有人"善意地"提醒我，自从我成了全国知名的网红女教授（其实多数用来"自黑+自嘲"），很多不怀好意的目光和恶意的评价时不时地传到我的耳朵里。什么这个人行事高调乖张，这个人一心想成名、想当网红，这个人……对此我通常一笑了之，我用脚指头想都知道是谁在背后这样诋毁我，但是我并不恼恨，因为我知道我在过我想过的生活，在做我喜欢做的事情，我对自己有高度的认同，我并不需要借助别人来找到我活着的意义……

对于那些每天关注我一举一动的人，如果他是善意的，我也愿意坦诚相待、赤诚相见；如果不是善意的，我其实是很同情这些人的，因为他们的生活被自己给弄丢了，他们全部的人生意义就是时刻看着别人怎么活，他们的哀乐不属于自己，而是属于别人的失败或者成功；他们的人生也不属于自己，因为它时刻被别人演绎，或悲或喜……

我时常跟我的学生说，人这一生只要做到三点，你就是自己人生的主宰：第一，不纠结。这意味着你想要做什么事情你不会反复地合计来合计

去，拿不定主意，下定不了决心。纠结的成本特别高，不光是时间成本、精力成本，最主要是心理成本。它意味着你下不了狠心去做，又没有决绝的勇气彻底把这事放下，所以很多人郁闷、不开心，甚至出现了相关的疾病。我的人生也有纠结的时候，一到这个时候，我就会告诉自己，你不要纠结，赶快做一个了断，不要在这件事情上优柔寡断。世界上没有正确的选择，只有被努力做成正确的选择。做到这一点，你就跟自己和解了。

第二，不抱怨。我经常跟我的学生说，脚下的泡都是自己磨出来的，我们昨天的选择造就了今天的结果，自己得学会承受，而不是把这一切都推给别人，认为是客观原因造成的。我的一个同学总是跟我抱怨她的老公，不是身体不好，就是如何如何不理想。其实我们倒没觉得她老公怎样，对于这件事儿，我的观点是自己的选择自己承担结果，要不就闭嘴继续过，要不就自行了断，每天像祥林嫂一样磨磨叨叨，最后弄不好能把自己给整抑郁了。我不光对别人要求如此，对自己也一样。当我察觉自己也有抱怨的负面情绪的时候，马上会静坐下来，告诉自己，学会面对，学会对自己的行为（选择）承担结果。做到这一点，我们就跟别人和解了。

第三，不嫉妒。这点其实最难，它要求我们认识到人生最大的成功是找到自己的人生价值，而不是总关注别人是否成功。别人的光环和成功都是别人靠努力（哪怕有运气和外在加持）争取来的，跟我们没有多大关系。我们可以没有光环、不闪耀，但我们可以有自己的小确幸。那些能够守住自己内在幸福感源泉的人是最幸福的人。做得到这一点，我们就跟整个世界和解了。

高校虽然没有社会上那么嘈杂，但也会有一些是是非非。高校教师这个身份就决定了我们可以远离这些是非和嘈杂（可以自己搞科研，人际关系可以回避），选择一个安静的学习和工作环境，不断推进自己的研究并关注自己的成长。不要把过多的精力放在别人做了什么或者拥有了什么上面，不要因为别人没有什么而患得，也不要因为别人拥有或者获得了什么而患失。否则，自己的节奏就乱了。每个人都是不一样的，每个人的路径也不一样，况且人生很长，总在一城一池的得失上较劲，是看不见整片森林的。

NO.100 ▶ 任何圈子的尽头都是独处
—— 无名天地之始！

这是本书的最后一篇文章，也是第100篇文章。从该文所处的位置来看，也是学术圈的最后一篇文章。行文至此，我比较想要讨论一些形而上的东西用来升华本部分和全书的内容。虽然我们在上文一直强调学术圈和学术圈内人际交往的一些本质，这是一种可以被看到和感知到的东西。也许有的读者阅读到这个部分的时候，会有一种很透彻的感觉，仿佛参悟了学术圈运作的一些底层规律。

但规律就是这样，分为有形的规律和无形的规律，你所看到的规律背后，还有更深层次的规律。学术圈看似有一些交往的规则，人际交往甚至也有迹可循，但不管怎样，它描述的都是群体生活。这世间万物还有另一个更深层次的规律，群体的背后是个体，学术交往的背后是个体的独处。你之所以能够看到学术是个圈，是因为你作为个体想融入更大的集体之中，在更大的人类群体中获得存在感和认同感。但学术圈是由个体组成的，个体的样态、实力、想法又驱动着学术圈的样态、格局和分布发生变化。所以当你看到有集体的圈存在，也应当看到圈背后的个体。从更深的层次上看，群体是短暂的，是间歇性的，是交互的，但个体是永恒的，是持续的，是单维度的。

教师这个职业是相对单纯的，没有太多的社会交往，人际关系相对简单，不像商人和公务员的人际关系那么复杂。学术、科研活动和教师职业的性质也决定了无论我们身处什么样的学术圈，我们日常的生活和最终的归宿都是独处，我们必须学会独处，在独处中不断反思自我，反思自己和圈层之间的互动，反思自己的研究方向，反思自己的学术前景和职业未来。没有基于个体的学术探索和自我反思，即便你名义上属于某个学术圈，你也没有存在感，也不会从该圈层中获取你想要得到的东西。我看到很多年轻教师，他们像学术名媛和名流一样穿梭在各种学术交际的场合，游走在各种学术资源中间。这些东西都不长远，真正能够使自己走远的是自己的研究方向和在研究方向上日拱一卒形成的研究成果。在研究成果的基础之上，学术交际或者交流才能给个体带来收益，没有这个基础，简单的交流和交际只会带来学术泡沫与非理性的学术繁荣。泡沫就会被刺破，非理性最终会回归理性。

在学术界，有一个亘古不变的规律（其实也是一条普世的规律），判断一件东西价值的唯一标准，就是看这件东西存在的时间，一件东西存在的时间能够决定它的价值。从这个角度来看，交际是短暂的，自己跟自己的独处是长期的；交流是间歇性的，自己钻研是持续性的；光环是一时的，自己的研究方向是旷日持久的。马克思在书中曾经这样说过：我们的事业未必会辉煌一时，却将永远存在。作为科研工作者、高校教师，我们更应该明白的是，相较于纷繁复杂的人际交往，最为根本的是自身成长。最辉煌的、最美丽的或许是一朝风月，最伟大的只能是万古风流。

后记　通往美好未来的五个"锦囊"

亲爱的读者们，同时也是我亲爱的同仁们，本书写到这里已经全剧终了，但还是感觉言犹未尽，因此利用后记对全书的思想进行一个总结和梳理。本书写作的起因是我在日常工作中接触了大量的老师，了解了他们大量的困惑，解答了他们大量的咨询，观察了他们的成长路径，走访了大量的高校，跟大量的教师、教学管理人员进行了大量的交流……在此基础之上，我认识到，一位教师不是当上教师就能够天然成长为自己理想中的教师的模样，这不是一条走上去就能直达终点的道路，而是充满问题和挑战、需要边走边探索的职业之路。现实中，大量的教师，尤其是青年教师，他们常常对未来充满憧憬，却因为路径、方法和对自我认识的不到位，被所面临的问题打击得遍体鳞伤，在自我成长的路上走得跌跌撞撞。在困难之中，有些老师能够继续前行，最终破茧重生。但更多的老师一直待在困境之中，把他所处的困境变成一种工作模式和生活常态，一生不得志。作为一个从教20年的老教师，又长期工作在教师发展的第一线，我敏感地察觉到教师在成长过程中遇到的困难和他们需要外界"拉一把"的内心渴求，于是将自己在日常工作中遇到的教师们的困惑、形成的解决方案，结合自己在教育行业20年自身成长的经验探索，从科研、教学、江湖（婚姻、自我和学术圈）几个角度总结了100条经验供青年教师参考。尽管我在本书中尽量从客观事实出发，本着中立、客观的原则提出了一些对教师自身成长的建议，但不可否认的是，它们仍然只是建议，会因每位读者所处的环境与平台、自身情况、研究领域、独特的成长经历不同而并不具有太强的针对性。但无论如何，同处学术圈，遇到的问题总是会有一些共性，如果通过阅读别人的故事能反观自己的职业经历，本书应该也有一定的参考价值。

接下来，我会用简短的篇幅总结一下本书的核心观点，即贯穿这100条建议的一条主线索。也就是说，如果你让我用简短的语言总结一下，高校教师怎样才能在自己的职业生涯中达到自我实现，我会送你五个锦囊，也据此概括全书的观点。

第一个锦囊——认清。认清是指认清真相，也即作为高校教师，我们要有认清客观真实的能力。现实中，我观察到很多老师的困扰是他们不承认现实、回避现实或者没有认识到现实导致的。比如，我们在以往的文章中提及的那些由于自己职称问题迟迟不能解决所产生的对外在环境的抱怨，归根结底都是向外归因，没有从自己身上找问题。至少在短暂的时期之内，外部的环境是没有办法改变的，个体要想免受职称问题的困扰，只能通过更加努力来解决这个问题。那些抱怨的人，多半是没有认清这个真相，或者心里知道自己应该更加努力但是又懒于付出，导致他们始终处于现实和幻想的撕扯中不能自拔。但是对于高校教师而言，时间既是宝贵的，又是公平的，你越是能从这种撕扯中尽早地挣脱出来，你就越能尽早地采取行动，使自己脱离苦海。但是，要想做到这一切，首先必须认清真相，这就是人们常说的认知——认识真相的能力。从这个角度来看，本书最主要的一个目的就是揭示教师成长过程中的真相，这些真相来自我上述提及的个人工作经历、个人成长经历、个人研究经历和个人观察经历。作为一名从教20年的老教师，我愿意把自己的经验分享出去，缩短青年教师自由探索的时间，使他们不必像我一样，直到中年以后，才能参透一些问题的本质和真相。这是我们要说的第一个锦囊——认清。

第二个锦囊——接纳。接纳是指接纳真相，有些老师其实在认知上是没有问题的，或者他们本质上从内心角度知道真相是什么，但是他们不愿意接纳、不愿意面对。就像我在跟很多老师交流孩子培养问题的时候，这些老师家的孩子也有学习问题，这是让他们都无法接受的，他们天然地认为，作为知识分子的孩子应该是天然的学霸，但事实并非如此。因此，很多老师陷入焦虑、批判甚至把孩子推到对立的境地，他们没有选择做孩子的朋友和倾听者，而选择了站在他们的对立面，对他们进行指责和批判。这样的做法就是不接纳，后果是非常严重的。还有的老师不满意自己的学术现状，陷入深深的自我否定中，他们每天把自己放在自己的对立面进行批判和审视，弄得自己失眠、脱发和焦虑不安。我们在上文也提及过这种情况，要想改变现状，就必须接纳自己，学会做自己的好朋友。我们之所以把接纳放在第二个锦囊里，是因为有很多老师已经认清真相，但不愿意接受，认清真相要求我们有一定的识别和认知能力；接纳真相和接纳自己却在考验我们的心胸与格局。现实中，我们看到很多人，他们明知道某件事情的真相，但是他们不接纳，所以内心最强大的人是允许一切发生的，其本质特性是接纳。

第三个锦囊——改变。改变是指在认清、接纳的基础之上付诸行动，它往往与行动力有关。有很多人是能够认清真相的，也能接纳真相，但是他们选择"躺平"，也就是说他们拒绝改变。"躺平"的人是不会在职业生涯上有太好的结果的，那就意味着你无法自我实现。如果你还期待在职业生涯上能够遇见更好的自己，那你不仅需要提升认知、扩大心胸，使你的格局变大，你还需要行动。不是有句话说得很好吗？人类大部分的问题都是由于想得太多、做得太少，这在学术领域也不例外。很多人之所以焦虑，摆脱不了现状，是因为本身没有改变的能力，没有能力把自己的想法落实在每天的工作之中。不要小看这种能力，你想想一个大型的项目，虽然设想得很好，但是没有项目经理和具体执行人，那么它是没有办法落地的。所以高校教师的职业发展本身就是一个对自己管理的过程，你不仅要从认识上有顶层设计，你还要能实践、能落实，要像一个项目经理一样管理自己的职业发展。之所以把改变放在第三个锦囊里面，是因为只有解决了认识问题（也就是前两个锦囊）才能付诸行动。一个人在认识问题解决之前，是不会有行动力的。但要记住，一个人即便解决了认识问题，有时候也没有行动力。行动力是一种难能可贵的品质，具有相对独立性。在我从教的20年间，我看到很多有天赋的孩子，但是他们怠于行动，最终也就"伤仲永"了。

第四个锦囊——坚持。坚持是指行动不是一两天的事情，是持续的事情，是日拱一卒的每天自律。我经常跟身边的老师和我指导的研究生重复这样一个道理——学术研究不怕慢，就怕停。你慢一点不要紧，但一停就前功尽弃。我们在上文曾经指出过，学术讲究天赋，但是光有天赋，不努力或者努力得不够持续都不能获得自己想要的结果。我还曾经以我们那个年代的偶像——刘德华为例，他通过 40 多年的职业打拼史，最终从靠颜值吃饭的小生转变成靠本事吃饭的实力派大叔。在我接触的老师中，绝大多数都应该日拱一卒，自律精进。但很不幸的是，坚持是"反人性"的，人们都喜欢三分钟热度，都喜欢急于求成，都喜欢自己干了三天就想要看到结果。你越是能做到别人做不到的事情，你越能收获你期待中的结果。短暂的激情是不值钱的，一个残酷的真相是：我们身边很多人的激情都是短暂的，所以能够坚持到最后、拿到自己期待中的结果的人注定是少数。所以我希望，本书的读者通过阅读本书能看到这个真相。对！坚持本身也是一个真相，是一个对抗急于求成、三分钟热度等错误认知的真相。事实上所有的锦囊都是真相，都考验人们的认知。

第五个锦囊——情绪。情绪很简单，就是指一个人要能做到情绪稳定，要能控制住自己，心态不崩。很多人认为高校教师的成长就跟学术成果有关系，只要通过撰写论文、发表论文、申请项目就能实现。这个认识没错，但它忽略了一个简单的真相（又是真相，时刻考验认知能力）——人是复杂的动物，除了处理事情，还有复杂的人类情感。很多人职业生涯陷入困境并不是因为没有能力写作，而是陷入情绪的消耗之中。他们焦虑、抱怨、诉苦、失眠……种种迹象表明，他们的心态崩了。心态这个东西很有意思，它代表着你做事的心理准备状态，也即心态是心理准备状态的简称。当你内心觉得这件事儿你能驾驭，你能驾驭住，你的心态就是好的；当你内心觉得这件事很难，你掌控不了，你的心态就是崩的。一个好的心态是成功的一半；一个不好的心态是失败的全部。这句话足以描述情绪控制在教师职业生涯发展中的重要地位。我们都听过"铁链拴小象"的故事，由于很小的时候，小象就被铁链拴住，形成了固定的心态——凭自己的能力无法挣脱铁链，即便后来这头小象长得很大、很强壮，有了足够的能力，它依然终生被铁链束缚。我也看到很多考试型选手以及他们的反面例子，在我的从教生涯中，我看见过很多平时表现平平的学生，每次考试都超常发挥。我也看到过很多平时表现优秀的学生，每次考试都考砸，发挥不出应有的水平。这时候就不是"事"本身的问题，而是"情"的问题。事情分为"事"和"情"两个方面，后面这类学生遇到的主要是心理问题，需要从心理着手来调整自己。调整的方法也很简单，就是增强自信。我们在上文指出，心态就是心理准备状态，就是你认为自己准备好了没有。如果你认为自己没准备好，那你的心态就是不好的；如果你认为自己准备好了，那你的心态就是好的（注意，这里说的不是盲目自信这种情况，说的是有能力但是心态和能力不匹配的情况）。所以，归根结底这就是一个自信的问题。增强自信在心理学上有很多实用且简单的小妙招，我在这里简单分享两个，这也是我在成长过程中经常使用的。第一个是心理暗示，每天睡觉之前都对自己说"自己是最棒的"（说五遍），说给自己听，一个月之后会有效果，自己是能听见的。第二个是调低预期且分阶段实现。人的自信是需要阶段性形成和巩固的，俗称马太效应。很多时候，人的内心受挫是因为目标定得太高，如果把目标调低且分阶段完成，效果就会很好。比如，我最开始指导研究生的时候没什么经验，总是扔给他们一整篇英文文章让他们自己阅读，然后开组会讨论。但是，我发现孩子们的阅读效果非常不好，他们因此很受挫。后来，我调整了阅读的难度和数量，采取分段阅读的方式，一次完成一小段然后就讨论，效果就好很多，学生能驾驭住，在实现了阶段性小目标之后再推进下一段阅读，学生的心态也好了很多。此外，每所学校都设有心理中心，现在心理辅导是一个很日常的概念，不要排斥，有问题就去寻求帮助，专业人士有时候能给到更多的建议。

亲爱的读者们，本书写到这里是真的结束了，感谢你们一路追到这里，听一位从教20年又在教师发展一线工作了近7年的老教师用20多万字的体量跟大家细细碎碎地念叨，但仍感言犹未尽。教师的成长不仅是话题，更多的是身体力行的实践。所以，哪怕"听"了本书再多的"唠叨"，最终也需要每一位老师去践行，而实践是最难的，也是最漫长的。但是，教师是一个终身成长的职业，这个职业就注定了我们不能停止学习、不能停止反思，更不能停下向前奔跑的脚步。

最后，感谢我的同事们，是你们的支持和鼓励才使本书在我的大脑中播下一颗种子，不断生长，此刻终于成熟；感谢清华大学出版社和与我长期合作的责任编辑，是你们对我一如既往的支持和接纳，才使本书从电脑中的宋体变成以纸为记可以触摸的文字；感恩我的家人，是你们给予我最大的宽容和理解，消减了我大量的家庭义务，才使我拥有了沉浸式写作的时间和空间；感恩时间，只有在与你共舞的日子里才能开出最为漂亮而璀璨的生命之花！